근대 한국과 동아시아 변경 연구

- 글로벌히스토리 시선으로 본 변경문제 -

근대 한국과 동아시아 변경 연구

- 글로벌히스토리 시선으로 본 변경문제 -

최덕규 지음

경인문화사

나는 중심보다 변경을 좋아한다. 변경을 사람에 비유하면 아웃사이더 (Outsider)에 해당되는데, 나같이 주변머리가 없는 서생은 사람이 몰리는 중심보다는 자연과 가까운 변두리가 더 좋다. 이것이 필자가 변경문제를 연구주제로 삼은 주된 이유가 되었는지도 모르겠다. 사람마다 자기 취향에 맞는 연구주제가 있는 것 같다.

흔히들 인류의 지적 산물이 모여 있는 중심부를 문명으로 보고, 그곳에서 멀리 떨어진 변경을 야만으로 간주하는데 사실은 그렇지 않다. 이는 중심과 변경이 항상 고정되어 있을 경우에만 가능한 얘기다. 왜냐하면 중심이 확대될수록 변경도 이동한다는 사실을 알게 된다면, 이 가설은 성립될 수 없기 때문이다. 결국 중심과 변경, 문명과 야만의 상대화는 인간이 만든 인위적인 구분에 불과하다. 이는 변경이 있어야 중심이 있고, 야만이 있어야 문명이 존재하는 이치와 같은 것이다.

이 책에서 다룬 근대 한국과 동아시아의 변경문제는 다음과 같은 특징을 지니고 있다. 첫째, 변경은 처음부터 있었던 것이 아니라 만들어진 것이다. 대한해협의 조용한 어촌 마을인 거문도, 해양생태계의 보고인 동해의 우리의 땅 독도 그리고 조선의 이주민들이 정겹게 살고 있던 간도가 변경이 된 까닭은 제국주의 열강의 이해가 첨예하게 교차된 지역이 되었기 때문이다. 내몽골과 우쑤리강(烏蘇里江), 헤이룽강(黑龍江)의 작은 섬 전바오도(珍寶島)와 헤이샤쯔도(黑瞎子島) 그리고 아이누(Ainu)족의 삶의 터전이었던 쿠릴열도 역시 변경으로 탄생한 것이 아니라 만들어진 변경인 것이다. 이는 일본과 구미열강 제국주의자들의 팽창야욕 그리고 냉전시기 강대국 간의 패권경쟁이 이 지역들을 평화의 터전에서 분쟁의 땅으로 변하게 한 원인이었기 때문이다. 둘째, 변경(Frontier)은 중심이 있어야 성립되는 상대화된 지역으로 고정된 국경(Border)보다는 가변의 특성을 지닌다. 변경의 가변성은 중심과의 상호작용을 통해 표출되는데 이해당사국 정부들이 변경문제의 중압감에서 벗어나기 위해 해법을 찾는 과정이 그것이다. 중러 양국이 외교협상을 통하여 헤이샤쯔도 문제를 평화롭게 해결한 사례가 이에 해당된다. 따라서 이 책에서는 냉전체제의 해체 이후 새로운 세계사 방법론으로 등장한 '글로벌히스토리(Global History)'의 시선에서 한국과 동아시아 지역들이 변경으로 변모한 원인과 그 해결 전망을 탐색하였다.

이는 근대 한국과 동아시아의 변경화 원인이 일본과 구미 열강이 중심이 되어 추진한 팽창주의 정책의 산물이라는 문제의식에서 비롯되었다. 글로벌히스토리는 종래의 유럽중심주의(Eurocentrism) 세계관을 극복하기 위한 대안으로 부상한 연구방법론으로 중심과 주변의 경계를 넘어서는 역사서술을 지향하고 있다. 따라서 이 책에서는 일국사의 시각에서 변경문제의 역사에 초점을 맞추기 보다는, 글로벌한 시각에서 열강의 세계정책이 변경문제와 어떻게 접속되어 연동되는지를 살피는데 주안점을 두었다.

그럼에도 글로벌히스토리의 시선에서 근대 한국과 동아시아 변경문제를 탐구해야 한다는 필자의 문제의식과 접근방법은 결코 새로운 것은 아니었다. 왜냐하면 이미 우리의 선각자들 중에는 이러한 세계관을 가지고 있었던 분이 있었기 때문이다. 앞만 보고 뒤를 돌아보지 못한 자신이 부끄럽다.

1910년 1월 21일 단재(丹齋) 신채호(申采浩) 선생은 『대한매일신문(大韓每日新聞)』의 논설 「만주문제에 대하여 재론(再論)함」에서 "지금 만주는 동양의 발칸반도(卽今 滿洲는 東洋의 巴爾幹半島)이다"라고 정의했다. 이 문장은 당대 대한제국 지식인의 글로벌한 세계관을 잘 보여주고 있다. 선생이 발칸문제와 만주문제를 연쇄와 연동의 동일선상에서 바라본 논거는 바로 "과거 유럽에서 어떤 나라의 강함과 약함, 어떤 나라의 존망이 항상 발칸반도문제부터 시작되었다"는 역사인식에서 비롯되었다. 즉, 유럽 역사의 모태가 바로 발칸반도라는 얘기다. 이는 한반도와 만주 역시 역사적으로 불가분의 관계에 있음을 논증한 그의 만주관을 발칸의 역사에 투영한 것으로, 세계사 해석에 대한 선생의 탁견을 잘 보여주고 있다.

발칸반도와 만주를 비교하고 접속시킨 단재의 세계관은 그가 제시한 '4천 년 불변의 법칙(四千年 鐵案不易 定例)'과 맥을 같이 하고 있었다. 왜냐하면 그는 한국과 일의대수(壹衣帶水)를 격(隔)한 만주를 누가 차지하느냐에 따라 한민족의 성쇠가 갈린다고 믿고 있었기 때문이었다. 이에 신채호는 뜻있는 군자는 나라가 망하였다고 망국의 눈물을 흘리지 말고, 눈을 들어 '세계열강의 경쟁점(世界列强의 競爭點)'이 된 만주문제를 밤낮을 가리지 말고 힘을 다해 연구(罔晝夜竭力研究)해야 할 것을 역설했다. 선생의 이 같은 세계관과 역사관은 씨줄과 날줄이 되어 이 책을 엮어내는데 도움이 되었다.

이 책은 변경문제에 대한 필자의 오랜 고민의 산물이다. '만들어진 변경'이라는 개념 역시 결과보다는 과정을 중시하였다. 이에 근대 한국과 동아시아가 변경이 되는 과정을 눈여겨본다면 그것을 풀어갈 방식에 대한 모색에도 도움이 되리라 생각한다.

그럼에도 이 책에서 다루지 못한 변경문제들이 많이 남아있다. 이는 필자가 과문한 탓인데 향후 연구과제로 남겨두고자 한다.

끝으로 필자의 출판 제안에 선뜻 응해주시고 좋은 책을 내주신 경인출판사의 한정희 사장님과 편집자 김지선 씨에게 감사의 마음을 전한다.

2016년 10월
최덕규

차 례

서 론

　제국주의시대 서구열강이 동아시아의 변경을 그들의 이해에 따라 획분(劃分)한 주요 원인은 과학기술의 발전에 따른 무기의 발달과 전비부담이었다. 이러한 상황에서 제국주의 열강은 식민지를 둘러싼 첨예한 이해대립을 전쟁보다는 외교적 해법에 의존하게 되었다. 이에 분쟁지역의 영토를 분할하는 방식이 이해당사국 간의 최상의 타협책으로 자리 잡게 되었다. 그 결과 국경선이 열강의 이해관계에 따라 그어지게 됨으로써 그곳에 살고 있는 원주민들의 삶과 일상은 굴절되고 장벽으로 에워싸이게 되고 말았다.

　이러한 일상의 왜곡은 분단국 한국도 결코 예외는 아니었다. 제국주의시대의 영토분할방식이 오늘날에도 여전히 유효한 동아시아의 영토분쟁의 해법으로 제기되고 있다는 점은 그 역사성의 측면에서 주목할 만하다. 따라서 근대 한국과 동아시아 변경연구는 오늘의 한반도 분단의 기원을 밝히고 그것이 만주와 몽골 그리고 티베트의 분할로 이어지는 연쇄의 시발점이 된 역사적 배경을 살피는데 유의미하다.

　제국주의시대 유라시아 대륙을 무대로 그레이트 게임(Great game)을 전개한 영국과 러시아 역시 그 갈등이 심화될수록 무력충돌보다는 외교협상을 통한 타협을 모색했다. 이 점은 제국주의시대의 변경문제를 고찰하는데 있어 과학기술의 측면과 더불어 주목해야 할 또 다른 특징이다. 왜냐하면 이 문제는 문명론과 깊은 관련을 맺고 있기 때문이다.

　러시아의 국제법학자 마르텐스(Martens F.F.)[1]의 저작들은 왜 영국과

---

1) 마르텐스(1845~1909)는 러시아의 국제법학자이자 외교관이다. 에스토니아 생으로 1854년 페테르부르크로 이주하였다. 1873년부터 페테르부르크대학 국제법 교

러시아가 유라시아 대륙에서 장기간에 걸친 경쟁을 벌이면서도 무력충돌이나 전쟁으로 치닫지 않았는지를 문명론의 시각에서 설명해주고 있다. 그는 저서 『중앙아시아에서의 러시아와 영국』2)에서 당시의 국제법 학계에서 거의 다루지 않고 있는 문명과 야만족 간의 법적인 관계에 주목했다. 그는 첫째, 유럽의 문명인과 중앙아시아인과 같은 야만족들과의 관계에 유럽국제법의 적용은 불가하며 둘째, 러시아와 영국은 중앙아시아에서 유럽문명의 대표자로서 야만인들 앞에서 서로 싸우는 것 보다 평화적으로 서로 돕는 모습이 더 바람직하다는 입장을 견지했다.

이는 유럽과 아시아의 관계가 빈번해지고 있는 상황에서 유럽의 법사상을 아시아에 이식해야 할 것인지 아니면 아시아에서 유럽인과 아시아인들을 구별하여 국제법을 적용할지에 대한 고민과도 연결된다. 왜냐하면 당대의 학자들은 국제법의 적용지역이 전 세계이며 모든 인류의 법이라는 사상에 입각하여 유럽과 아시아, 아프리카의 관계는 국제법에 기초해야 한다는 입장을 취하고 있었기 때문이다.

반면 마르텐스는 이러한 견해는 숭고하지만 비현실적이라 판단했다. 유럽의 국제법을 아시아에 적용하는 문제와 관련하여 유럽 문명인들의 도덕적, 법률적 성과들을 그 유래에 대해 알지 못하고 있는 사람들에게 적용시키기 어렵다는 것이 그의 논거였다. 왜냐하면 중앙아시아인들은 국제법에 따르는 의무에 대해 고민한 적이 없기 때문이었다. 따라서 마르텐스는 유럽과 아시아, 아프리카와의 관계는 아시아, 아프리카인들의

수로 재직하면서 러시아외무성의 국제법 관련 자문을 담당하였다. 1899년 헤이그 평화회의에 러시아대표로 참가하여 전쟁법의 지도적 이념으로 자리잡고 있는 다음과 같은 소위 '마르텐스 조항(Martens Clause)'을 마련했고 그의 주도하에 중재 재판제도가 마련되었다. 1905년 포츠머스강화회의에 러시아 측 전권위원으로 참여하였고 제2차 헤이그평화회의(1907)에서는 해사법(maritime law)위원회를 주관하였다.

2) Россия и Англия в Средней Азии / [соч.] Ф. Ф. Мартенса, С.-Петербург, 1880.

문명수준이 향상되는 것에 상응하여 변모한다고 보았다.

이 같은 유럽중심주의(Eurocentrism)적 문명론의 확산과 파괴적인 무력사용의 제한은 중재재판(仲裁裁判)을 통해 분쟁을 해결한다는 법치(法治)사상으로 발전했다. 재판을 통해 분쟁을 해결한다는 반전사상(反戰思想)은 인류역사와 함께 해 온 전쟁의 소멸 가능성에 대한 기대를 부풀렸다. 따라서 20세기 초부터 인류역사에서 문명 파괴적인 전쟁을 몰아내자는 평화운동이 서구사회의 화두가 되기 시작한 것도 이 같은 시대적 분위기를 배경으로 하고 있었다.

그러나 인간의 파괴본능은 이성을 앞질렀다. 인간의 합리성을 마비시킨 파괴본능의 이면에는 평화운동이 기득권을 보호하기 위한 이데올로기라고 간주하는 국가들이 있었다. 이 범주에는 일본도 포함되었다. 일본의 위정자들은 중재를 통한 분쟁 해결방식이 단지 현상유지에만 기여함으로써 이미 많은 식민지를 거느린 선발 제국주의 국가들에게만 유리하다고 판단했다.

제국주의 국가들 사이에서 중재제도에 대한 상이한 입장 차이는 평화를 정착시키고 반전(反戰)을 제도화(制度化)하려는 인류의 염원을 무산시켰다. 일본은 국가 간의 이해대립과 갈등을 전쟁이 아닌 중재재판으로 해결한다는 중재조약시스템을 거부했다. 1911년 3월 일본 외상 고무라(小村壽太郞)는 주일 영국공사 맥도널드(C.Mcdonald)에게 일본이 미일중재조약(美日仲裁條約) 체결 문제에 소극적인 이유를 다음과 같이 설명하였다. 첫째, 중재조약이 일본의 행동의 자유를 구속할 수 있다. 둘째, 중재재판 결과를 수용하기 어려운 경우가 발생할 경우를 대비하여, 오히려 중재조약을 체결하지 않는 편이 더 낫다.

따라서 일본과 경계를 맞댄 인접 국가들의 변경은 그들의 침략과 탐욕의 대상이 되고 말았다. 또한 러일전쟁 이후 동아시아 문제를 둘러싸고 일본과 타협을 추구했던 러시아는 일본의 파트너로서 중국의 북방변경 벨트의 분할에 공조하였다. 일본과 러시아가 만주를 남북(南北)으로 분할한 제1차 러일협약(1907)을 시작으로 몽골과 한국을 각각의 세력권으로 인정한 제2차 러일협약(1910) 그리고 내몽골을 동서(東西)로 분할한 제3차 러일협약(1912)이 그 대표적 사례이다.

지금도 한반도와 동아시아의 변경에는 제국주의 유산들이 곳곳에 남아있다. 이는 변경문제의 해법이 제국주의시대의 역사적 맥락 속에서 개별 사안에 대한 원인 및 경과, 그리고 결과를 분석하는 과정 속에 있음을 의미하고 있다. 따라서 이 책은 제국주의시대의 글로벌히스토리라는 거시적 시각에서 한국과 동아시아 변경문제를 살펴보고자 한다.

이 책에서는 다음의 7가지 주제들을 다루고자 한다. 제1장 "영국과 러시아의 그레이트 게임(Great Game)과 거문도사건(1885~1887)"에서는 글로벌한 시각에서 영국 해군의 거문도 점령사건을 고찰하고자 한다. 이는 거문도사건이 세계를 무대로 한 영러대립의 산물이기 때문에, 세계를 체스판으로 한 영러대결을 그레이트 게임의 관점에서 접근하고자 한다. 이에 제국주의시대 영러해군 전략의 차원에서 '발칸반도와 한반도의 접속', '터키해협과 대한해협의 연동'이라는 근동과 극동의 해협문제들을 상호접속과 연동의 맥락에서 살펴보고자 한다. 이러한 시도는 종래의 아프가니스탄과 한반도를 연동시켰던 이제까지의 연구범위를 발칸반도로 확대하는데 그 목적을 두고 있다. 왜냐하면 대륙국가인 러시아와 해양국가인 영국과의 접점이 바로 해협이었기 때문에 거문도사건은 터키해협과 대한해협을 둘러싼 영러대립이라는 관점에서 고찰해야 한다는 문제의식에 따른 것이다. 나아가 한국근대사가 일본의 불법적인 한국강점(1910)으로 귀결되었다는 점을 감안할 경우, 영국함대의 불법적인 거문도 점령사건(1885~1887)은 외세에 의한 한국강점의 시발점이 되었다는 측면도 아울러 강조하고자 했다.

제2장 "러시아의 제2태평양함대와 일본의 독도점취(1904~1905)"에

서는 독도문제를 러일해전(海戰)의 측면에서 고찰하고자 한다. 그 이유
는 러일전쟁이 해전에서 시작되어 해전으로 종식되었다는 특징에 주목
했기 때문이다. 아울러 이 해전의 시발점은 제물포해전(1904.2.7.)이었고
그 종결(1905.5.28.) 지점이 독도 앞바다였다는 점도 고려의 대상이 되었
다. 결국 일본의 한반도 지배로 귀결된 이 전쟁은 아시아의 전략적 요충
지에 위치한 한반도의 지정학적 조건이 한국의 운명에 어떠한 영향을 끼
쳤는 지를 살피는 단초를 제공해 줄 것이다.

  러일 해군경쟁의 중심에는 태평양에서 해양강국으로 부상하는 것이
자신에게 주어진 역사적 사명으로 인식한 러시아 황제 니콜라이 II세의
태평양함대 증강정책과 러시아의 남하정책을 저지하고 대륙 침략을 도
모한 일본의 군비 증강정책이 있었다. 따라서 양국 간의 경쟁적인 해군
확장 정책은 함대규모의 우위뿐만 아니라 주요 전략요충지 확보를 요구
하고 있었다. 이에 일본 정부는 러시아 제2태평양함대와의 쓰시마해전
(1905.5.27.-28.)에 대비하기 위해 1905년 전략요충지인 독도점취(1.28.)
를 단행하기에 이르렀다. 그 결과, 일본의 독도편입은 카이로선언(1943.
11.27.) 규정-(일본은 탐욕과 폭력으로 탈취한 모든 영토로부터 축출되어
야 한다)-에 저촉된다는 사실을 재확인하고자 한다.

  제3장 "제국주의 열강의 만주정책과 간도문제(1909~1910)"에서는
러일전쟁 이후 미국과 영국을 중심으로 한 만주에 대한 문호개방(Open
door) 지지국가들과 만주에 대한 문호폐쇄를 지지한 일본과 러시아의 만
주정책을 간도문제와 관련하여 살펴보고자 한다. 왜냐하면 미국 대통령
윌리엄 태프트(W.H.Taft)가 1909년 12월 7일 미 의회에 제출한 연례교
서에서 동년 9월 4일 일본이 청국과 체결한 '간도와 만주5안건에 관한
협약'에는 일견 "매우 심각한 우려를 야기할 조문"을 포함하고 있다고
언급함으로써, 러일전쟁 이후 간도문제를 포함한 일본의 만주정책은 미
국의 간섭과 견제의 대상이었으며 미일 간의 대립과 갈등구도가 향후 동

아시아 국제관계를 규정하는 핵심요소가 되었기 때문이다. 이에 러시아와 일본이 간도문제를 계기로 촉발된 미국의 만주문제 적극 개입정책에 대해 만주에서 자신들의 기득권을 보호하기 위해 제2차 러일협약(1910) 체결을 통해 타협을 이루는 과정을 고찰하고자 한다.

제4장 "제3차 러일협약과 내몽골 분할 문제(1912)"는 러시아와 일본이 신해혁명시기 중국의 반발에도 불구하고 내몽골분할 관련 제3차 협약을 체결할 수 있었던 원인을 유럽의 발칸(Balkan)위기와 관련지어 살펴보고자 한다. 만몽(滿蒙)문제에 대한 문호개방을 지지했던 영국은 유럽에서 영독건함(英獨建艦) 경쟁이 심화되고 발칸위기가 고조됨에 따라, 삼국협상(Triple Entente)진영에 속했던 러시아를 유럽무대로 복귀시키기 위해 만몽에 대한 종래의 문호개방 입장을 철회하고 이곳에 대한 러일의 특수권익을 승인하기에 이르렀다. 이에 중국에 이해를 갖고 있던 열강의 공조는 좌절되었고 중국 내부의 혼란이 장기화되는 과정을 제국주의 국제관계사의 시각에서 고찰하고자 한다.

제5장 "중소국경문제와 전바오도사건(1969)"에서는 중화인민공화국 성립 이후 중소 양국 간에 전개된 국경회담을 3시기로 구분하여 고찰하고, 시기별 논의의 쟁점과 문제의 해결과정을 전바오도사건을 중심으로 살펴보고자 한다. 중소 양국 간의 국경협상 과정에서 중국 측이 제기한 '불평등조약론' 및 '영토반환론'과 소련 측의 대응논리인 '합법적인 국제조약론'과 '무주지선점론'은 타협의 여지가 없는 양립 불가능한 논리였기 때문에, 양국 간의 대화 가능성 자체를 차단시키고 있었다. 이에 소련지도부에서는 선제공격의 방식으로 중국의 핵능력에 타격을 가함으로써, 소련에 위협적인 중국의 핵무기문제를 영구히 해결하는 방안을 모색했던 것도 전바오도 사건과 관련된 중소국경문제가 불거졌던 시기와 깊은 관련이 있었다.

1969년 전바오도사건을 계기로 중국의 주요 핵시설을 파괴하는 한정

적인 핵외과수술론(核外科手術論)을 구상했던 소련이 이를 철회한 배경
에는 주미 소련대사의 보고서가 있었다. 보고서의 요지는 "소련의 중국
공격계획에 대해 미국이 수수방관하지 않을 것이고, 이는 미소 간의 대
치를 심화시킬 것"이라는 결론을 내리고 있다. 이에 내부적 의견대립뿐
만 아니라 대외적으로도 미국의 개입 가능성이 농후해짐에 따라 소련의
강경대응방침은 협상을 통한 현안해결 방향으로 가닥이 잡혔다. 따라서
제5장에서는 중소국경문제를 단순한 양국 간의 영토문제가 아닌 동아시
아 냉전사의 시각에서 접근하고자 한다.

　제6장 "중러국경문제 해결과 헤이샤쯔도(黑瞎子島)"에서는 중러국경
문제 해결과 더불어 중러관계 복원의 상징으로 러시아가 중국에 반환한
헤이샤쯔도 문제를 다루고자 한다. 헤이샤쯔도는 하바롭스크 근방의 헤
이룽강(黑龍江)과 우쑤리강(烏蘇里江)이 만나는 지점에 위치하고 있으
며 면적은 홍콩의 1/3에 해당하는 350km²이다. 홍콩과 마카오는 중국에
게 조약기한이 종료됨에 따라 반환되었다면, 헤이샤쯔도는 새로운 국경
조약체결을 통하여 중국에 반환되었다는 특징이 있다. 이는 동북아 영토
분쟁의 평화적인 해결사례가 되었을 뿐만 아니라 향후 중국판도의 지속
적 변화가능성을 예견하고 있다. 이에 헤이샤쯔도는 2005년 중러 양국
이 헤이샤쯔도의 반분(半分)에 합의하면서 동반부(東半部)는 러시아가,
서반부(西半部)는 중국이 관할하는 '일도양국(一島兩國)'의 독특한 형태
를 취하게 되었다. 따라서 헤이샤쯔도는 동북아시아에서 유일하게 평화
적으로 영토분할에 성공한 모델이기 때문에 동아시아변경 연구의 핵심
주제라 할 수 있다.

　제7장 "동아시아 냉전체제 형성과 남쿠릴열도"에서는 쿠릴열도를 러
일 간의 영유권 분쟁지역이라기보다는 일본을 앞세운 미국과 러시아의
영토분쟁지역으로 보는 것이 보다 타당하다는 문제의식을 가지고 접근
하고자 한다. 왜냐하면 쿠릴열도를 둘러싼 미러 간의 대립은 다음과 같

은 두 가지 불편한 진실과 관련이 있기 때문이다. 첫 번째는 태평양전쟁 말엽 미국의 루즈벨트(F.Roosevelt) 대통령이 얄타회담(1945)을 통하여 소련의 스탈린(И.Сталин)에게 쿠릴열도를 넘겼음에도 불구하고, 얄타 협정의 약속을 번복하며 쿠릴열도에 대한 일본의 주권을 인정한 미국의 말 바꾸기와 관련이 있다. 두 번째는 일본이 1951년 샌프란시스코 조약 체결을 통해 공식적으로 쿠릴열도를 포기했던 사실을 염두에 둘 경우, 과연 그들이 남쿠릴열도(북방도서)의 반환을 주장할 자격조차 있는지에 대해 의문이 앞서기 때문이다. 따라서 이 장에서는 쿠릴열도 문제를 러 일 양국관계의 시각에서 다루던 종래의 방법론에서 탈피하여 국제관계 사의 시각에서 이 문제를 재검토하고자 한다.

이상에서 살펴보았듯이 근대 한국과 동아시아의 변경문제는 단순한 땅의 문제가 아닌 정치, 경제, 문화, 군사, 국제관계 등을 포괄하는 학제 적이고 종합적인 연구의 대상임을 알 수 있다. 또한, 변경문제는 중심부 에서 멀리 떨어진 주변부의 문제이지만, 변경에서의 갈등은 항상 중심부 와 접속되어 연동되기 때문에 네트워크가 발달한 현대사회에서의 변경 문제는 일국의 차원을 넘어선 세계적 이슈가 되고 있음을 알 수 있다. 따라서 한국과 동아시아 변경문제는 글로벌한 시각에서 접근해야 할 연 구주제라 할 수 있다.

제1장 영국과 러시아의 그레이트게임(Great game)과 거문도사건(1885~1887)

1. 거문도사건에 대한 연구와 글로벌히스토리

영국함대의 불법적인 거문도 점령사건(1885~1887)은 외세에 의한 한국강점의 시발점이 되었다는 측면에서 한국근대사 연구의 중심주제 가운데 하나로 자기 매김 할 수 있다. 왜냐하면 한국근대사가 일본의 불법적인 한국강점(1910)으로 귀결되었기 때문이다. 그럼에도 한국사교과서에 서술되어 있는 거문도사건의 경우, 그 시대적 배경이 제국주의의 세계화임에도 불구하고 이를 한국의 일국사 관점에서 해석함으로써 한국사 중심주의를 고착시키고 있다.[1]

방대한 해외식민지를 바탕으로 성립된 대영제국은 식민지를 연결하는 교통로가 생명선이었기 때문에 러시아의 남하와 해양진출을 저지하는 것이 통상과 교역의 자유를 확대하는 첩경이었음은 주지하는 바와 같다. 반면 러시아 역시 발칸반도에서 터키의 억압을 받고 있는 기독교인들을 보호하고, 연해주의 발전을 위해 접경국 조선과의 통상증진을 모색한다는 목적을 가지고 발칸반도와 한반도로 남하하면서 유라시아 대륙전반에 걸친 영러 대립구도가 성립되었다. 따라서 묄렌도르프(Paul George von Möllendorff: 1848~1901)의 대러교섭 소식이 영국에 알려지기 전에

---

1) 최덕규, 「거문도사건(1885~1887)에 대한 두 시각 - 한국사교과서와 글로벌히스토리」, 『社會科敎育』第55-2號, 2016.6. 참조.

단행되었던 영국의 거문도 점령은 조러밀약과는 상관이 없는 사건이었다.[2)]

거문도사건에 대한 교과서 서술은 제국주의시대 세계적 규모로 전개된 영러대결의 그레이트 게임(Great game)보다는 러시아를 한반도로 끌어들인 조러밀약[韓露秘密協定]에서 그 원인을 찾는 데 문제가 있다. 특히 '조러밀약'이라는 용어와 논리가 일제강점기 일본 역사학자인 다보하시(田保橋潔)에서 유래했다는 점에 주목해 볼 때, 오늘날 한국사 교과서가 당면한 과제와 개선해야 할 방향이 무엇인지는 명확해진다. 조선이 평화를 해치는 위기의 근원이고 위기에 대한 영국의 대응이 거문도 점령이었다면, 한국에 대한 일본의 불법강점 책임 역시 그 면죄부를 한국문제에서 찾게 되기 때문이다. 다보하시 이래 오카모토(岡本隆司)를 거치면서 한국사 교과서에서 자리를 굳힌 이 용어는 조선을 동아시아 위기의 근원으로 간주하려는 일본학자들의 의도를 반영하고 있기 때문에 여전히 한국사 교과서에 이를 서술하고 학생들에게 가르치는 것은 바람직하지 못하다.

이에 우리는 근대 한반도 변경위기의 기원을 이루고 있는 영러대립의 시각에서 거문도사건을 검토하고자 한다. 이를 위해 러시아 해군상 쉐스타코프(И.А.Шестаков: 1820~1888) 제독의 거문도사건 해법에 주목하고자 한다. 그는 이 사건의 해법을 아프가니스탄 국경문제를 둘러싼 영러 갈등 해소를 통해 찾고자 했기 때문이다.

그의 거문도사건에 대한 인식은 영국의 국기가 게양되어 있던 거문도를 직접 시찰하여 영국의 제독들과 소통한 경험 그리고 한반도 항구들을 탐사한 결과에 근거함으로써 한국에서 부동항 획득계획을 포기하는 결

---

2) Kim Yung Chung, "Great Britain and Korea, 1883~1887" (Ph.D. dissertation, Indiana University, 1964).; Yong Chung Kim, "Anglo-Russian Crisis and, 1885~1887", 『韓國文化研究院 論叢』제18집, 1971, pp.249-250. 김영정은 영국이 조러밀약에 관한 전문을 받았을 때는 이미 거문도를 점령한 뒤였으므로 두 사건은 관계가 없음을 논증한 바 있다.

정적 계기가 되었다. 이에 러시아정부
의 한반도현상유지 정책은 고종정부가
1880년대 한반도 변경의 위기를 무사
히 넘길 수 있는 배경이 되었다. 나아가
한반도를 포함한 극동해역에 대한 그의
조사보고서들은 태평양에서 러시아 해
군력 강화의 논리적 토대가 되었다.[3]

러시아 해군상(1882-1888)
쉐스타코프 제독

따라서 이 글에서는 거문도 관련 연
구에 이제까지 세계 학계에서 거의 활
용되지 못했던 러시아해군함대문서관
(РГАВМФ) 자료에 근거하여 러시아 해군상(海軍相) 쉐스타코프 제독
의 거문도사건 인식과 해법을 실증적으로 구명하고자 하였다. 이는 거문
도사건을 계기로 러시아가 해군중심의 팽창정책에서 육군위주로 전략을
수정하여, 극동함대를 최소 수준으로 감축했다는 종래의 학설에 대한 반
박이 될 수 있을 것이다. 아울러 이 연구를 통해 근대 한국의 변경위기
에 대한 거시적 연구방법론을 제안하고자 한다.

2. 영국해군의 거문도 점령과 러시아 해군상의
사건인식과 해법

러시아정부가 영국의 거문도 점령을 간파한 것은 런던 주재 일본대사
가 본국으로 전송한 보고 전문에 대한 전신검열의 결과였다. 1885년 4
월 8일 러시아 외상(外相) 기르스(Гирс Н.К.)는 해군상에게 주영 일본

---

3) Malozemoff A. Russian Far Eastern Policy, 1881~1904: with special Emphasis on
the causes of the Russo-Japanese War, Berkeley,1958. pp.33-34.

대사가 본국정부에 영국해군이 블라디보스토크에서 이틀이 채 걸리지 않는 거문도에 저탄소를 설치했다는 보고전문을 발송했다는 정보를 알려주었기 때문이다.[4] 이에 1885년 4월 15일 러시아 해군상 쉐스타코프 (Шестаков И.А.) 제독이 외무상 기르스에게 제안한 거문도문제의 해법은 이 사건에 대한 러시아 해군성의 진단과 해법을 전망할 수 있는 단초를 제공해준다.

해군상 쉐스타코프 제독은 영국의 거문도점령을 "러시아 연안에 몰타 (Malta)와 같은 것을 설정하는데 있다"고 파악하고, "이는 악의적인 시도이기 때문에 어떠한 점령도 반대해야 한다"는 목표를 설정하고 이를 반드시 실천해야 한다는 입장이었다. 해군상은 그 방책으로 아프가니스탄과 한반도문제를 결부시킬 책략을 제시하였는데, "카스피해 동쪽 문제들의 해결을 영국이 조선과 일본의 항구들을 점령하지 않는다는 약속과 결부시켜야 한다"는 것이 그 요체였다.[5] 요컨대 러시아와 영국이 각축을 벌이던 중앙아시아의 아프가니스탄 문제를 거문도사건과 연계시켜 해결한다는 구상이었다. 이는 한반도문제가 러시아의 세계정책 구도 속에서 해법이 모색되게 되었음을 의미했다.

그렇다면 왜 쉐스타코프 제독은 아프가니스탄과 거문도문제를 연동시켰는가? 이는 영국에게 중앙아시아에서 러시아의 남하에 맞서 식민지 인도를 방위하기 위한 요충지가 바로 아프가니스탄이었다면, 러시아에게 거문도는 블라디보스토크에서 대양으로 나아가는 관문으로, 양 지역은 영국과 러시아의 제국경영에 있어서 핵심적인 전략거점이기 때문이었다. 이에 쉐스타코프 제독은 러시아와 접경하고 있던 아프가니스탄 북부국경 획정에 대한 영러 간의 타협이 이루어질 경우, 영국의 거문도 점

---

4) Кондратенко Р.В. Морская Политика России 80-х годов XIX века, СПб. 2006. с. 186-187.

5) РГАВМФ. Ф.410. Оп.2. Д.4158 Л.10-10об.

령도 종식될 것으로 판단했던 것이다. 그 결과 해양국가인 영국에게 유럽 최대의 육군국가인 러시아와 아프가니스탄에서 대결하는 양상은 대륙국가인 러시아가 동아시아의 제해권을 장악하고 있는 영국해군과 거문도를 둘러싼 각축을 벌이는 국면과 연동하게 되었다. 유라시아를 무대로 전개되고 있었던 영러대결은 서로 상대방의 취약지점을 위협하여 이를 정책의 지렛대로 활용하는 그레이트 게임(Great Game)의 양상을 띠고 있었다.

영국과 러시아는 아프가니스탄과 거문도가 지니는 전략적 중요성에도 불구하고 제1차 세계대전 발발시점까지 이들 지역에 대한 지배권을 확립하지 못했다. 이는 아프가니스탄과 거문도가 영국의 인도방위와 러시아의 태평양정책의 한계를 드러내는 아킬레스건이 됨으로써, 결국 유라시아 대륙에 걸친 영러대립이 무력충돌보다는 외교적 타협으로 귀결되는 배경이 되었음을 의미했다. 요컨대 영국과 러시아는 대외정책을 추진함에 있어서 상대국의 지정학적인 한계와 전략적 취약점을 잘 알고 있었을 뿐만 아니라 유럽문명 국가 간의 충돌은 단지 아시아의 야만인에게만 유리하다는 문명론에 입각하여 1907년 전통적인 적대관계를 마무리하고 영러협상(Anglo-Russian Convention: 1907. 8. 31.)을 체결할 수 있었다.

영국은 왜 1885년 4월의 시점에 동아시아 해역에서 국제법을 위반해가며 거문도를 점령해야만 했는가? 이는 1885년 초부터 갑신정변으로 야기된 러시아 함대의 한반도 연안 집결상황과 관련이 깊다. 왜냐하면 거문도는 1880년부터 태평양함대의 모항으로 기능을 시작한 블라디보스토크에서 대양으로 나아가는 관문에 위치하고 있었기 때문에, 거문도의 장악은 사실상 러시아의 유일한 태평양으로의 출구였던 대한해협에 대한 제해권을 보장해주고 있었다. 따라서 영국의 거문도 점령은 대한해협을 차단하여 동해를 호수화(湖水化)하고 이 해역을 "동아시아의 흑해

(黑海)"로 만듬으로써, 러시아의 태평양 진출 기도를 좌절시키려는 계획의 산물이었다. 이 경우, 흑해의 보스포러스(Bosphorus) 해협과 같은 의미가 대한해협에 부여될 것이었다.

그럼, 이제 한반도 해역에 러시아 전함이 집결된 경위를 갑신정변의 사후처리를 중심으로 살펴보도록 하겠다. 1884년 12월 17일 외상 기르스는 해군상 쉐스타코프에게 보낸 기밀서신에서 갑신정변의 원인과 고종의 대러 보호국화 요청[6]에 대한 보고를 전달했다. "국왕에 대한 조선인들의 불만이 정변의 원인이다. 그리고 그 불만의 요체는 첫째, 국왕이 추진하는 개혁정책이고 둘째, 열강에 대한 접근정책이 외세의존적인 파당을 구성하는데 기여했다는 인식 때문이다. 이에 고종의 외교고문역으로 있던 묄렌도르프가 나가사키 주재 러시아영사를 방문하여 고종의 부탁을 차르에게 전달해줄 것을 요청했다는 것이다. 그 요지 중 하나는 즉각 러시아전함 수척을 제물포로 급파하여 수병들이 고종을 호위하기 위해 서울로 파견될 수 있도록 하고, 다른 하나는 조선을 러시아의 보호국으로 받아달라는 것"이라고 말하였다.

그러나 기르스는 고종의 요청을 신중히 처리해야 한다는 입장이었다. 왜냐하면 외상의 견해에 따르면, 갑신정변 후 조선의 대러접근은 다음의 사항을 고려해야만 했기 때문이었다. 첫째, 조선현지 사정을 잘 알지 못하는 상황에서 수병(水兵)의 파견과 조선의 보호국화는 무력충돌까지 감안해야 하는 복잡한 상황에 휘말릴 수 있는 가능성이 있고 둘째, 국경을 접하고 있는 조선에서의 정변에 대해 무관심하게 좌시할 수만은 없다는 점이 그것이었다. 이에 외상의 고민은 차르 알렉산드르 III세의 결정에 따라 다음과 같은 조치로 이어졌다. 전함 한 척을 제물포로 파견하여 한국의 정세변화를 예의주시하고, 이 전함에 주일 러시아공사관 서기 슈페이예르((Шпейер А.Н.)를 승선시켜 한국으로 파견한다는 것이었다.

---

6) РГАВМФ. Ф.410.Оп.2.Д.4122.Л.99-102ob.

후자에게는 현지 상황을 상세하게 외무성에 보고한 후, 특별한 지시가 있을 때까지 조선의 내정에 직접적인 개입은 자제하고 도덕적으로 영향력을 행사하는 동시에 질서회복을 위한 조언을 하는 것으로 역할을 한정하도록 지시가 내려졌다. 이에 갑신정변 후, 고종의 요청에 따른 러시아 전함의 제물포 파견 계획은 한국의 정세파악을 위한 슈페이예르의 한국 파견과 맞물리게 되었다. 그러나 그의 체한(滯韓) 활동은 러시아정부의 전권을 부여받은 특명공사가 아닌 주일공사관 서기의 자격에 한정되어 있었다.

그럼에도 제물포로 급파된 러시아전함은 당초의 계획에서 벗어나 한반도 연안의 항구를 조사하고 점령하는 임무를 부여받았다. 그 이유는 갑신정변 과정에서 발생한 청일 간의 무력충돌은 1884년 말의 상황에서 평화적인 해결 기미가 보이지 않았기 때문이었다. 1884년 12월 28일 러시아 외상이 쉐스타코프 제독에게 보낸 기밀서신에서 한반도문제를 둘러싼 청일 간의 외교적 타협의 가능성이 불투명하다는 견해를 표명한 것도[7], 주일공사 다비도프가 일본정부가 한국 연안으로 자국함대를 파견하고 심지어 한국 항구의 점령도 불사할 것이라는 견해를 보고했기 때문이었다.

일본의 이 같은 강경 입장은 청 정부가 프랑스와 교전 중이었기 때문에 대일타협을 약속했음에도 불구하고 이를 미루고 있었던 상황과 관련이 있었다. 일본 측 협상대표 이노우에의 상대역인 청국관리는 협상전권을 부여받지 못했을 뿐만 아니라 심지어 1,000명의 무장호위대를 대동함으로써 청일관계는 악화일로에 놓여있었다. 이는 한국문제를 둘러싼 청일 간의 협상과정에 타 열강의 개입가능성을 고조시킴으로써 러시아 정부는 결코 방관자로 남아있을 수 없게 되었다. 따라서 갑신정변을 둘러싼 청일 간의 사후 처리 문제가 러시아의 대한반도 정책 적극화의 계

---

7) РГАВМФ. Ф.410.Оп.2.Д.4122.Л.104-105a.

기가 되었다.

이에 러시아는 한반도를 둘러싼 청일협상을 대비한 두 가지 방침을 수립하였다. 하나는 양국 사이에서 엄정중립을 유지하고 청일 가운데 어느 일국과도 전쟁을 하지 않으며 나아가 가능하면 접경국인 한국의 영토 보전과 현상유지를 위해 노력한다는 것이었다. 다른 하나는 일본이 한국 연안에서 하나의 항구를 점령하기로 결정한다면, 그곳이 결코 점령을 허용할 수 없는 한국 연안이라면 러시아해군을 동원하여 같은 지역이라도 그곳을 점령하여 이를 상쇄시켜야 한다는 것이었다. 이에 외상은 해군상에게 조심성 있고 현명한 해군 제독에게 한국 해역에서 이 같은 임무수행을 지시할 것을 요청하고 이 계획을 차르에게 보고했다.

기르스 외상이 한국 해안의 특정지역 점령계획을 보고한 배경에는 자국의 극동 해군력에 대한 자신감이 자리 잡고 있었다. 한국 연안의 특정지역을 점령하라는 지시를 즉각 이행할 수 있는 준비가 되어 있는 러시아해군의 규모는 1884년 12월 19일 해군상이 외상에게 발송한 기밀서신에 따르면 3가지 범주의 총 14척에 달했다.[8] 제1범주의 4척은 현재 중국해역에 있는 전함들(기함 미닌호Минин, 클리퍼 오프리치닉Оприч ник, 라즈보이닉Разбойник, 수송선 블라디보스토크Владивосток)이 해당된다. 제2범주는 중국해역으로 이동 중인 전함인 클리퍼 크레이세르(Крейсер)와 쥐기트(Джигит)호가 여기에 해당한다. 그리고 제3범주는 지중해와 흑해함대 소속 전함으로, 4척의 의용함대 소속 수송선을 포함하여 8척의 전함이 한국 해안으로 파견 가능하였다. 해군상 쉐스타코프 제독은 지중해와 흑해함대의 전함들이 한국의 항구로 이동하는데 45-50일이 걸릴 것으로 예상하고 있었다. 따라서 1885년 3월 말이 되면 상술한 14척의 러시아전함 뿐만 아니라 블라디보스토크에서 출항한 4척의 전함(쾌속범선 아브렉Абрек과 3척의 수뢰정)이 가담함으로써

---

8) РГАВМФ. Ф.410.Оп.2.Д.4122.Л.107-108.

한반도 해역에 총 18척의 러시아연합함대가 집결할 예정이었다.

연합함대의 사령관으로서 해군상이 외상에게 추천한 제독은 현재 태평양함대 사령관을 맡고 있는 해군소장 크로운(Kroun A.E.: 1823~1900)이었다. 그는 1853년 푸차틴(Putyatin E.V.) 공이 지휘한 일본원정대에 중위로 참가했고 크림전쟁 당시 극동의 항구에 군수품을 조달하는 비밀 임무를 미국에서 수행하였을 뿐만 아니라 5년간 연해주 지사를 역임했기 때문에, 한국문제와 관련하여 기르스 외상이 원하는 조심성 있고 유능한 인재상에 부응하는 인물이었다.[9] 이에 기르스는 한국문제에 잠재된 폭발력을 고려해 크로운 소장의 역할에 분명한 한계를 그었다. 외상은 한국의 현상유지와 관련하여 러시아함대 강화를 요청했지만 러시아는 일본 및 청국과 한국문제를 둘러싸고 어떠한 무력충돌도 회피해야하고, 단지 제3자적 개입으로 국한시켜야 한다는 입장을 견지했다. 왜냐하면 청국 및 일본과의 무력충돌이 러시아 극동지역으로 확산될 가능성을 우려하고 있었기 때문이었다. 이에 외상은 쉐스타코프 제독에게 이러한 민감한 임무를 크로운 제독에게 재차 주지시켜 줄 것을 요청했다. 따라서 1885년 1월 1일 크로운 제독에게 제물포 입항을 명령한 해군상의 전문은 제독의 임무를 재확인시켜주고 있다. 한국에서의 사태전개를 중립적으로 관측하고 오랜 경험을 활용하여 청일 간의 긴장상황에 러시아가 연루되지 않도록 하는 것이 제물포 입항의 주목적임을 밝히고 있다.[10]

이같은 상황에서 한반도 현상유지와 영토보전에 일대 위기가 초래된 것은 1885년 4월 14일 영국함대가 거문도를 불법 점령한 사건이었다. 이는 영국의 대한정책의 한계를 드러낸 대표적인 사례로, 영국은 1883년 제2차 한영조약의 제1조에서 조선과 영국국민들의 생명과 재산 보호와 거중조정(good offices)의 의무를 명시했음에도 불구하고 이를 위반하

---

9) Там же.

10) РГАВМФ. Ф.410.Оп.2.Д.4122.Л.111.

고 있었기 때문이다.[11] 그것도 영국 상인들의 이권보호 조항이 언급되어 있지 않다는 이유로 제1차 한영조약(1882)을 갱신한 제2차 조약의 비준서가 교환(1884.4.28.)된 지 채 일 년도 지나지 않은 상황에서 불법점령을 감행한 것이었다. 따라서 영국해군의 거문도점령은 기존의 대한정책 기조와 배치되는 모순적인 사건이 분명했다.

　그렇다면 영국이 이같은 불법적인 거문도 강점을 감행한 원인은 무엇인가? 이는 영국의 대한정책 기조변화에서 그 원인을 찾기보다는 유라시아대륙을 무대로 전개되던 영러대립에서 그 원인을 찾아야 할 것이다. 이는 영국이 한국의 항구를 점령하지 않는다는 조건으로 카스피해 동부지역 문제를 해결할 용의가 있음을 밝힌 러시아 해군상 쉐스타코프 제독의 편지에서 그 단서를 찾을 수 있다. 상술한 바와 같이 러시아는 일본이 청불전쟁을 틈타 한반도 항구를 점령하려는 계획에 대해 크로운 제독에게 제물포에 함대를 파견하여 한반도정세를 예의주시하도록 조치를 취했지만, 영국의 거문도점령에 대해서는 아프가니스탄을 지렛대로 문제를 해결하고자 하였다. 이는 영러 양국이 '그레이트 게임(The Great Game)'을 펼치면서, 상대방의 약점과 게임의 승부처가 어디인지 서로 잘 알고 있었기 때문이다.

　카스피해(Caspian Sea) 동부지역에서 영러대결의 중심지는 아프가니스탄으로, 영국은 이곳을 인도방위를 위한 완충지대로 삼고자 했다. 이에 제2차 영·아프간전쟁(1878~1880)에서 승리한 영국은 아프가니스탄에 친영정권을 수립하여 러시아와 접경하고 있는 아프가니스탄의 북부국경을 보다 위쪽으로 끌어올려 완충지대를 확장하고자 하였다. 그러나 아프가니스탄과 러시아의 접경지역에 대한 현상변경을 도모한 영국의 계획은 러시아의 남하정책과 충돌함으로써 카스피해 동부지역을 둘러싼 영

---

11) 근대한국외교문서편찬위원회 편, 『근대한국외교문서 제5권』(동북아역사재단: 2012), pp.789-819; 최덕수 외 지음, 『조약으로 본 한국근대사』, pp.169-172.

러대립을 촉발시켰다. 따라서 1884년 5월 영국이 러시아와 국경획정위원회 구성에 합의하고 10월 1일부터 감계(勘界)에 착수하기로 제의한 것은 영국정부가 후원하는 아프간군대와 러시아 육군 간의 무력 충돌 시, 승리를 장담할 수 없다는 위기의식에서 비롯된 것이었다.[12]

그러나 감계의 기점을 선정하는 문제로 러시아와 아프가니스탄 국경획정이 지연됨으로써 영국정부는 새로운 해법을 구상하기에 이르렀다. 그 해법은 아프가니스탄 국경문제의 국제중재재판소 회부였다. 1885년 3월 1일 영국수상 글래드스턴(W. Gladstone)은 국경문제의 중재재판소 회부건에 대한 보수당 의원의 질문에 영러 양국은 현재의 위치에서 더 이상의 진출을 하지 않기로 이미 비공식 합의를 이루었음을 밝힌 것도 이 같은 복안에 근거한 것이었다.

그럼에도 러시아는 현재의 위치가 자국에게 불리하다고 판단하고 있었다. 더욱이 러시아 육군이 1885년 3월 30일 사막의 오아시스 도시인 헤라트(Herat) 근방에서 아프가니스탄 군대와 교전하여 승리를 거두면서 아프가니스탄 국경문제를 둘러싼 영러대립은 극동의 거문도로 그 무대를 옮겨가게 되었다. 이는 4월 9일 블라디보스토크에서 러시아 태평양함대 사령관 크로운 제독이 나가사키 주재 러시아 영사의 전문을 통해 영국해군이 거문도를 점령한 사실을 확인하면서 본격화되었다.[13] 요컨대 아프가니스탄과 한반도는 영러대립의 구도속에서 상호 연동되기 시작했던 것이다.

이 같은 아프가니스탄과 한반도의 연동은 쉐스타코프 제독으로 하여금 아프가니스탄 국경문제를 영국이 한국 및 일본항구를 점령하지 않는다는 약속과 연계한다는 전략을 수립한 배경이 되었다.[14] 4월 9일 외상

---

12) R.A.Johnson, "Russians at the Gates of India? Planning the defence of the India, 1885~1900", The Journal of Military History, Vol. 67. No. 3(Jul. 2003), pp.716-717.

13) Кондратенко Р.В. Морская Политика России 80-х годов XIX века, СПб. 2006. с. 186.

기르스로부터 영국해군이 거문도에 저탄소를 설치했음을 보고받은 쉐스
타코프 제독은 영러대결에서 러시아가 승리를 예상할 수 있는 전장은 오
직 중앙아시아 뿐이며, 발트해와 흑해에서의 영국과의 해전은 승산이 없
다고 보았다. 러시아 해군참모 총장 치하체프 제독이 외교의 방식으로
이 문제의 해결을 제안한 것도 러시아해군의 약세를 잘 알고 있었기 때
문이었다.

　1885년 5월 1일 아프가니스탄 국경문제를 영국이 제안한 중재재판에
회부하는 방안을 검토하기 위한 특별위원회가 열린 것은 바로 이같은 러
시아의 타협정책을 배경으로 하고 있었다.[15] 쉐스타코프 제독의 일기에
따르면, 차르는 헤라트(Herat) 교전을 지휘한 코마로프(Комаров А.В.)
대령의 조치의 적절성을 언급한 반노프스키 의견은 무시한 채, 곧바로
영국정부의 제안에 동의할 지 여부를 묻는 질문을 던졌고 이는 러시아
역사에 전례가 없었던 사안임을 덧붙였다. 이는 알렉산드르 III세가 영국
1국과의 전쟁에 대해서는 두려워하지 않았으나 이로 인한 재정위기를
우려하고 있었기 때문이었다. 이에 "히드라가 다시 고개를 들고 있다"고
재정파탄을 경고했던 재무상의 발언이 가장 설득력을 얻게 되었다. 그
결과, 특별위원회에서는 영국의 제안을 수용하기로 결정하였고 덴마크
국왕이 중재자로 추천되었다. 이로 인하여 영국은 러시아의 아킬레스건
을 건드려 아프가니스탄 국경문제를 해소할 수 있게 되었다.

　영국정부 역시 사태를 확대시키려 하지 않았다. 1885년 6월 9일 러시
아 외무상 기르스가 영국의 그렌빌(Lord Grenville) 외상으로부터 아프가
니스탄 문제에 대한 협정체결을 조속히 마무리하자는 서신을 받은 것이

---

14) РГАВМФ. Ф. 410 Оп. 2 Д. 4158. Л.10-10об.

15) Кондратенко Р.В. 위의 책, с. 196-197. 차르가 직접 주재한 이 회의에는 블라
　　디미르 알렉세이 대공(Вел.кн. Владимир Алексей), 육군상 반놉스키(Ван
　　новский П.С.), 해군상 쉐스타코프, 외무상 기르스, 재무상 분게(Н.Х.Бунге),
　　외무성 아시아국장 지노비에프(И.А.Зиновьев)가 참석했다.

이를 반증한다. 영국은 내각교체가 있었음에도 이러한 입장은 변화가 없었다. 그 결과 9월 10일 런던에서 아프가니스탄 국경획정 원칙을 규정한 영러협정 체결이 성사된 것도 11월 의회선거를 앞둔 솔즈버리(Salisbury) 내각이 대외정책상의 성과가 필요했기 때문이었다.[16] 따라서 1885년 6월 28일 프리아무르주(Приамурский край) 총독 코르프(Корф А. Н.)가 블라디보스토크에 설치한 기뢰가 무역선의 왕래에 지장을 준다는 명분으로 기뢰제거의 필요성을 제기하자 그날 해군상 쉐스타코프 제독이 이를 수락하여 7월 3일 제거작업이 종료되었다. 이에 1885년 7월 30일 외무상 기르스는 영국의 거문도 철수에 초점을 맞춘 한반도 현상유지 정책을 지지해야 한다는 견해를 차르에게 보고하고 이를 러시아정부의 입장으로 확정했다.[17]

3. 쉐스타코프 제독의 거문도 시찰과 한반도 해안 탐사

쉐스타코프 제독이 거문도 위기를 아프가니스탄 문제와 연동시켜 해결하려 했음은 상술한 바와 같다. 그러나 문제는 1885년 9월 10일 영러 양국 간의 아프가니스탄 국경획정협정이 체결되었음에도 불구하고 영국의 거문도 철수가 이루어지지 않았다는 점에 있다. 영국이 거문도 철수를 주저한 명분은 다른 유럽국가, 즉 러시아의 거문도 점령 가능성에 대한 우려 때문이었다. 따라서 영국의 거문도 점령은 한국의 독립과 영토 보전에 관한 문제가 동아시아의 범주를 넘어서 국제적 이슈로 전환되는

---

16) 양측 간의 국경선의 확정에는 오랜 시간이 걸렸으며 최종 협정은 1887년 7월 22일 페테르부르크에서 체결되었다.

17) Кондратенко Р.В. 위의 책. с. 202.

계기가 되었다.

주영 청국공사 쩡지쩌(曾紀澤)에게 전달된 영국정부의 각서(1886.4. 14)는 영국정부의 이러한 우려를 잘 보여주고 있다. 각서의 요지는 다음과 같다.

"영국은 청국정부의 희망에 반대하면서 점령을 계속하지 않는다. 다른 유럽국가가 거문도를 점령하는 것은 중국과 영국에게 이익이 되는 것은 아니다. 중국이 그런 점령이 일어나지 않게 한다고 보장한다면, 영국의 점령목적은 달성된 것이다. 중국이 그런 책임을 지지 않는다면, 영국정부는 중국에게 러시아와 그 밖의 관련 국가들이 조선의 영토보전을 보장하는 국제합의를 이루게 할 것을 제안한다. 그렇게 약속한다면 영국도 그런 합의의 일원이 될 것이고 즉시 철수할 것이다."[18]

요약하면 한반도의 영토보전에 대한 국제합의가 철수의 전제조건이라는 것이다.

그렇다면 거문도에 대한 러시아정부의 입장은 무엇이었을까? 이는 1886년 러시아 해군상 쉐스타코프 제독이 거문도 시찰을 포함한 극동순방보고서에 잘 나타나 있다. 제독의 거문도 및 한반도 해안탐사에 관한 보고서를 논의한 특별회의에서는 거문도사건에 대한 러시아정부의 입장이 잘 드러나 있다.

영국해군이 거문도에서 깃발을 내리지 않았음에도 쉐스타코프 제독이 직접 거문도에 입항하여 현지를 시찰한 사실과 이후 블라디보스토크로 향하는 과정에서 한국의 주요 항구를 탐사할 수 있었던 법적 근거는 1884년 7월 7일에 체결된 한러수호통상조약 제8조에 근거하였다. 조약 8조에서는 한러 양측의 군함이 상대국 항구를 방문하여 장비와 부품을 구매할 수 있는 권리가 부여되어 있어, 양측의 지휘관들은 아무런 방해 없이 양국 연안을 드나들고 개항장에서 다양한 비품을 무관세로 적재할

---

18) 김용구, 『거문도와 블라디보스토크』, (서강대: 2009), p.172.

수 있었다. 한국정부는 러시아군함에게 사진을 찍거나 측량을 하는데 가능한 지원을 해주기로 하였다.[19) 그때부터 제물포와 원산, 부산과 같은 개항장뿐만 아니라 어떠한 항구에도 러시아 태평양함대의 전함들이 출현하는 것은 합법적이었고, 이는 1883년 한영수호조약을 통해 영국이 획득한 권리와 동일한 것이었다.

러시아 해군이 거문도를 탐사한 것은 이번이 처음이 아니었다. 이미 한러수교 직후인 1884년 9월 5-6일 태평양함대 사령관 크로운 제독이 전함 미닌(Минин)호를 타고 거문도의 해안측량과 연안조사를 한 후 제주도로 이동한 적이 있었다. 이러한 크로운 제독의 거문도 탐사가 1884년 8월 초 중국 산둥성(山東省) 옌타이시(煙台市)에 있는 즈푸(芝罘)에서 이루어진 묄렌도르프와의 회담이 그 계기가 되었다는 점은 주목할 만하다. 크로운 제독과 묄렌도르프 간의 회의에서, 후자는 제독에게 "영국이 거문도를 양보하는 조건으로 한국에 대한 보호를 제의했다"고 알리고, 묄렌도르프 자신은 그것보다는 한국에 대한 영국·러시아·일본의 공동보호를 수립하는 것이 보다 합리적이라 생각한다는 의견을 알려왔기 때문이었다.

묄렌도르프의 공동보호에 대한 크로운 제독의 역제안은 "한국에 대한 러시아 1국의 보호안"이었다.[20) 1884년 9월 20일 블라디보스토크에서 해군 총제독 알렉세이 알렉산드로비치(вел.кн. Алексей Александрович) 대공에게 이를 보고한 크로운의 전보는 외무성으로 전달되어 보다 구체적인 형태의 대한정책이 수립되었다. 그 요지는 초대 주한공사 베베르의 부임이 지연되고 있는 관계로 한국에 아직 외교대표가 상주하

19) АВПРИ. Ф. Японский стол, Оп. 493. Год 1884-97. Д. 214. Л. 6-14с об.: Русско-Корейский Договор о дружбе и торговле от 7 июля(25 июня) 1884.

20) РГАВМФ. Ф. 410 Оп. 2 Д. 4122. Телеграмма Кроуна вел.кн. Алексею Александровичу, 8 сент. 1884 г.

지 않기 때문에, 주일공사관의 서기관을 서울로 보내 고종에게 조언을 한다는 것이었다.

이에 주일공사관의 슈페이에르의 한국 파견은 1884년 10월 1일 외무상 기르스가 임시 해군상 치하체프에게 보낸 편지에서 실토했듯이, "이렇게 놀라운 문제를 신뢰하기에는 한국과 묄렌도르프에 대해 너무 모르고 있었기 때문"이었다. 기르스의 견해에 따르면, 한국이 독립을 유지하고 국제적으로 그 지위를 인정받기 위해서는 가능한 한 열강과의 관계를 억제하여 주권을 침해당하는 의무를 지지 않도록 해야만 한다는 것이었다. 이를 통해 러시아와 접경국인 한국에 외국군대가 주둔하거나 군사기지가 출현하는 것을 막아야 한다는 것이 그의 신념이었다. 외상 기르스가 해군상에게 태평양함대 사령관으로 하여금 한국 해역을 운항하는 외국전함들을 감시할 수 있는 조치의 강구를 요청한 것도 이 같은 신념에서 비롯된 것이었다.

결국 기르스 외상의 요청은 1885년 영국함대의 불법적인 거문도점령으로 무산되고 말았지만, 한국정부가 거문도 할양에 대한 협정을 영국과 체결하지 않았기 때문에, 쉐스타코프 제독의 거문도 시찰은 결코 불가능한 것은 아니었다. 1886년 해군상 쉐스타코프 제독은 직접 극동으로 온 과정을 자세하게 서술한 일기를 남김으로써 그의 행적과 생각 그리고 그것이 '동아시아문제 특별회의'를 거쳐 러시아의 동아시아정책에 어떻게 반영되는지를 알 수 있는 귀중한 사료를 제공하고 있다.

일기에 따르면, 제독은 1886년 5월 24일 러시아 의용함대 소속의 '모스크바(Москва)'호를 타고 오데사(Odessa)를 출발했다. 동년 6월 24일 홍콩을 거쳐 6월 30일-7월 2일 아모이와 대만해협을 통과한 후, 7월 2일 제주도 인근에 정박했다.[21] 쉐스타코프 제독의 항해일지에 따르면,

---

21) РГАВМФ. Ф.26. Оп. 1. Д.4. Л.44-81.: Дневник адмирала Шестакова И.А.

7월 3일 아침 거문도로 진입하여
보리밭이 펼쳐진 거문도의 항구에
정박하게 되는데, 여기서 그는 영
국의 중국함대 사령관(Command in
Chief, China staion) 리차드 해밀턴
(Richard V. Hamilton) 제독을 만나
거문도에 설치된 영국해군의 막사
를 비롯한 군비태세를 돌아볼 수
있었다. 그는 해밀턴 제독의 안내
로 거문도의 가장 높은 곳에 설치
된 관측소에서 영국해군의 배치상
황을 살펴볼 수 있었다. "영국 수병
이 200명 가량 주둔하고 있는 거문
도에는 테니스코트도 갖춰져 있었

영국 극동함대사령관(1885-1888)
리차드 해밀턴 제독

으나…… 상하이(上海)와 연결되는 해저케이블은 상하이 인근의 새들제
도(Saddle Islands) 인근에서 끊어져 있고, 해밀턴 제독 역시 전임자와 마
찬가지로 섬을 영유하는 것보다 그곳에서 떠나기를 희망했다"고 기록하
고 있다.[22] 쉐스타코프 제독은 1886년 7월 3일 오후 2시 30분 경 거문
도를 떠나면서 이곳에서 영국해군을 쫓아 내버릴까 생각했고 블라디보
스토크로 접근을 금지시킬 것도 고려했으나, 블라디보스토크를 방문하
면 석탄을 제공하겠다고 친절하게 약속하고 다음 목적지로 이동했다.
　　러시아 해군상 쉐스타코프 제독의 항해일지를 분석해 보면, 종래의
학설과는 달리 거문도에서 영러 제독들 간의 조우는 긴장감을 고조시키
는 적대관계라기 보다는 오히려 우호적이었고 신사적이었음을 알 수 있

---

22) Там же. 쉐스타코프 제독은 거문도가 "훈련하기에 편한 장소이자 유흥업소가
　　없는 곳"으로 평가하고 있다.

다. 심지어 친절하기까지 했다. 이는 거문도문제가 더 이상 양국 간의 갈등의 핵이 아니라 출구가 필요한 현안이 되었음을 의미한다. 상술한 바와 같이 영국해군은 거문도로부터 명예로운 철수를 하고 싶어 했다. 이를 위한 유일한 조건은 러시아가 거문도를 점령하지 않겠다는 약속이었다. 따라서 거문도와 한반도 해역에 대한 직접 시찰에 나선 쉐스타코프 제독의 판단이 거문도사건의 해결에 미칠 영향은 지대했다.

쉐스타코프 제독이 거문도 시찰 이후 당도한 지역은 영흥만이었다. 이곳은 1881년 초반부터 지속적으로 러시아의 점령 가능성이 제기되었던 항구였다.[23] 1886년 7월 5일 영흥만을 둘러보고 제독이 내린 결론은 거문도문제 해결의 실마리가 되었다. 그는 영흥만에 대해 다음과 같이 기록하고 있다. "나는 엄청난 지출과 대일적대(對日敵對)를 제외하고는 영흥만이 우리에게 가져다줄 것은 아무것도 없다는 결론에 도달했다. 왜냐하면 전쟁이 발발하면 영흥만은 블라디보스토크보다 쓰시마와 거문도에서 보다 쉽게 관측이 가능할 뿐만 아니라 보유하기도 힘들다. 영흥만의 항구를 유지하려면 오직 한국전역을 점령할 경우에만 가능하며, 그럴 경우에만 영흥만은 진주(珍珠)가 될 수 있을 것이다. 결국 블라디보스토크를 육로를 통해 시베리아 내부와 연결시키고 중국해에 강력한 함대를 유지하는 것이 훨씬 합리적인 대안이 될 수 있다."

영흥만에 대한 제독의 평가는 상트페테부르크로 귀환 후, 보고서로 작성되어 차르에게 보고되었다. 그 결과 1886년 12월 12일 개최된 '동아시아에서 새로운 항구획득에 관한 해군상의 보고를 검토하기 위한 특별위원회'에서는 한반도에서의 항구 획득 포기를 제의한 쉐스타코프의 의견이 받아들여져 동아시아정책으로 공식화되었다.[24]

---

23) 『近代韓國外交文書』, 제5권(동북아역사재단: 2012), p.203: J.G.Kennedy (1881.3. 24)- G.L.G.Granville.
24) РГАВМФ. Ф.417.Оп.1.Д.136. Л. 477-486.

한반도의 항구 획득에 대한 해군상의 부정적 견해는 한국보호국화의 대가로 묄렌도르프가 제안한 부동항의 포기를 의미하는 것으로, 이는 제독이 묄렌도르프의 제안 자체에 대해 불신했음을 시사한다. 이는 제독이 블라디보스토크를 거쳐 귀국길에 일본에 들러 주일공사관 서기관으로 1885년 서울을 방문했던 슈페이예르를 만나 저간의 사정을 보고받으면서 재확인 되었다. 1886년 8월 18일자 제독의 일기에 따르면, 러시아가 한국을 보호하는 대가로 묄렌도르프가 제시한 항구문제가 자연스럽게 화제로 떠올랐다. 제독은 왜 묄렌도르프가 러시아에 영일만(迎日灣)[25]을 제시했는지 자세하게 설명하고 있다. 요컨대 영일만은 고종이 묄렌도르프의 청렴함을 높이 평가하여 하사한 영지(領地)였다는 것이다. 이에 제독은 묄렌도르프가 제의한 러시아의 한국보호안은 그의 개인적인 탐욕과 청국과 일본이 한국문제를 둘러싸고 협력하지 않는다면 러시아가 비집고 들어올 수 있다는 대일(對日) 경고가 결합된 "리훙장(李鴻章)이 기획한 코메디"라고 결론지었다.[26]

쉐스타코프는 이를 입증하기 위해 다음의 사실들을 거론했다. 첫째, "언론에서 우리가 제주도를 차지하려 한다고 보도하기 시작했을 때, 그 독일인(묄렌도르프)은 제주도의 일부를 자기에게 떼어달라고 간청하였으며, 도서가 우리에게 이관되면 그곳에서 금광을 개발할 희망을 갖고 있었다…… 치푸의 크로운 제독을 묄렌도르프가 방문했을 때, 그는 동항(凍港)인 영흥만 대신 부동(不凍)의 영일만을 제안하면서, 러시아는 처음에 그곳에 공장을 세우고 후에 이곳에 세력을 공고히 하기 위한 조치를 취할 수 있다고 제안했다"는 것이었다. 둘째, 러시아군사교관 초빙문제로 야기된 정치적 혼선의 결과 묄렌도르프가 한국을 떠나야했지만, 현재

---

25) 영일만의 러시아 명칭은 '운콥스키 만(Бухта Унковского)'이었다.

26) РГАВМФ. Ф.26. Оп. 1. Д.4. Л.44-81.: Дневник адмирала Шестакова И.А.

그는 다시 리훙장 밑에서 일하고 있기 때문에 이 코미디의 희생자는 결국 고종으로부터 확답을 받기 위해 서울에서 밤새 기다렸던 슈페이에르라는 것이었다.

따라서 한국에서 부동항의 획득을 포기하기로 한 쉐스타코프 제독의 결정은 러시아 외무성에 전달되어 청국과 한반도의 영토보전과 현상유지에 관한 협약체결로 진화하였다. 베이징 주재 러시아전권공사 라디젠스키(Ладыженский Н.Ф.)가 리훙장과 한국의 독립과 영토보전에 관한 협상체결 가능성을 타진할 무렵, 조선을 둘러싼 국제정세는 영국함대가 거문도를 점령하고 있는 상황에서 위안스카이(袁世凱)가 대조선 속방화정책을 주도하고 있었다. 이에 라디젠스키는 한편으로 청국의 대조선정책을 반대하지 않음으로써 종래의 대청관계를 손상시키지 않는 동시에 이를 통해 거문도에서 영국함대를 철수시키는데 러청 간의 공조를 이끌어내는데 최우선의 목표를 두었다. 러시아 외무성 역시 만일 영국이 거문도에서 철수한다면, 영흥만 혹은 한국의 여타 부동항을 점령하지 않겠다는 약속을 청국에게 해줄 의향이 있었다. 이에 청국의 북양대신 리훙장 역시 주청 러시아전권공사 라디젠스키와 협상착수 의사를 밝히고 영국이 거문도를 철수할 경우, 러시아가 이 항구를 점령하지 않는다는 약속을 받고자 하였다. 그 결과 러시아로부터 이러한 확약을 받은 직후, 리훙장이 라디젠스키를 톈진(天津)으로 초대함으로써 한국문제를 둘러싼 양자 간의 협상이 시작되었다.[27]

1886년 9월에 시작된 협상에서 라디젠스키와 리훙장은 양국의 대한정책의 기본방침을 밝혔다. 라디젠스키의 목표는 청국의 조급하고 극단적인 대조선정책을 자제시킴으로써 사태의 진전을 차단하는데 있었다. 왜냐하면 청국의 종주권 강화정책은 러시아로 하여금 한국의 독립수호를 위해 적극적인 조치를 취할 것인지 아니면 한국이 완전하게 청국에게

---

27) АВПРИ, Ф. "СПб. Главный архив, У-Аз.", 1886 г. Д.2, Л.161.

복속되는 것을 관망해야 할지 선택의 기로에 놓이게 할 것이기 때문이었다.

이에 라디젠스키는 한국의 대청(對淸)복속은 청국에게 방위부담을 가중시킴으로써 국고에 부담을 주는 대신 경제적인 이득이 없고 극동의 세력균형을 와해시킴으로써 심각한 결과가 야기될 수 있음을 리홍장에게 설명했다. 아울러 러시아는 한국을 점령하거나, 독립을 손상시키거나, 내정에 간섭할 의향이 없으나 동시에 타 열강이 한국에서 배타적인 우위를 확보하는 것을 바라지 않는다는 대한정책의 기본입장을 밝혔다. 리홍장 역시 베이징(北京)정부도 손댈 수 없는 서면협정 체결을 제안했고 러시아외무성도 서면협정 체결 가능성을 열어두었다.

그러나 "러시아와 청국은 한국에서의 평화를 확보하고 오해를 방지하기 위해 한국의 현상을 변경하지 않고 영토를 점령하지 않는다"는 내용의 서면협정서는 교환하지 않았다. 왜냐하면 베이징정부는 이 협정서가 한국에 대한 청국의 종주권을 소멸시킬 수 있음을 우려하여 한국이 청국의 조공국임을 명시하고자 하였기 때문이었다. 그 결과 러청 양국은 러시아의 한반도현상유지 정책과 청국의 종주권강화정책이 양립 불가능함을 인정하고 이를 명문화하는 대신 구두협약으로 재확인하는 방식으로 조선의 영토보전을 가능하게 하였다.[28]

4. 리홍장-라디젠스키 협약과 영국 해군의 거문도 철수

1886년 여름 한반도의 항구 획득을 포기하기로 한 쉐스타코프 제독의 의견은 러시아외무성에 전달되어 청국과 한반도의 영토보전과 현상

---

28) РГАВМФ. Ф.417. Оп.1. Д.312. Л. 7-11об.

유지에 관한 협약체결로 진전되었다. 당시 한반도를 둘러싼 국제정세는 영국함대의 거문도점령(1885.4.26)과 청국의 대조선종주권 강화정책으로 특징할 수 있었다. 이에 러시아의 베이징 주재 전권공사 라디젠스키는 청국의 대조선정책을 반대하지 않음으로써 종래의 러청관계를 손상시키지 아니하고, 이를 통해 거문도에서 영국함대를 철수시키는데 양국 간의 공조를 이끌어내고자 하였다.

이에 러시아 외무성은 만일 영국이 거문도에서 철수한다면, 영흥만 혹은 한국의 여타 부동항을 점령하지 않겠다는 협정을 청국과 체결할 계획을 수립했다. 이에 청국의 북양대신 리홍장 역시 주청 러시아전권공사 라디젠스키와 협상착수 의사를 밝히고 영국이 거문도를 철수할 경우, 러시아가 이 항구를 점령하지 않는다는 약속을 받고자 하였다. 그 결과 러시아로부터 이러한 확약을 받은 직후, 리홍장이 라디젠스키를 텐진으로 초대함으로써 한국문제를 둘러싼 양자 간의 협상이 시작되었다.

1886년 9월에 시작된 협상에서 라디젠스키와 리홍장은 양국의 대한 정책의 기본방침을 밝혔다. 라디젠스키는 한국의 대청복속은 청국에게 방위부담을 가중시킴으로써 국고에 부담을 주는 대신 경제적인 이득이 없고 극동의 세력균형을 와해시킴으로써 심각한 결과가 야기될 수 있음을 리홍장에게 설명했다.[29] 아울러 러시아는 한국을 점령하거나, 독립을 손상시키거나, 내정에 간섭할 의향이 없으나 동시에 타 열강이 한국에서 배타적인 우위를 확보하는 것을 바라지 않는다는 대한정책의 기본입장을 밝혔다.

리홍장 역시 이를 서면협정 체결을 통해 보장받고 싶어했고 러시아외

---

29) 라디젠스키의 목표는 청국의 조급하고 극단적인 대조선정책을 자제시킴으로써 사태의 진전을 차단하는데 있었다. 왜냐하면 청국의 종주권 강화정책은 러시아로 하여금 한국의 독립수호를 위해 적극적인 조치를 취할 것인지, 아니면 한국이 완전하게 청국에게 복속되는 것을 관망해야 할지 선택의 기로에 놓이게 할 것이기 때문이었다.

무성도 서면협정 체결 가능성을 열어두었다. 그러나 "러시아와 청국은 한국에서의 평화를 확보하고 오해를 방지하기 위해 한국의 현상을 변경하지 않고 영토를 점령하지 않는다"는 내용의 서면협정서는 체결되지 않았다. 왜냐하면 베이징정부는 이 협정서가 한국에 대한 청국의 종주권을 소멸시킬 수 있음을 우려하여 한국이 청국의 조공국임을 명시하고자 하였기 때문이었다. 러시아는 이미 수호통상조약을 체결한 조선을 독립국가가 아닌 조공국으로 명문화한 협정에 결코 서명할 수 없었다. 그 결과 한반도의 현상을 유지하고자 한 러시아의 입장과 조선에 대한 종주권을 강화하고자 한 청국의 입장은 양립 불가능한 것으로, 이를 명문화하는 대신 구두협약으로 재확인하는 방식으로 조선의 영토보전에 대한 양국 간의 합의가 이루어졌다.[30] 이로써 한국의 영토보전에 대한 양국의 합의는 이루어졌으나 청국에게 조선은 조공국에 불과했지만 러시아에게 조선은 독립국가여야만 했다.

한반도 문제를 둘러싼 리홍장·라디젠스키 구두협약은 1886년 여름 러청 동부국경 문제의 최대현안이었던 포시에트(Посьет) 지역의 국경 문제를 양국이 평화롭게 해결함으로써 양국은 영국의 거문도철수에 공조할 수 있는 토대를 마련했다. 양국은 이리(伊犁)분쟁 해결 직후 시작된 동부국경 재감계 작업을 마치고 1886년 7월 4일 노보키에프스크에서 동부국경문제를 확정한 바 있었다.[31] 그 결과 러시아는 영국의 거문도 철수를 위한 선결조건들을 모두 해결하였으며, 이를 계기로 이리분쟁으로 악화된 러청관계를 우호적으로 복원할 수 있었고, 한반도에 대한 우월한 지리적 여건을 유지할 수 있었다. 왜냐하면, 1860년 베이징조약을 통해 러시아는 남부국경을 두만강까지 확장함으로써, 청국의 만주는 바다로 나가는 출구를 잃어버린 반면 러시아는 한국이라는 이웃국가를 얻

---

30) РГАВМФ. Ф.417.Оп.1.Д.312. Л. 7-11об.

31) РГАВМФ. Ф.417.Оп.1.Д.136. Л.108-141об.

었기 때문이다. 또한 러시아가 한국과 관련하여 그 어떤 유럽국가도 갖지 못한 유리한 상황에 놓이게 된 것도 22 베르스타[32]라는 짧은 국경선을 접경했기 때문이었다.

"나폴레옹은 태평양을 미래의 지중해라고 명명했다. 우리는 미래가 아닌 바로 지금 국가 간 경쟁을 위해 이 경기장에 서 있다. 주지하듯이 베이징조약(1860)은 우리에게 태평양으로 나가는 출구를 주었으나, 출구를 선정하는 문제를 둘러싸고 의견 일치를 보지 못하고 있다...... 우리의 무책임한 정치가들이 좋아하는 사랑스런 주제인 영흥만은 바람으로부터 보호되는 정박지이기 때문에 함대의 배치에 유리할 뿐만 아니라 넓고, 고요한 이 항구는 점령을 부추기고 있다. 그러나 이 항구는 '이상(理想)'의 범주에 속하는 것으로, 그것을 실현시키기 위한 수단은 전혀 고려치 않고 있기 때문에 단지 열망에 불과하다."[33]

이는 1886년 11월 12일 쉐스타코프 제독이 극동순방을 마치고 귀국하여 차르 알렉산드르 3세에게 보고한 보고서의 핵심 구절이다. 제독의 보고서는 다음과 같은 결론을 제시했는데, 태평양 연안의 러시아령을 실효적으로 보호하기 위한 8가지 방안이 그 요지였다. 첫째, 지속적으로 영토를 획득하려는 모든 계획을 포기한다. 둘째, 정치적인 목적을 가지고 지속적으로 농민들을 '한카호(Озеро Ханка)- 포시에트-프레오브라제니예(Преображенье)' 삼각 지대, 즉 농사에 적합한 지역으로 이주시켜야 한다. 셋째, 블라디보스토크에서 하바롭스크를 잇는 도로를 부설해야 한다. 넷째, 오호츠크와 베링해 연안의 해안경비 체제를 수립하여 의용함대가 이곳으로 2개의 항로를 운영하고 일 년에 한 번 연안지역 전역을 순양함이 순시하는 것이 필요하다. 다섯째, 석탄 매장지역을 조

---

32) 베르스타는 미터법 시행 전 러시아의 거리 단위이며, 1 베르스타는 1.067km이다.
33) РГАВМФ. Ф.417. Оп.1. Д.136. Л. 380-409. Всеподданнейщий доклад
управляющего Морским минстерством адмирала И.А.Шестакова
о поездке на Дальный Восток, 31 октября 1886 г.

사한다. 여섯째, 태평양 연안에 러시아함대를 적어도 두 배 증강시킨다. 일곱째, 아시아 주재 외교관들이 총독이나 함대 사령관들과 연락망을 유지하는 것이 절대적으로 필요하다.

그러나 쉐스타코프 제독이 제시한 이같은 결론은 한반도에서 부동항 획득을 포기하는 대신 태평양함대를 두 배로 증강시켜야 한다는 건함계획을 배경에 두고 있었다. 이에 차르는 쉐스타코프의 보고서를 논의하기 위한 특별위원회 개최를 지시하였는데, 1886년 12월 12일자 '동아시아에서 새로운 항구획득에 관한 해군상의 상주를 검토하기 위한 특별위원회'34)는 그 산물이다. 한반도에서 항구획득을 포기하기로 한 쉐스타코프 제독의 결정은 단기적으로 한반도 남북변경위기 해소에 기여했으며 장기적으로는 러시아의 새로운 동아시아정책의 밑그림이 되었다. 요컨대 향후 러시아의 동아시아정책의 관전 포인트는 거문도사건으로 촉발된 태평양함대의 증강계획이었다. 그 결과 알렉산드르 Ⅲ세 치하(1881-1894)에서 한반도에 대한 러시아의 부동항 획득기도는 더 이상 표출되지 않았다.

태평양함대 증강계획은 쉐스타코프가 제출한 보고서를 검토하기 위해 개최된 특별회의에서 논의되었다. 이 회의에서 결정된 사항은 향후 러시아의 동아시아정책을 예측할 수 있는 가늠자가 되었다. 이를 정리하면, "첫째, 블라디보스토크는 군항으로 발전하기 위한 최적의 항구이기 때문에, 향후 국내와 국외에서 군항과 무역항으로 건설하기 위한 어떠한

---

34) РГАВМФ. Ф.417.Оп.1.Д.136. Л. 477-486.: Журнал Особого совещения по росмотрению всеподданней шей записки управляющего Морс ким министерством о наших приобретениях в Восточном океане. 30-го ноября 1886 г.: 회의는 알렉세이 알렉산드로비치(вел. кн. Алкесандр Александрович) 대공의 주재로 내무상 드미트리 톨스토이(Д.Тольстой) 공, 각료위원회 국가경제분과 의장 아바자(А.Абаза), 외상 기르스(Н.Гирс), 국가자산상 미하일 오스토롭스키(М.Островский), 육군상 표트르 반노프스키(П.Ванновский), 해군상 이반 쉐스타코프(И.Шестаков), 연흑룡강주 총독 안드레이 코르프(Барон А.Корф)가 참석하였다.

장소도 찾지 않는다. 둘째, 블라디보스토크와 연해주 남부해안을 개발하기 위해 연해주 이주민들은 모두 한카호-포시에트-프레오브라젠니예(Преображенье)를 잇는 3각 지대에 정착시킨다. 셋째, 블라디보스토크 인근에서 탄광을 개발하고 국가자산성에 의뢰하여 동해와 타타르해협의 지리조사를 위한 원정대를 파견한다. 넷째, 해군성은 의용함대 기선이 오호츠크해와 베링해를 운항하기 위한 2개 노선을 운영하고, 의용함대에 외국인들이 허가받지 않은 구역에서 조업을 하지 못하도록 순찰권한을 부여한다. 또한 베링해의 순찰을 위해 전함을 정기적으로 파견하며 관련비용을 마련하기 위한 예산을 확보한다. 다섯째, 외무성은 청국과 일본과의 우호관계를 공고히 하기 위한 대책을 마련하고 외교관들에게도 이러한 방향으로 적극 노력할 뿐만 아니라 프리아무르주 총독 및 태평양함대 사령관과도 수시로 연락할 것을 지시한다. 여섯째, 해군상이 제안한 블라디보스토크-하바롭스크 도로를 즉각 부설하고 태평양함대를 증강하는 것이 이 회의에서 결의한 기본 조건이다. 7) 상기 결의사항은 황제의 재가를 받도록 한다."

이 같은 특별회의 결정사항은 마침내 1886년 12월 26일 "실행에 옮길 것(Исполнить)"이라는 차르의 재가를 받기에 이른다. 그럼에도 상기 결정사항 가운데 회의과정에서 가장 논란이 심했던 결정사항은 제6항으로, 각료위원회 국가경제분과 의장 아바자(А.Абаза)가 국가세수 부족으로 인한 재정난을 들어 함대증강사업에 반대하고 나섰기 때문이었다. 그는 독일의 육군 원수 몰트케(Helmuth von Moltke: 1800-1891)가 얼마 전 과도한 군비는 어떠한 부국도 감당하지 못한다고 언급했음을 인용하며 러시아는 결코 부국이 아니라는 점, 블라디보스토크-하바롭스크 노선 건설비용이 재정에 막대한 부담이 되고 있으며, 블라디보스토크 방비를 위해 육군력 증강 역시 병행되어야 하기 때문에 육군성에 대해 추가적으로 예산을 지원할 경우, 해군상 쉐스타코프의 요구는 충족시키기 어렵다는 입장을 밝혔다.

그러나 러시아 육군상 반노프스키가 태평양함대 증강에 부정적이던 아바자의 견해를 반박하며 태평양함대 증강을 지지했다는 점은 주목된다. 육군상의 논거는 다음의 두 가지였다. 하나는 1885년 영러 간의 개전 위기 시 육군력으로 방어하기 가장 취약한 곳이 블라디보스토크이었으며, 다른 하나는 육군성이 담당하고 있는 블라디보스토크와 우쑤리강 남부지역에 대한 방위를 보다 용이하게 하기 위해, 동아시아에서 충분한 해군력을 유지해야 한다는 것이었다. 따라서 러시아의 동아시아 정책은 거문도사건을 계기로 육군의 방위력 강화뿐만 아니라 블라디보스토크 항구의 확장과 태평양함대 강화라는 해군력 증강사업도 병행하게 되었다.

그럼에도 태평양함대의 규모를 두 배로 확장해야 한다는 쉐스타코프 제독의 주장은 즉각 실현되지 않았다. 재무상 분계(БунгеН.Х.)의 11월 19일자 상주서가 그 발단이었다. 분계의 견해에 따르면, 1886년의 예산적자는 1억 4000만 루블이 예상되는데, 이는 전체 세출의 17%에 해당되는 규모였다. 그 원인은 세계적인 식량 위기, 교역량 감소, 루블화 가치하락 그리고 군비지출 증대가 핵심이었다. 이에 해군상이 제기한 태평양함대 증강을 위한 건함계획은 재무상이 일신상의 이유로 사직하는 명분이 될 정도로 열악한 재정형편으로 인해 결국 건함사업의 발목을 잡게 되었다. 이에 태평양함대 증강을 위한 쉐스타코프 제독의 건함계획은 신임 재무상과 해결해야 할 숙제로 남게 되었다.

1887년 3월 1일 신임 재무상 비슈네그라드스키(Вышнеградский И.А.)가 참석한 특별회의가 개최됨으로써 해군상 쉐스타코프와 재무상 간의 태평양함대 증강을 둘러싼 불꽃 튀는 논쟁이 예상되었다. 회의에는 외무상 기르스, 육군상, 해군상, 재무상, 프리아무르주 총독 코르프(Корф А.Н.)와 전직 주청 공사 블란갈리(Влангали А.Е.)와 외무성 아시아국장 지노비예프(Зиновьев И.А.)가 참석했다. 재무상이 예산증액 요청의 사유와 근거를 설명해줄 것을 요청하자 해군상은 청국과 일본의 해군력을 능가하기 위해 기존의 지중해함대와 시베리아함단과 통합한 강력한 태평양함대 건설계획을 제시했다.

그러나 재무상은 지중해함대를 태평양함대에 배속시키려는 계획에 반대하지 않았지만, 태평양에 함대 규모를 두 배로 확대 유지하는 방안은 비합리적임을 지적했다. 왜냐하면 영국은 이 경우, 청국과 반려동맹을 성립시켜 대항할 것임에 틀림없다는 것이 논거였다. 러시아의 전력증강은 동시에 영국으로 하여금 대응책 마련을 부추김으로써 군비증강의 의미가 퇴색된다는 것이 건함계획의 반대 요지였다. 헤이룽강(黑龍江)에 신형전함을 진수시키고 러청국경에 러시아 병력을 증강시키는 것은 청 정부의 의심만을 초래함으로써 오히려 영청(英淸)간의 반려 동맹체결의 위험성만 고조시킬 수 있다는 것이었다. 따라서 재무상 비슈네그라드스키는 현재의 예산을 초과하는 어떠한 예산편성도 불가하다는 입장을 견지했다.

결국 태평양함대 증강사업을 둘러싼 쉐스타코프와 비슈네그라드스키의 논쟁은 차르 알렉산드르 Ⅲ세의 중재로 일단락될 수밖에 없었다. 차르의 중재안은 극동에서 소요되는 해군성 예산의 타당성은 인정되나 재무성의 입장도 고려해야 하기 때문에 예산집행을 가을까지 연기하자는 일종의 타협안이었다. 이에 쉐스타코프 제독이 1887년 3월 2일자 보고서에서 발트해보다 블라디보스토크에 순양함을 정박시키는 것이 유사시 적기에 전장에 투입시키는데 보다 효율적이라는 상주서를 올렸음에도, 이 계획을 1888년으로 연기하자는 타협책을 제시한 인물도 바로 차르였다. 결국 거문도사건 이후, 러시아는 태평양함대의 확장이라는 이상과 예산부족이라는 현실 사이에서 타협책을 모색해 갔다.

러시아와 마찬가지로 영국 역시 이상과 현실 사이에서 거문도 철수 명분을 찾고 있었다. 1886년 9월 7일 영국 부외상 퍼거슨(J. Fergusson)

은 영국하원에서 거문도 철수 가능성에 대해 묻는 태너(Tanner)의원에게 "1885년 5월 12일 영국해군이 점령한 이래로 거문도 철수에 대한 어떠한 결정도 내려진 바 없다"고 답변한 바 있으나[35] 동년 11월 말부터 영국해군의 철수준비가 급진전되었다. 이는 리홍장-라디젠스키 구두협정(1886.11.8.)을 통해 한반도의 영토보전을 약속한 러시아가 불가리아에 대한 개입중단을 공식선언했기 때문이었다. 이에 1887년 2월 1일 의회에 출석한 부외상 퍼거슨은 "거문도를 포함하여 한반도의 어떠한 부분도 타 열강에 의해 점령되지 않는다는 보장이 없는 한 퇴각을 결정하지 않을 것"임을 분명히 하고, 영국정부는 거문도 철수결정을 내릴 때 해군의 조언을 받고 조치를 취할 것임을 밝혔다. 이틀 뒤 2월 3일 영국의회에 출석한 해군상 해밀턴(J.Hamilton)은 "거문도에 대한 전반적 상황에 대한 검토 결과, 평시에는 불필요한 지출을 유발시키고 전시에는 해군력을 강화시키기 보다는 약화시키는 원천이 되고 있음이 밝혀졌다"고 보고했다.[36] 그리고 1887년 2월 27일 영국은 거문도에서 영국국기를 내렸다.

비록 영국은 거문도 철수조건으로 제3국이 거문도와 조선의 영토를 점령하지 않는다는 약속을 받고 퇴각했지만 이 역시 영국하원에서 질타의 대상이 되었다.[37] 왜냐하면 한국의 영토보전에 관한 러청 간의 합의는 단지 구두협정(Verbal Agreement)에 불과했기 때문이다. 이는 1887년 3월 27일 영국의회에서 시드머스(Viscount Sidmouth) 자작이 "영국정부는 러시아로부터 향후 한국의 영토문제에 개입하지 않겠다는 서면약정을 받았는지, 그렇지 않다면 청국이 러시아로부터 그런 서면약정을 받았는지"를 질문했을 때, 영국정부 누구도 이를 확인해 줄 수 없었다. 결국 영국은 거문도 점령을 빌미로 러시아로부터 한국의 현상유지와 영토보

---

35) Hansard. 07 September 1886, vol 308. cc 1476-7.
36) Hansard. 03 February 1887, vol 310. cc 554-5.
37) Hansard. 24 March 1887, vol 312 cc1285-7.

전에 대한 서면약정을 받아내지 못함으로써 거문도로부터의 명예로운 철수는 이루지 못했다. 다만 영국 외무성은 청국으로부터 조선의 현상유지와 영토보전에 대한 서면약정을 받았으며 조선은 청국의 속국이기 때문에 사실상 조선으로부터 서면약속을 받은 것과 같다고 강조할 뿐이었다.

결국 영국정부는 거문도 불법점령사건을 계기로 점령을 지속시키고 정당화할 구실을 찾지 못한 채 아무 소득 없이 철수해야 했던 나쁜 선례를 만들고 말았다. 이러한 근본원인은 영국이 발칸의 불가리아, 중앙아시아의 아프가니스탄, 극동의 조선으로 이어지는 러시아 남하의 저지선을 자력으로 모두 감당하기 어려운 시기로 접어들었기 때문이었다.

이에 거문도 위기는 러시아, 영국, 청국에 의한 "한국의 독립과 영토보전"이 재확인되고 해결됨에 따라 러시아에 대한 고종정부의 신뢰를 증대시키는 결과를 초래했다. 1888년 4월 3일 러시아의 태평양함대 사령관 슈미트(Шмидт В.П.) 제독과 그를 수행한 세 명의 함장, 여섯 명의 장교와 함께 고종을 알현하였으며, 국왕의 환대를 받았다.[38] 이 자리에서 고종이 슈미트 제독에게 러시아전함이 조선해역에 1년 내내 정박해줄 것을 요청한 것도 러시아에 대한 신뢰의 표현이었다.

1888년 8월 20일 체결된 '한러육로통상장정'은 양국의 친선과 국경지역 통상의 편리와 한러 간의 신뢰를 공고히 하기 위한 당연한 수순이었다. 그리고 1888년 8월 29일 러시아 황실의 알렉산드르 미하일로비치(вел.кн.Александр Михай лович) 대공의 서울 방문은 한국문제에 대한 러시아의 지지와 개입을 상징한다. 왜냐하면 대공이 한국과 동아시아를 순방한 경험은 그가 러시아의 마지막 황제 니콜라이 II세의 지지자로서 향후 러시아의 태평양함대 증강과 동아시아정책을 본격화하는 데 지대한 영향을 끼쳤기 때문이다.[39]

---

38) РГАВМФ. Ф.417.Оп.1.Д.382. Л.1-1об.

39) 최덕규, 『제정러시아의 한반도정책, 1891-1907』(2008)의 제4장 「알렉산드르 미하

5. 영러대립이 한반도에 미친 영향

상술한 바와 같이 영러대결의 무대가 확장되면서 거문도는 변경이 되었다. 러시아 해군상 쉐스타코프 제독은 아프가니스탄 국경문제를 둘러싼 영러대립을 해소함으로써 거문도사건의 해법을 찾고자 했다. 그의 거문도사건에 대한 인식은 영국의 국기가 게양되어 있던 거문도를 직접 시찰하여 영국의 제독들과 소통한 경험과 한반도 항구들을 탐사한 결과에 근거함으로써 궁극적으로 한국에서의 부동항 획득 포기정책으로 귀결되었다. 그 결과 두만강유역에 대한 조청감계(1885-1887)와 영국의 거문도 점령(1885-1887)사건을 겪으면서 한반도 남북변경에서 영토보전의 위기에 처해 있던 고종정부는 비록 구두협정이기는 했지만 러시아, 청국, 영국이 관여한 한반도현상유지에 관한 합의를 이끌어 냄으로써 조선의 독립과 현상을 유지할 수 있었다.

위에서 논의된 사항을 정리해보면 다음과 같다. 제2절에서는 영국해군의 거문도점령에 대한 러시아 해군성의 해법을 고찰하였다. 해군상 쉐스타코프 제독이 러시아와 영국이 각축을 벌이던 중앙아시아의 아프가니스탄 문제를 거문도사건과 연계시켜 해결한다는 구상을 제기함으로써 한반도 문제가 러시아의 세계정책 구도 속에서 해법이 모색되는 과정을 다뤘다. 쉐스타코프가 아프가니스탄과 거문도문제를 연동시켰던 것은 양 지역이 영국과 러시아의 제국경영에 있어서 핵심적인 전략거점이기 때문이었다. 아프가니스탄이 영국에게 중앙아시아에서 러시아의 남하에 맞서 식민지 인도를 방위하기 위한 요충지였다면, 러시아에게 거문도는 블라디보스토크에서 대양으로 나아가는 사실상의 유일한 관문이었다. 이에 러시아는 영국의 대한해협의 봉쇄를 막기 위해 영국의 거문도 점령 6개월 후, 마침내 아프가니스탄 국경획정을 둘러싼 합의를 이룸으로써

일로비치 대공과 태평양함대증강정책」 참조.

거문도사건 해결의 단초를 잡게 되었다.

제3절에서는 1885년 9월 10일 영러 간의 아프가니스탄 국경획정 협정이 체결(1885.9.10.)되었음에도 불구하고 영국의 거문도 철수가 이루어지지 않은 원인과 그 해법을 모색하기 위한 쉐스타코프 제독의 극동순항의 의미를 구명하였다. 영국이 거문도 철수를 주저한 근본 원인은 다른 유럽국가, 즉 러시아의 거문도점령 가능성에 대한 우려 때문이었다. 이에 제독은 거문도를 직접 방문한 경험과 한국해안탐사 결과에 근거하여 한국에서 부동항의 획득을 포기하기로 결정하였고, 러시아 외무성은 리홍장과 한반도 영토보전과 현상유지에 관한 구두협정을 체결함으로써 영국의 거문도철수를 이끌어낼 수 있었다.

제4절에서는 한반도에서의 부동항 획득 포기를 결정한 쉐스타코프 제독이 그 대안으로 제기한 태평양함대 증강계획을 살펴보았다. 함대규모를 두 배로 증강시켜야 한다는 제독의 태평양함대 확장계획은 막대한 군비지출을 우려한 재무상 비슈네그라드스키의 강력한 반대에 봉착했지만 합리적인 차르 알렉산드르 III세의 중재로 일단락되었다. 차르의 중재안의 요체는 극동에서 소요되는 해군성 예산의 타당성은 인정되나 재무성의 입장도 고려해야 하기 때문에 예산집행을 연기하자는 데 있었다. 그 결과 거문도사건으로 촉발된 러시아의 태평양함대 증강정책은 알렉산드르 III세 치하에서는 지지부진을 면치 못하게 되었다. 그러나 알렉산드르 III세의 사후, 1894년 니콜라이 II세가 권좌에 오르면서 본격적인 태평양함대 증강시대가 열리게 되었다. 태평양에서 러시아의 미래를 찾으며, 태평양으로의 해양출구 확보를 자신에게 부여된 역사적 사명으로 여기고 있던 차르 니콜라이 II세의 등장과 맞물린 러시아의 태평양함대 증강정책은 한반도 주변 해역을 또 다시 소용돌이치게 했다.

제2장 러시아의 제2태평양함대와
일본의 독도 점취(1904~1905)

1. 러일 해전사와 독도

러일전쟁은 해전으로 시작되어 해전으로 끝났기 때문에 양국 간의 해전의 역사는 독도문제를 이해하는 첩경이다. 왜냐하면 제물포 해전 (1904.2. 8.)으로 시작된 이 전쟁은 러시아의 제2태평양함대[1]가 쓰시마 해전(1905.5.27-28.)에서 침몰함으로써 러시아의 패전으로 사실상 종결되었기 때문이다. 요컨대 제물포해전에서 시작된 러일전쟁은 독도 인근 해상에서 러시아 제2태평양함대가 일본해군에 투항함으로써 대단원의 막을 내린 한반도 지배권 획득을 위한 전쟁이었다.

러일 해군경쟁의 중심에는 태평양에서 해양강국으로 부상하는 것이 자신에게 주어진 역사적 사명으로 인식한 러시아 황제 니콜라이 II세의 태평양함대 증강정책과 러시아의 남하정책을 저지하고 대륙침략을 도모

---

1) '제2태평양함대(Вторая эскадра флота Тихого океана)'는 1904년 4월 17일 러시아 총제독 알렉세이 알렉산드로비치 대공의 명령으로 발트함대와 흑해함대로 편성된 함대에 붙여진 공식 명칭이다. 대공의 명령에 따라 당시 극동해역에 위치하고 있던 전함들은 제1태평양 함대로 명명되었고, 발트해에서 출항 준비를 하던 함대를 '제2태평양함대'로 명명하게 되었다. 그리고 4월 19일 차르는 제1태평양함대의 사령관으로 해군중장 베조브라조프 제독을, 제2태평양함대 사령관으로 로제스트벤스키 제독을 임명하였다. (Грибович В.Ю, Познохирев В.П., Вице-адмирал З.П.Рожественский , СПб., 1999. С.158-159.). 우리학계에서는 이를 '발틱함대'로 통칭하고 있으나 이는 공식명칭이 아니다.

러시아 제2태평양함대사령관
로제스트벤스키 제독(1848-1909)

한 일본의 군비증강정책이 있
었다. 이와같은 러일 양국 간
의 경쟁적인 군비확장 정책은
함대 규모의 우위뿐만 아니라
주요한 전략요충지를 확보할
것을 요구하고 있었다. 그 결
과 전략요충지인 독도를 점취
(占取)한 일본은 러일해전을
독도 인근 해상에서 마무리
할 수 있었다.

제2태평양함대의 극동 파견은 '태평양의 제독'으로 부상하고자 한 차
르의 의지를 실현하기 위해 러시아의 모든 해군력을 동아시아에 집결시
킨다는 러시아 해군정책의 산물이었다. 19세기말부터 제정러시아의 재
도약을 위해서는 태평양에 대한 지배가 필요하다고 생각한 니콜라이 II
세는 한편으로 태평양함대증강정책을 독려하였고, 다른 한편으로는 동
아시아에서 러시아함대를 위한 부동항(不凍港)의 획득과 전략요충지 확
보에 전력을 기울였다. 이에 차르정부가 1898년 청국으로부터 조차(租
借)한 랴오둥(遼東)반도의 뤼순(旅順)과 다롄(大連)항에 대해 막대한 투
자에 착수한 것도 이들을 각각 군항과 무역항으로 개발하기 위함이었다.
따라서 하얼빈(哈爾濱)에서 뤼순·다롄을 잇는 남만지선(南滿支線)의 부
설과 뤼순항의 요새화 작업은 러시아를 태평양의 해양강국으로 부상시
키기 위한 차르정부의 동아시아정책의 산물이었다.

남만주의 랴오둥반도에 해양거점을 확보한 러시아는 한반도의 전략
거점에 주목하게 되었다. 이는 새로 획득한 해군기지 뤼순항을 강화하기
위한 전략에서 비롯된 것으로 기존의 태평양함대 기지였던 블라디보스
토크와 뤼순항을 연결하기 위한 중간거점이 필요했기 때문이었다. 이에

한반도 남부의 항구는 뤼순항과 블라디보스토크(Владивосток)항 간
의 안전한 접속과 상호보완을 위해 그 전략적 가치가 증가하고 있었다.
특히 1880년대 '거문도사건'을 경험한 바 있었던 러시아해군 수뇌부는
대한해협의 지배권 확보를 위해 1899년 개항장으로 선포된 한반도 남부
의 마산포(馬山浦)에 주목하고 있었다.

따라서 대한해협에 인접한 한반도의 주요 도서들은 우리의 의지와는
상관없이 제국주의 열강의 각축의 대상이 되기에 이르렀다. 이와 같은
상황은 일본을 앞세운 동아시아 해양질서의 새로운 판짜기를 요구했다.
왜냐하면 러시아가 블라디보스토크-마산포-뤼순항을 잇는 삼각거점을
완성한다면, 동아시아뿐만 아니라 태평양의 세력균형에 균열이 야기될
수 있다는 위기감이 제국주의 열강 사이에 확산되었기 때문이다. 그 결
과 동아시아의 제해권을 확보하고 있던 영국은 일본과의 동맹체결(1902)
에 나섰고 태평양 국가인 미국 또한 일본에 대한 적극지원을 표명했다.

따라서 러시아의 황제 니콜라이 II세가 추진한 태평양함대증강정책은
블라디보스토크와 태평양을 연결하는 사실상의 유일한 출구였던 대한해
협의 전략적 중요성을 강화시킴으로써, 한반도의 주변 도서들은 일본의
대러시아 전략 요충지로서의 의미를 지니게 되었다. 일본군부가 블라디
보스토크를 드나드는 군함들을 감시하고 관련 정보를 신속히 본국에 전
달하기 위해 울릉도와 독도의 전략적 중요성에 주목한 것도 러시아와의
해전을 준비하기 위한 해군전략의 일환이었다. 특히, 1905년 1월 뤼순항
이 일본군에 의해 함락된 이후, 일본해군 전략의 무게 중심은 뤼순과 블
라디보스토크 사이의 한반도 남부항구에서 블라디보스토크와 대한해협
사이에 위치한 울릉도와 독도로 옮겨가게 되었다.

이 장에서는 러시아 역사상 최초로 시도된 태평양함대 증강정책이 러
일전쟁의 패배로 좌절되어 가는 과정을 고찰하고 그것이 한반도 해양변
경, 특히 독도의 현상변화에 끼친 영향을 살펴보고자 한다. 이를 위해

첫째, 러시아 해군정책의 무게 중심이 발트해에서 태평양으로 이동하는 배경을 니콜라이 II세의 태평양함대증강정책을 중심으로 살펴보고 둘째, 러일전쟁의 발발 이후 제2태평양함대를 구성하여 극동으로 파견하는 과정과 일본의 방해공작을 제압하고 순항할 수 있었던 원인들을 러시아의 방첩작전을 중심으로 검토하며 셋째, 차르정부가 러일전쟁에 국가의 명운을 걸고 있었던 상황에서, 일본정부가 독도편입(1905.1. 28.)을 결정한 맥락을 살펴보고자 한다. 이는 일본육군의 뤼순점령(1905. 1.1.) 이후 러시아 제2태평양함대의 최종 목적지는 블라디보스토크가 될 수밖에 없었고, 이를 위해 대한해협을 반드시 통과해야 했던 상황과 깊은 관련이 있었다. 왜냐하면 일본해군 수뇌부가 전 함선의 대한해협 집결명령(1905. 1.21.)을 내린 지 1주일 뒤, 일본정부의 독도편입 결정이 이루어짐으로써, 도고 헤이하치로(東卿平八郎) 제독은 대한해협을 러시아 제2태평양함대와의 대결장소로 설정하고 독도를 러일해전의 종결지점으로 간주하고 있었기 때문이다.[2]

도고 헤이하치로 제독(1848-1934)

이에 필자는 러일해전사의 시각에서 독도문제를 고찰함으로써, 한일 간의 영토문제로 고착되어 있던 독도문제에 대한 이해의 폭을 넓히는데 일조하고자 한다. 한반도와 동아시아의 변경지역들이 열강의 세계정책에 편입되고 이용되면서 그 갈등과 모순의 유산들이 오늘날 동아시아 곳곳에서 영토문제의 이름

---

2) 러일전쟁과 관련하여 일본의 독도 점취 과정을 분석한 연구는 최문형 교수의 다음의 논문들이 탁월하며, 본 논문 집필에 큰 도움이 되었다. 1) 최문형, 「露日戰爭과 日本의 獨島占取」, 『역사학보』188, 2005; 2) 「발틱함대의 來到와 日本의 獨島倂合」, 『獨島硏究』(한국근대사연구자료협의회 편), 1985.

으로 부활되고 있기 때문에, 개별 국가사의 관점보다는 국제관계사의 시각에서 영토분쟁을 고찰해야 할 당위성은 더욱 공고해지고 있다. 아울러 러시아의 발트 및 흑해함대 소속의 다양한 전함 및 수송선들로 구성된 제2태평양함대가 7개월에 걸쳐 중립국가와 적성국가 해역을 통과하여 마침내 대한해협까지 도달하는 과정에 대한 연구는 러일해전사와 관련한 국내학계의 미진한 연구 분야를 보완하는데 기여할 수 있기를 기대한다.

2. 러시아 황제 니콜라이 II세와 태평양함대 증강정책

러일전쟁 당시 러시아의 제2태평양함대의 극동 파견 결정이 이루어진 배경에는 1895년 9월부터 차르정부가 의욕적으로 추진한 태평양함대 증강사업이 있었다. 러시아는 지리적 특성상 발트해, 흑해, 태평양에 각각 독립된 개별 함대를 보유해야만 하였으나, 재정 부족으로 니콜라이 II세가 등극하여 동아시아정책이 적극화되기 이전까지 건함사업은 주로 발트 및 흑해함대 건설에 집중되어 있었다. 1826년 2월 22일 니콜라이 I세의 칙령으로 유럽에서 영국, 프랑스에 이어 유럽에서 3위의 해군력을 유지하려는 목표를 상정하고 있었다. 그러나 러시아는 크림전쟁(1853~56)에서 영불연합군에 의해 패배한 결과, 발트함대를 상실하고 흑해에서 함대의 보유권 마저 박탈당하는 수모를 당한 바, 니콜라이 II세의 부친 알렉산드르 III세(1880~1894)는 발트함대의 확대 개편과 흑해함대의 복원에 그 초점을 맞춘 건함사업에 착수하였다.[3] 1881년 10월 5일, 알렉산

---

3) Российский государственный архив Военно-Морской Флот (이하 РГАВМФ로약함) Ф. 417. Оп. 1. Д. 695. Л. 4-8 : Памятная записка генерал-адмирала вел.кн. Алексея Александровича, 7 мая 1890 г.

드르 III세의 재가로 확정된 20년 건함계획(1883-1902)에 따르면, 발트
함대는 장갑순양함을 포함하여 총 191척으로 편성될 예정이었으며, 흑
해함대는 총 31척, 그리고 시베리아 선단은 기존의 6척의 소형 수뢰정을
포함하여 총 21척의 소형 함단으로 새롭게 발족할 예정이었다. 태평양함
대가 아닌 소규모의 시베리아선단을 유지한다는 방침은 엄청난 건조비
용이 소요되는 대형 순양함을 동아시아에까지 배치시킬 수 없는 국가재
정 형편을 고려한 결과였으며, 그 보완책으로 태평양연안의 방위를 위해
시베리아 선단을 태평양함대로 확대 개편하기보다는 블라디보스토크항
의 설비를 확장하여 유사 시, 발트 및 흑해함대가 극동으로 파견될 경우
를 대비하는 전략이 추가로 수립되었다.[4] 따라서 알렉산드르 III세 치하
의 건함정책은 태평양보다는 발트 및 흑해함대의 증강에 보다 큰 비중이
두어졌으며, 이는 니콜라이 II세가 차르직을 계승할 때까지 러시아 해군
정책의 기조를 이루었다.

니콜라이 II세가 기존의 노선에서 탈피하여 태평양함대 증강정책으로
선회한 주요 원인으로는 청일전쟁으로 야기된 극동정세의 급격한 변화와
동아시아 진출론자인 알렉산드르 미하일로비치(Вел.кн. Александр
Михай лович) 대공[5]이 차르의 최측근으로 등장하였다는 점을 들 수
있다. 1895년 러시아의 주도로 이루어진 3국간섭(러·독·불)으로 인해 청
일전쟁의 전리품인 랴오둥반도의 할양계획이 좌절되자, 일본 정부는 러
시아를 겨냥하여 10개년 군비확장사업에 착수하였고 러시아 해군성 역
시 알렉산드르 미하일로비치 대공을 정점으로 향후 러일 간의 군사적 충
돌이 불가피하다는 명분을 내세워 태평양함대의 증강을 강력하게 주장
하였던 동아시아 진출론자들이 득세하게 되었다.

---

4) Там же. Л. 9-17об.
5) 니콜라이 I세의 손자인 알렉산드르 미하일로비치 대공(1866년 8월생)은 1894년 니
   콜라이 II세의 여동생 크세니아 알렉산드로브나(вел.кн.Ксения Александровна.
   1875년 1월생)와 결혼함으로써 차르의 제부가 되었다.

시베리아 함단 수준에 머물고 있던 극동에서의 러시아 해군력을 태평
양함대로 격상시켜야 할 당위성이 공식 제기된 시점은 일본의 승전이 예
견되는 상황에서 열린 제2차 동아시아문제특별회의(1895.2.1.)였다. 이
날 회의의 논의의 초점이 되었던 기르스(Гирс М.Н.) 외상의 정책건의
서에는 일본의 승전에 대비한 러시아의 행동지침이 제시되어 있다. 첫
째, "만일 청일 간의 종전 협상 시 동아시아에서 러시아의 이해가 손상
받을 경우, 러시아는 자국의 이익을 수호하고 브로우톤해협(대한해협-필
자)의 자유항해를 보장받기 위해 상기 해협의 입구에 위치한 한반도 남
단의 도서 가운데 하나의 항구를, 예를 들어 거제도를 반드시 점령해야
한다. 둘째, 그곳에 영국의 홍콩기지와 유사한 러시아의 조차지를 건설
해야 한다"는 것이 골자였다.6) 따라서 회의참석자들은 일본이라는 새로
운 강국의 출현에 대비하여 유럽열강과의 외교협력이 시급하며 동아시
아에서 자국 해군력의 증강이 시급하다는데 의견의 일치를 보았다. 이에
"첫째, 러시아 태평양함대를 가능한 한, 일본의 그것보다 우세한 규모로
증강시키며 이에 필요한 자금 할당문제를 재상과 협의할 것을 해상에게
권고하고 둘째, 만일 일본정부가 청국과의 강화교섭 시, 러시아의 이해
를 심대하게 손상시킬 경우, 일본에 대한 공동 대응을 모색하기 위해 영
국 및 유럽열강, 우선적으로 프랑스와 교섭에 착수할 권한을 외상에게
부여"하기로 결의하였다.

제2차 특별회의의 결의사항에 따라 1895년 4월 3일 러시아 해군성에
서는 태평양함대 증강 5개년 계획의 심의를 위한 회의가 소집되었다.7)
이날 회의의 결론으로 채택된 니콜라이II세의 해군정책 보좌관 로멘(Ло

---

6) Красный архив. 1933. Т. 3(52). С.67-74 : Журнал Особого совещания
　(1 февраля) 20 января 1895 г.
7) РГАВМФ. Ф. 417. Оп. 1. Д. 1467. Л. 27-38об. : Журнал совещания по
　вопросу об установлении судостроительного плана на пятилетие
　с 1896 по 1900 г.

мен Н.Н.) 제독의 정책건의서는 향후 러시아의 태평양함대 증강정책이 보다 적극화될 것임을 예고하고 있었다. 흑해, 발트해 그리고 태평양에 서 러시아 해군의 발전방향을 제시한 이 보고서에서 제독은 "흑해에 있 어 러시아는 1881년의 건함계획에 의해 터키함대를 능가하는 전력을 보 유한다는 과제를 달성했으나, 발트해의 경우 최강의 함대를 보유하고자 한 우리의 계획은 달성되지 못했을 뿐만 아니라, 이미 1890년 9월부터 독일함대에 현저한 열세를 노정시켰고 1900년까지 이를 만회하지 못할 것"이라는 견해를 개진하고 있었다. 따라서 그는 "현실적으로 불가능"해 보이는 최강의 발트함대 보유라는 과제는 포기해야 하며, 대독전의 결과 는 항상 지상군의 활약에 좌우될 것이기 때문에 함대의 역할은 단지 부 차적인 의미에 지나지 않을 것임을 강조했다.[8]

반면 태평양의 경우, 청일전쟁을 통하여 이 지역의 새로운 강국으로 등장한 일본의 위협으로부터 원동지역의 영토를 보호하는 동시에 이 지 역에 대한 일본의 영향력을 제한하기 위한 태평양 함대의 전력증강조치 가 모색되어야 했기 때문에, 발트함대의 주력 전함들을 태평양으로 이동 배치하자는 방책을 제시하였던 것이다. 그는 "청일전쟁을 통해 드러난 일본의 가공할 만한 군사력과 육상에서 거둔 그들의 눈부신 전과 모두가 성공적인 해군의 활약에 기인하고 있다는 점을 감안해 볼 때, 태평양함 대의 전력을 일본의 그것보다 월등한 수준으로 향상시키고 동아시아에 서의 방위력 향상을 위해서는 건조가 완료되었거나 건조 중인 모든 전함 들을 동아시아로 배치해야만 한다"고 역설하였다.[9] 로멘 제독이 니콜라 이2세의 해군정책 보좌관이었다는 점을 감안해 볼 때, 향후 러시아 해군 정책은 발트해의 제해권 확보를 위한 독일과의 경쟁보다는 일본을 주적 으로 삼아 태평양의 해양강국으로 등장하는데 그 초점이 맞춰질 것이 분

---

8) Там же. Л. 37об.-38.
9) Там же.

명해졌다.[10) 따라서 러일전쟁 당시 발트함대를 극동으로 파견한 것은 이미 청일전쟁시기에 결정된 사안이었다고 볼 수 있다.

태평양함대 증강의 필요성과 이에 대한 재정지원의 당위성은 1896년 대공이 작성한 <태평양상에서의 러시아함대 증강 필요성에 대한 의견>이라는 제목의 정책건의서에 잘 나타나 있다.[11) 해군문제 전문가를 자처하던 대공의 의견에 따르면, 표트르(Петр Ⅰ) 대제(大帝)와 예카테리나 여제(Екатерина Ⅱ)가 발트해와 흑해로 나가는 출구를 획득함으로써 러시아를 유럽세계와 긴밀히 연계시켰던 것처럼 니콜라이2세 또한 시베리아를 러시아 중심부와 밀접히 결부시켜야 할 의무를 지니고 있다는 것이다. 그는 "전체 시베리아, 특히 동부시베리아의 경제활동 및 통상을 장려하기 위해서는 첫째, 일본뿐만 아니라 러시아의 가장 위험한 적국인 영국이 획책하는 연해주에 대한 영토침해 기도를 차단해야 하며 둘째, 대양으로의 자유로운 출구가 확보되어야 한다"고 주장했다. 대공은 러시아 태평양함대의 원대한 사명은 바로 시베리아를 대양과 연계시키고 이 지역에 대한 영국과 일본의 접근을 차단하는데 있다고 역설했다. 그는 태평양함대의 증강을 위한 건함계획뿐만 아니라 함포 및 수뢰의 교체작업 역시 1904년까지 완료시켜야 한다고 건의하였는데, 이는

---

10) Там же. Л. 39-43 : Записка Генерал-адмирала вел.кн. Алексея Александровича, 12 июня 1895 г. 태평양함대 증강계획은 해군성 예산의 증액 없이는 실현될 수 없는 것이었다. 1895년 5,500만 루블의 일반예산을 배정받은 해군성은 1895년 7월 24일에는 1896년 9월부터 1902년까지 향후 7년간 매년 700만 루블의 추가 예산의 할당을 요청하는 상주서를 제출하고 차르의 재가를 받았다.

11) Там же. Ф. 763. Оп. 1. Д. 41. Л. 1-35. Записка вел. к н. Александра Михай ловича "Соображения о необходимSоcти усилить состав русского флота в Тихом океане", С-Петербург, 1896 г. 이 책 건의서의 인쇄본은 러시아역사문서보관소(Россий ский государственный исторический архив-이하 РГИА로 약함)에도 소장되어 있다. РГИА. Ф. 560. Оп. 22. Д. 201. Л. 2-52.

일본의 건함 10개년 계획이 1906년에 완료될 것이기 때문이었다. 대공이 재상에게 "이미 확정된 해군의 일반예산 이외에 1904년까지 매년 430만 루블의 추가예산을 편성해 줄 것"을 요청한 것도 바로 이 때문이었다. 그리고 나아가 자신의 정책건의서의 결론으로서 "동시베리아 개발과 적국으로부터 이곳을 보호한다는 과업을 완수하기 위해 러시아 재정에 막대한 금전적인 희생을 치를 수도 있겠지만, 강력한 함대 유지와 블라디보스토크를 일급 항구로 만들기 위해 소요되는 비용을 결코 아까와 해서는 안 될 것"이라고 강조했다.[12] 이와 더불어 대공은 발트함대의 역할은 수뢰를 이용한 연안 방위에 치중하는 방어 중심적인 성격으로 재편되어야 한다는 견해를 피력함으로써 러시아 해군전략의 중심축을 발트해에서 태평양으로 이동시키고자 하였다. 차르의 전폭적인 지지를 받고 있던 대공의 태평양함대 증강론은 발트함대 우선론자인 해상 치하체프(Н.М.Чихачев)와 함대증강보다는 시베리아 횡단철도로 이동되는 육군력에 의존하여 대일방어에 주력해야 할 것임을 주장한 재상 비테와의 정책대립을 유발하였음에도 불구하고, 1905년까지 러시아 해군정책의 기조를 이루게 되었다. 그 결과 러시아의 주적은 일본이 아니라 오히려 독일이며, 수뢰를 이용한 해안방위계획 역시 검증되지 않았기 때문에 그 실효성에 의문이 제기되었을 뿐만 아니라, 향후 예상되는 대독전(對獨戰)에서 발트해의 제해권을 상실할 경우 적군의 상륙을 허용함으로써 지상군 작전에 심각한 타격을 입힐 것이라고 반박했던 해상 치하체프는 그해 가을 티르토프(П.П.Тыртов) 제독으로 전격 경질되고 말았다.[13]

또한 태평양함대 증강사업에 대한 재상 비테의 반박 논리 역시 차르에 의해 수용될 수 없었다. 비테의 견해에 따르면, 방위비 지출의 증대는

---

12) Там же.

13) Петров М.А. Подготовка России к мировой войне на море. М. ; Л. 1926. С.47.

다음과 같은 측면에서 국민경제에 부담이 될 뿐만 아니라 궁극적으로 열
강과의 군비경쟁을 야기시킴으로써 정부의 재정파탄으로 이어질 것이
명백하다는 것이다. 비테의 요지는 다음과 같다. 첫째, 방위비 지출은 전
적으로 국가예산에 의존하고 있는 동시에 이를 충당하기 위한 새로운 세
수의 확보를 요구하고 있기 때문에, 이 같은 지출은 인민들의 납세부담
을 더욱 가중시킬 뿐만 아니라 세입의 증대에도 전혀 기여하지 못할 것이
다. 둘째, 군대의 증원은 다수의 노동자를 생산현장으로부터 이탈시키
며 방위비 지출을 증대시켜 다른 부서에 배정된 자금을 삭감시킨다. 이
는 국가의 문화발전에 배정된 예산집행을 보류시킬 것이며, 세수증대를
통해 생산적인 부문으로의 지속적인 자금지원을 담당하고 있던 정부역
할을 더욱 위축시킬 수 있다.[14] 셋째, 매년 끊임없이 증가하는 막대한
방위비 지출은 가까운 시일 내에 복구되기 힘들 것이며, 이제까지와 마
찬가지로 앞으로도 러시아의 인민과 기업가들에게 커다란 부담이 될 것이
다. 넷째, 러시아가 동아시아에서 군사력을 증강하면 할수록 영국, 일
본 혹은 여타 열강이 이곳에서 자국의 전력을 보다 급속히 증대시킬 것
임이 분명하다.[15]

　그러나 국민경제에 부담이 되고 군비경쟁을 촉발시킬 수 있다는 논리
를 앞세운 재상의 반대 역시 차르의 건함사업을 중단시킬 명분이 되지는
못하였다. 1901년 3월 2일, 군함건조 단가와 석탄가격의 상승으로 추가
적인 재무성의 자금 지원 없이는 태평양함대 증강을 위한 건함계획을 축
소시킬 수밖에 없다는 해군성의 상주서에 대해 니콜라이 II세는 건함사
업에 대한 기본입장을 다음과 같이 천명하기에 이르렀다. 어떠한 이유로

---

14) РГИА. Ф. 560. Оп. 22. Д. 215. Л. 2-5 : Объяснение министра финансов
　　Комитету министров по поводу заявления Государственного кон
　　тролера о напряжении платежных сил населения.
15) Красный архив. Т. 18, 1926. С.22-25. Письмо Витте Муравьеву, 10
　　фев. 1900 г.

도 건함사업은 축소될 수 없으며, 유럽 및 근동과 극동에서의 러시아의
정치적 과제와 인접국의 건함계획을 고려하여 향후 20년간 자국 함대를
어느 수준까지 끌어 올려야 하는가에 대한 정책건의서를 제출하고, 이에
상응하는 20개년 건함계획을 입안하며, 이 계획에 따라 발주될 모든 전
함은 반드시 러시아의 국영 및 민간조선소에서 건조되어야 한다.[16]

차르의 이 같은 결정은 단순히 군비증강사업에 반대한 재상 비테를
견제하기 위한 목적에서 비롯된 것은 아니었다. 이는 1898년 말부터 유
럽 금융시장에서 자금경색 국면이 본격화됨에 따라, 유럽차관에 의존하
고 있던 비테 주도의 산업화정책이 일대 난관에 봉착하게 되자, 그 대안
으로 제시된 정부발주에 의한 국내경기 활성화 대책의 일환이었던 것이
다. 영국증시의 침체와 미국의 금본위제 도입에 따라 대규모의 유럽자본
이 미국으로 유출되면서 발생한 유럽 금융시장의 자금경색과 주요 은행
들의 대출금리 인상은 서방자본에 의존한 재무성의 경제정책에 치명적
인 타격을 가했을 뿐만 아니라 장기적인 국내경기 불황을 초래하였다.[17]
이에 철도와 더불어 고부가 가치산업이었던 조선산업을 지원, 육성하고
철강산업과 관련된 새로운 시장을 창출하기 위해 총규모 15억 루블의
20개년 건함사업이 계획되기에 이르렀던 것이다.[18]

동아시아정책의 강력한 추진 수단이자 국내 산업발전의 활력소가 될
20개년 건함 계획은 1902년 11월 24일 차르가 재무성 산하의 통상해운
위원회를 분리 독립시켜 알렉산드르 미하일로비치 대공을 청장으로 하

---

16) РГАВМФ. Ф. 417. Оп. 1 Д. 695. Л. 2-3об. : Доклад по главному морскому
    штаву, 19 фев. 1901 г.
17) Романов Б.А. Ананьич Б.В. Попытки С.Ю.Витте открыть
    американский денежный рынок для русских зай мов(1898-1902 гг.)//
    Исторический архив. 1959. No. 1. С.126-127.
18) Петров М.А. Подготовкха России к мировой вой не на море. М. ;
    Л. 1926. С.51-52.

는 해운항만청으로 승격시키면서 보다 구체화되었다.[19]

더욱이 니콜라이 II세는 자신의 정책 비서 아바자(Абаза А.М.) 제독을 이 부서의 부청장으로 임명함으로써 건함사업과 조선산업간의 긴밀한 협조체제를 구축하였다.[20] 차르의 이 같은 조직 개편은 재상의 극동 시찰기간에 단행되었으며, "유럽에서 빌린 차관의 이자를 아시아 무역으로부터 얻은 수익으로 갚는다"[21]는 명분하에 동아시아 정책에 깊숙이 개입하고 있던 비테의 권한을 축소시키는 동시에, 향후 러시아의 동아시아정책을 자신의 주도하에 건함사업에 기반한 군비증강정책으로 전환하기 위한 사전포석이기도 하였다. 이 같은 차르의 의지는 1902년 10월 28일, 해상 티르토프(П.П.Тыртов)가 올린 상주서에 "건함사업은 국가를 최악의 상태로 몰아넣지 않는 한, 결코 중단될 수 없다"는 결재를 함으로써 재천명되었다.[22]

그럼에도 제2차 20개년 건함계획(1903-1922)의 최종안은 재정조달 문제로 인하여 바로 시작하지 못하였다. 이에 해상은 건함계획 수립이 지연됨에 따라 국영 및 여타 조선소로부터의 대량 실업사태를 야기시킬 수 있을 뿐만 아니라, 전함증강사업에 대한 차르의 명령을 정해진 기간 내에 완수하기 힘들다는 상황을 차르에게 상주했다. 그러나 차르의 입장은 단호했다. 니콜라이 II세는 해상의 상주에 대해 일단 2개년(1903-

---

19) РГИА. Ф. 1241. Оп. 16. Д. 1. Л. 18 : Справка о приобратении Главным управлением Торгового Мореплавания и Портов акций Рижского Судостроительного завода "Ланге и Сын".

20) Витте С.Ю. Воспоминия. М., 1960. Т. 2. С.235.

21) Всеподданней ший доклад министра финансов С.Ю.Витте Николаю II о необходимости установить и затем непреложно придерживаться определенной программы торгово-промышленной политики империи, 1899 г., не позднее февраля// Материалы по истории СССР. М., 1959. Т. 6. С.167-168.

22) РГАВМФ. Ф. 417. Оп. 1. Д. 695. Л. 1-1об. Доклад морского министерства по главному управлению кораблестроения от 28 октября 1902 г.

1904) 건함계획에 소요 될 자금 5,000만 루블을 즉각 해군성에 배정할 것을 재무성에 지시함으로써 태평양상에서 해양강국으로 부상하려는 그의 확고한 의지를 표출했다.[23] 건함사업에 대한 차르의 일관된 의지 표명은 러시아의 동아시아정책뿐만 아니라 태평양함대 증강사업에 더욱 힘을 실어주게 되었다.

3. 러일전쟁과 러시아의 제2태평양함대의 편성

러일전쟁이 발발했을 당시 러시아 정부 당국자들은 승리를 확신하고 있었다. 그들은 제물포와 뤼순에 정박 중인 자국함대에 대한 일본의 기습공격으로 막대한 피해를 입었음에도 불구하고 극동해역으로 러시아 함대를 추가 파견할 경우 승리할 수 있다고 믿었다. 따라서 개전 직후 러시아 해군성이 입안한 전쟁수행계획은 일본에 대한 러시아 함대의 수적인 우세를 확보하는데 초점이 맞춰졌다.

이에 1904년 2월 19일, 러시아 전역에서 모금한 방위성금을 기반으로 함대강화 특별위원회를 설치하였으며, 의장으로 차르의 지시에 따라 알렉산드르 미하일로비치 대공이 선임되었다.[24] 이 위원회의 활동 범위는 러시아 전역에서 답지하고 있는 방위 성금을 접수하고,[25] 이 성금의 운

---

23) Там же.

24) РГИА. Ф. 1241. Оп. 16. Д. 1. Л. 92-115 : Годовой отчет 6 февраля 1904-6 февраля 1905 года Высочай ше учрежденного Особого Комитета по усилению военного флота на добровольные пожертвования.

25) 1904년 2월 20일부터 1906년 3월 1일 까지 접수된 방위성금의 총 모금액은 약 17,000만 루블(17,191,200р. 88к.)이었다 (РГИА. Ф. 1241. Оп. 16. Д. 1. Л. 90 : Ведом ость о состоянии сумм Высочай ше учрежденного Особого Комхитета по усилению военного флота на добровольные пожертв ования).

영권을 확보하며, 정부 소유의 선박을 군사적 목적으로 전용할 수 있는 권리를 가지며, 방위성금으로 건조될 전함의 모델을 선정하고 발주하며, 발주 전함의 건조 과정을 감독하는 권한을 갖는다는 것이다. 그러나 방위성금으로 모금된 전시 건함사업의 총책임을 맡은 대공은 조속한 시일 내에 괄목할 만한 함대증강을 이룩해야 할 임무를 부여받았으나, 전국적인 규모로 답지되고 있는 방위성금의 총액을 예상하기 힘들었기 때문에 성금 액수에 상응하는 규모의 건함계획을 수립하기가 매우 곤란했다. 그리고 함대증강의 시급성을 이유로 외국선박을 구입하기로 한 결정 역시, 유럽제국 및 미국이 엄정중립 원칙을 고수함에 따라 실패하고 말았다. 따라서 시간과 비용을 절약하기 위해 단일 모델의 소형 수뢰정(500-615톤급) 위주로 모두 국내 조선소에서 건조하기로 결정하기에 이르렀다. 이에 함대 증강 특위가 주문한 총18척의 수뢰정 가운데 8척이 해운항만청 소유의 란게(Ланге и Сын)조선소에 할당되었는데, 이는 전함 건조 단가 책정을 둘러싼 정부와 민간기업 간의 갈등의 소지를 없애는 동시에 최저가로 발주하기 위함이었다.[26]

러시아정부가 제2태평양함대의 편성을 결정한 것은 태평양함대를 지휘하던 마카로프(Макаров С.О.) 제독이 1904년 3월 31일 기뢰 폭발 사고로 사망하였다는 보고를 접한 직후였다. 기함 페트로파블롭스크(Петропавловск)호의 침몰과 더불어 사망한 마카로프를 대신하여 1904년 4월 2일 차르는 흑해함대 사령관 스크릐들로프(Скрыдлов Н.И.) 제독을 임명하였다. 그러나 4월 5일, 차르에게 상신된 해군성의 보고서에는 발트해와 흑해의 모든 전함을 총동원할 것을 건의하고 있다. 제1태평양함대를 위기에서 구원하고 일본해군을 제압하기 위한 최선의 방책이 바로 동아시아 해역에서의 해군력의 증강이라는 것이 그 논거였다. 따라서

---

26) 500톤급 수뢰정 1척의 건조 단가는 75만 루블이었으며, 8척의 수뢰정은 총 600만 루블에 건조가 계약되었다.

러시아의 흑해 및 발트해 함대 소속 함정들로 구성된 새로운 함대를 누가 지휘할 것인가를 둘러싸고 하마평이 나도는 가운데 4월 12일 아침 차르는 로제스트벤스키 제독과 장시간의 독대를 가졌다. 그리고 1904년 4월 17일, 러시아 총제독 알렉세이 알렉산드로비치 대공은 발트함대와 흑해함대로 편성된 새로운 함대를 제2태평양함대(Вторая эскадра флота Тихого океана)로 명명할 것을 해군성에 지시했다. 이에 극동 해역에 위치하고 있던 전함들은 제1태평양함대로 명명되었고 발트해에서 출항 준비를 하던 함대를 제2태평양함대로 명명하게 되었다. 그리고 4월 19일, 차르는 제1태평양함대 사령관으로 해군중장 베조브라조프 제독(Безобразов П.А.)을, 제2태평양 함대사령관으로 로제스트벤스키(Рожественский З.П.) 제독을 임명하였다.27)

그 결과, 마카로프 제독의 사망 이후 러시아의 해군정책은 로제스트벤스키 제독이 제1태평양함대를 구원하는 임무를 담당하고, 알렉산드르 미하일로비치 대공(大公)이 이에 필요한 전함 발주 및 장비 지원을 맡기로 업무분담이 이루어졌다.

제2태평양함대의 극동 파견은 일차적으로 위기에 처한 제1태평양함대를 구원하는데 그 목적이 있었지만, 궁극적으로 제1함대와 연합하여 동아시아 해역에서의 제해권 장악이라는 미션이 부여되었다. 이에 유럽에서 극동에 이르는 18,000마일의 항로는 다음과 같이 설정되었다. 함대를 양분하여 일부는 지중해와 수에즈운하를 통과하며 흘수가 깊은 전함들은 희망봉을 돌아갈 것이고, 이후 프랑스령 마다가스카르의 디에고수아레스(Diégo Suarez)에서 재결합한 후, 인도양을 거쳐 극동으로 항진한다는 계획이 그것이다. 이 항로는 1904년 8월 차르의 재가를 받았다.28)

---

27) Грибович В.Ю, Познохирев В.П., Вице-адмирал З.П.Рожественский , СПб., 1999. С.158-159.
28) Там же. С.161.

그러나 극동에서의 전황이 더욱 불리해지고 제1태평양함대의 전력이 급격히 약화되면서 제2태평양함대를 극동으로 파견해야 할 당위성에 의문을 제기하는 분위기가 조성되기 시작했다. 이에 해상 아벨란(Авелан К.Ф.)은 함대의 극동 파견 문제를 특별회의에서 재검토할 것을 제안하기에 이르렀다. 1904년 8월 25일, 차르의 주재하에 소집된 특별회의에서 논의의 쟁점은 바로 제2태평양함대 파견의 당위성에 관한 문제였다. 이날 회의에는 총제독 알렉세이 알렉산드로비치 대공, 해상 아벨란, 함대 강화특위 의장 알렉산드르 미하일로비치 대공 그리고 육군상, 재무상, 외무상이 참석하였다. 육군상 사하로프(Сахаров А.В.)와 해군상 아벨란은 제2태평양함대가 극동에 도착할 때까지 뤼순항과 제1함대가 건재할 수 있을지의 여부에 의문을 제기했다. 따라서 이들은 제2함대의 극동 파견 자체에 대한 재검토를 제의했던 것이다.

그러나 이들의 제안은 이미 극동으로 항진을 위한 만반의 준비가 되어 있는 상태에서 이를 취소하는 것은 절대 불가능하다는 로제스트벤스키의 강력한 주장에 밀려 결국 철회되고 말았다. 그리고 해군성은 전력 증강 문제가 시급을 요하고 있기 때문에 칠레와 아르헨티나에서 장갑 전함 및 순양함 7척을 구매하여 마다가스카르에서 제2함대와 합류하기로 하였다는 계획을 차르에게 보고하였다. 결국 제2태평양함대를 예정대로 극동으로 파견하기로 결정되었다. 그리고 1904년 9월 29-30일 양일간에 걸쳐 차르는 극동 순항에 참가할 전함들을 시찰하기에 이르렀다. 1904년 10월 2일 아침 7시, 제2태평양함대의 제1분견대의 지휘를 맡은 엔크비스트(Энквист О.А.) 제독이 그의 기함 알마즈(Алмаз)호를 타고 리바바(Либава)항에서 출발하였다. 제1분견대는 전함 4척(스베틀라나, 젬추그, 드미트리, 돈스코이)과 수송선 2척(메테오르, 고르챠코프 공), 수뢰정 2척(블레스쨔쉬, 프로조를리븨)으로 구성되어 있었다. 한 시간 뒤, 펠케르잠 제독이 이끄는 제2분견대가 기함 오슬랴바(Ослябa)호를 선두로

출항했다. 제2분견대는 전함 4척, 수송선 1척, 수뢰정 2척으로 구성되었
다. 9시 30분에 출항한 제3분견대는 이고리예프(Егорьев Е.Р.) 대령의
기함 아브로라(Аврора)호를 선두로 수송선 3척, 쇄빙선 에르마크(Ерм
арк)호, 수뢰정 2척이 그 뒤를 따랐다. 그리고 마지막으로 11시 정각 로
제스트벤스키 제독의 지휘로 제4분견대가 출항하였다. 제4분견대는 기
함 수보로프공(Князь Суворов)호를 비롯한 4척의 신형 전함과 수송
선 카례야(Корея)호, 견인선 1척, 2척의 수뢰정으로 구성되었다.29) 이
날 리바바항의 날씨는 발트지역의 전형적인 가을 날씨였으며, 먹구름이
끼어 있었고 안개비가 간간히 내리고 있었다. 안개와 먹구름은 이 함대
의 장래를 예견해주는 듯했다.

  한편, 제2태평양함대사령관 로제스트벤스키 제독이 극동의 제해권을
확보할 목적으로 출항 채비에 여념이 없을 무렵 러시아정부는 이미 제3
의 태평양함대를 준비하고 있었다. 새로운 태평양함대 건설의 당위성을
설파함으로써 해군성에 건함사업을 위한 추가 예산지원 결정을 이끌어
낸 사람은 전직 태평양함대 사령관이자 함대강화 특위 위원이었던 두바
소프 제독(Дубасов Ф.В.)이었다. 그는 1904년 9월 23일 알렉세이 알렉
산드로비치 총제독(Генерал-адмирал Алексей Александрови
ч)에게 보낸 정책건의서에서 일본의 기습공격으로 발발된 이 전쟁에서
새로운 태평양함대의 건설만이 러시아가 승리할 수 있는 유일한 길이라
고 역설했다. 제독의 견해에 따르면, 새로운 함대를 건설하여 동아시아
의 제해권을 확보할 경우, 해상 보급로를 차단함으로써 일본 육군원정대
의 고립뿐만 아니라 전쟁을 국지전화 할 수 있으며, 자유로운 해상 병참
로를 확보한 러시아 해군은 자국 육군의 보급 및 지상작전에 적극 협력

---

29) Грибович В.Ю, Познохирев В.П., Вице-адмирал З.П.Рожественский ,
   СПб., 1999. C.184-185. 제2태평양 함대는 리바바항에 정박한 3일간 9,000명의
   승무원을 위한 6,500톤의 석탄과 1,000톤의 식수를 적재하였다.

할 수 있고, 일본군대를 만주 및 한국에서 축출하여 궁극적으로 한국까지 손쉽게 점령할 수 있다고 보았다. 이에 두바소프 제독은 제해권 확보를 위한 제1보로 마산포(馬山浦) 점령을 주장하였는데, 그것은 일본 육군 원정대의 후방을 봉쇄할 수 있을 뿐만 아니라 자국의 해군 전략기지도 확보할 수 있다는 판단에서 비롯된 것이었다.[30] 이 당시 제독은 일본이 패전한다 하더라도 결코 결과에 승복하지 않을 뿐만 아니라, 러시아에 의해 무장해제 당하더라도 조속히 재기할 것임이 틀림없기 때문에 이 전쟁을 승리로 이끌고 일본과의 강화조약이 체결된 후에라도 이 지역의 평화를 유지하기 위해서는 바로 지금이야말로 일본 해군을 능가하는 강력한 함대를 건설할 적기임을 역설했던 것이다. 이 같은 논거에 의거, 제독은 강력한 함대건설을 위해 대형 전함 위주의 건함사업을(순양함 10척과 구축함 및 수뢰정 각 15척) 제의하기에 이르렀다.[31]

두바소프가 제의한 강력한 태평양함대 건설계획은 외상 람스도르프(Ламздорф В.Н.)가 적극적인 지지를 표명함으로써 러시아 정가에서 점차 설득력을 얻어갔다. 외상의 견해에 따르면, 일본의 패색이 짙어질 경우 일본과 동맹관계에 있던 영국뿐만 아니라 미국까지 대러 적대 행위를 감행할 가능성이 농후하기 때문에 러일전쟁의 종결 직전까지 이에 대한 만반의 준비 태세를 갖춰야 한다는 것이었다. 이에 람스도르프 역시 군비증강을 위한 대책 마련에 즉각 돌입해야 한다는 두바소프의 제안에 적극 동조하고 나섰다.[32]

---

30) РГИА. Ф. 1622. Оп. 1. Д. 265. Л. 1-11 : Записк5а вице-адмирала Дубасова с оценкой нашего положения на м&оре и с соображения м, и о мерах для усилиеня флота, 10 сентября 1904 г.

31) Там же.

32) РГИА. Ф. 1622. Оп. 1. Д. 267. Л. 1-13: Записка председателя Морского технического комитета вице-адмирала Ф.В.Дубасова генерал-ад миралу вел.кн. Алексею Александровичу. 22 дек. 1904 г.

그러나 두바소프의 계획은 1904년 12월 16일 재상 코코프쵸프(Коко
вцов В.Н.)가 새로운 함대 건설에 반대하는 상주서를 제출하면서 그
실현의 최대 고비를 맞게 되었다. 코코프쵸프가 제기한 새로운 함대 건
설계획의 문제점은 대일(對日)전쟁을 치르면서 막대한 전비 부담을 안고
있는 러시아 정부가 단순히 예상되는 가상 적국인 영국과 미국에 대비한
함대건설을 위해 추가적인 예산지출을 감당하기란 현실적으로 불가능하
며, 막대한 예산이 소요되는 이 사업은 정부가 전비 지출 부담에서 벗어
나는 시점, 즉 러일전쟁이 종료된 이후로 연기하는 것이 타당할 뿐만 아
니라, 국내 조선소의 생산능력은 당분간 현 수준으로 유지하는 것만으로
도 충분하며, 일본과의 강화조약 체결 후, 동아시아에서 러시아의 위상
정립문제 역시 군비증강이라는 해법보다는 외교적인 수단으로도 가능하
다는 것이었다.[33] 요컨대 재상은 위력적인 함대 건설은 국가 재정형편
상 전쟁이 끝난 후에나 가능하며, 강화조약 체결 이후 러시아에 의한 동
아시아의 평화는 외교적인 방법으로 충분히 가능하다는 논거를 제시함
으로써 두바소프의 계획을 좌절시키고자 하였던 것이다.

그러나 코코프쵸프의 이같은 의도는 1905년 1월 4일 총제독에게 전
달된 두바소프의 정책건의서에서 통렬하게 반박되었다. 두바소프의 건
의서에는 새로운 함대건설을 반대하는 재상의 논리를 조목조목 비판하
고 있다. 제독은 먼저 강력한 태평양함대의 건설 시기는 러일전쟁의 종
료 이후가 아니라, 전쟁을 수행하면서 동시에 병행하여야 한다는 입장을
관철시키고자 했다. 제독의 견해에 따르면, 러일전쟁과 병행하여 강력한
함대를 건설해야 할 당위성은 "일본을 패퇴시킨 후 그들로 하여금 우리
의 요구를 즉각적으로 수용할 수밖에 없는 상황으로 몰아가기 위해서이
며, 이 전쟁에 참전하지 않은 영국과 미국이 우리에게 적대 행위를 할
경우를 대비하기 위해서라도 추가적인 함대건설을 통해 사전에 그 대비

---

33) Там же.

책을 준비해야만 한다"는 것이었다.

이에 두바소프는 재정난을 내세운 재무상의 반대 논리에 대해 다음과 같은 해법을 제시했다. 비록 1905년도의 정부 예산은 막대한 전비 지출을 겨우 감당해낼 수 있는 규모로 편성되어 있지만, 그럼에도 불구하고 통상적으로 전함 건조는 아무리 빨라도 12개월에서 24개월이 소요됨으로, 선박 건조 대금 역시 발주 후 빨라도 1년 뒤부터 지불될 것이며 일반적으로 선박을 인도받은 후 최종 정산이 이루어지는 관례에 비추어 볼 때, 선박대금은 적어도 2-3년 후에나 지불된다는 것이었다. 따라서 모든 발주 대금은 1906년과 1907년 예산에서 지출될 것이며 그때쯤이면 러시아의 재정상태 역시 이를 감당할 만큼 호전될 수 있을 것이라 낙관하였던 것이다. 이와 더불어 제독은 건함자금의 조달을 위한 또 하나의 방책을 제시하였는데 그것은 외국은행의 신용 대출을 이용하자는 것이었다. 제독의 견해에 따르면, 선박건조에 필요한 상당량의 부속품을 외국에 주문을 해야 하기 때문에 구미 국가들에서 일반적으로 통용되었던 다음과 같은 대금 결제방식을 조건으로 해외 발주를 하자는 것이었다. 즉, 러시아에게 부담이 덜 되는 시점까지 부품대금의 지불을 연기하며 그 동안 외국 선박회사들이 부품 제작을 위해 은행에서 차입한 대출금의 이자를 갚아 나간다는 조건이 그것이었다. 이 경우 러시아는 "현 상황에서 가장 중차대한 사업을 최단 시일 내에 끝마칠 수 있을 뿐만 아니라, 차관 도입 시 예상되는 중개수수료를 물지 않고서도 유리한 재정 운용을 할 수 있다"고 그는 덧붙였다.[34]

국내 조선소의 생산능력을 현 수준에서 동결하자는 재상의 주장에 대해 두바소프는 코코프쵸프의 의도가 태평양함대를 현 수준으로 고정시키려는데 있다고 단정하고, 침체에 빠진 국내 조선산업의 활성화를 위해서는 강력한 함대건설사업이 최선의 정책임을 강조했다. 그는 "승리의

---

34) Там же.

순간을 맛보기 위해서는 국내 조선산업의 수준을 현 단계로 고정시키기 보다는 오히려 건함사업을 위한 시설 확충에 박차를 가해야 할 것"임을 역설하였다.[35]

그리고 마지막으로 일본과의 강화조약 체결 후 러시아가 외교적으로 고립될 경우, 아무리 막강한 군비태세를 갖추고 있다 하더라도 이를 통해 동아시아에 대한 자국의 이해를 보전할 수 없기 때문에 외교적인 방법으로 이 문제를 해결해야 한다는 재상의 견해에 대해 두바소프는 다음과 같은 논거를 제시하여 일축했다. 즉, 국제관계의 요체는 국가이익이며, 모든 국가는 철저한 자국 이기주의자들이며 향후 이들을 우리의 동맹국으로 끌어 들이기 위해서는 오히려 강력한 군사력이 바탕이 되어야지, 외교적인 술책만으로는 불가능하다는 것이 그 골자였다. 이에 그는 "우리가 시급히 함대건설에 착수하지 않을 경우, 우리는 외부로부터 일체의 원조도 기대할 수 없는 고립상태에 빠질 것이며 어떠한 외교적인 노력도 우리를 고립상태에서 끌어내지 못할 것"이라고 역설했다.[36] 따라서 그는 함대의 건설은 지체 없이 일시에 이루어져야 하기 때문에 다각도의 논의가 필요하다고 결론지었다.[37]

이와 같이 페테르부르크에서는 제2태평양함대의 극동 파견 결정이 이루어진 이후에도 제3의 태평양함대를 편성하기 위한 건함계획이 모색되고 있었고, 전쟁에서 승리한 이후를 대비한 계획들이 마련되고 있었다. 러시아는 승리의 그날이 올 때까지 건조되는 모든 함정들을 극동으로 파견하고자 하였다. 그리고 승전이라는 목적 앞에서는 건함계획에 대한 어떠한 반박논리도 당위성을 찾기 어려웠다.

---

35) Там же.
36) Там же.
37) Там же.

4. 제2태평양함대의 극동원정과 일본의 독도 점취

　유럽에서 극동으로 파견되는 제2태평양함대는 중립국과 적성국 해역을 통과해야만 하였는데, 이 지역에서 일본의 기습공격과 후방 교란작전을 돌파하여 목적지까지 무사히 도착하는 문제가 제2태평양함대의 첫 번째 과제로 떠올랐다. 이에 함대가 목적지까지 안전하게 도착할 수 있도록 측면 지원을 하는 막중한 임무가 러시아 방첩작전의 핵심이 되었다. 러일전쟁 당시 러시아의 정보수집 및 방첩작전은 4개의 기관이 각각 독자적으로 담당하고 있었는데, 총참모부 제2총국, 해군참모부, 외무성 그리고 내무성 경찰국이 그것이다.[38] 총참모부 제2총국 산하 군사통계부장 직에 있던 첼레브롭스키(Целебровский В.П.) 소장은 해외 주재 러시아 무관들이 수집한 모든 정보들을 관할하고 있었으며, 해군참모부 부참모장 비레니우스 소장은 해군 무관들의 활동을 지휘하고 있었다.[39] 특히 수집된 정보 가운데 중요한 사안들은 황제에게 직접 보고되었다.[40]

　이들 기관 간의 명확한 업무 분담은 이루어지지 않고 있었으나 군첩보 기관들은 일본의 러시아에 대한 군사정보 수집활동, 일본인들의 무기 구매 및 이를 극동으로 수송하는 문제, 서유럽 국가에서 일본이 발주한 무기에 대한 정보, 일본 육·해군의 병력 증감 상황과 부대 배치에 관한

---

38) 러시아 방첩기구에 관한 1차 사료들은 다음의 문서관에 소장 되어 있다. 러시아연방문서관(ГАРФ)의 경찰국 문서군(Ф. 102) 문서철 316번에는 경찰국 해외요원들의 서신 및 보고서 등의 문서들이 소장되어 있으며 이 문서들은 1992년 비밀해제 되었다. 그리고 군역사문서보관소(РГВИА), 해군함대문서보관소(РГАВМФ), 제정러시아대외문서보관소(АВПРИ)에도 군사무관 및 외교관들의 정보 보고가 소장되어 있다.

39) 그리고 외무성과 내무성 경찰국에서는 해당부처(외상: 람스도르프, 경찰국장: 로푸힌(А.А.Лопухин), 코발렌스키(С.Г.Коваленский), 라치콥스키(П.И.Лачк овский)의 수장들이 방첩업무를 직접 챙기고 있었다.

40) Павлов Д.Б. Российская контрразведка в годы русско-японской войны// Отечественная история, №1, 1996. С 14.

정보들에 보다 많은 관심을 기울이고 있었다. 반면 외무성과 경찰국에서
는 주로 정치분야에 초점을 맞추고 있었지만, 이들 기관의 해외 주재원
들이 군사 관련 정보를 수집하여 육·해군 무관들에게 이를 전달하는 것
을 제지하지는 않았다. 러시아 군방첩(軍防諜) 기관 요원들의 주요 활동
무대가 동아시아에 편중되어 있었던 반면, 경찰국 소속 요원들은 대부분
서유럽에서 활동하였다.

극동지역 주재 군사무관들은 베이징의 아고로드니크(Огородник Ф.
Е.) 대령과 상하이의 데시노(Дессино К.Н.) 장군을 주축으로 만주와
랴오둥반도에 주둔하고 있던 러시아 군대에 대한 정보수집과 방첩활동
을 담당하고 있었다. 이들은 뤼순에 소재한 극동총독부의 지령을 받고 있
었으나 극동총독부가 폐쇄된 직후 만주군 총사령부 휘하에 놓이게 되었
다.41) 이는 각 부처의 업무를 조정하고 총괄하는 수상의 직위를 허용하
지 않았던 전제적 차르체제의 후진성이 제정러시아의 방첩조직 체계 속
에 그대로 투영되고 있음을 의미했다. 따라서 러시아에서 효율적이고 통
합된 정보기관의 등장은 차르체제의 와해 이후에나 가능한 것이었다.

러일전쟁 당시 러시아 국내 및 해외에서 일본의 첩보활동을 감시하고
이에 대응하는 임무를 맡은 핵심기관은 다름 아닌 내무성 경찰국 산하
특수부였다. 또한 특수부는 몇 개의 특별 임무를 지닌 분과들로 세분화
되는데, 즈빈(Зыбин В.С.)과 가르팅(Гартинг А.М.)이 총책임자로 있
었던 제4비밀 분과와 마나세이비치-마누일로프(Манасевич-Мануй

---

41) Документы/ Сост. И.В.Деревянко//Тай ны русско-японской вой н
ы, М., 1993. С.142-327. 한편 중국 주재 러시아 외무성 관리들[주청공사 레사르
(Лессар П.М.)와 클레이메노프(Клей манов К.В.), 크리스티(Кристи Х.П.),
라프쩨프(Лаптев Н.В.), 티제만(Тидеман П.Г.) 영사 그리고 상하이에 주재한
주한공사 파블로프(Павлов А.И.)와 재무성 관리들[러청은행(露淸銀行) 이사 다
비도프(Давыдов Л.Ф.), 주청 상무관 라스포포프(Распопов Н.А.)]는 여전히
본국 정부의 지휘체계 하에 놓여 있었다.

лов И.Ф.)가 주관하던 국제 스파이조직 수사과 그리고 헌병 중령 트르제쨔크(Тржецяк В.В.)가 지휘하던 헌병방첩대가 여기에 포함된다. 그리고 관례에 따라 방첩업무에는 지방경찰국과 지역헌병대가 가담하게 되었다.42)

일본과 러시아 간의 첩보전쟁은 이미 러일전쟁 이전부터 시작되었다. 1903년 반정부 비밀단체 조직에 깊숙이 관여하고 있던 주러 일본 무관 아카시 대령에 대한 비밀 감시체제는 일본공사관 소속 무관들과 러시아 헌병장교 간의 비밀 접촉사실을 적발할 수 있었다. 러시아 병참 참모부 소속 헌병대위 이프코프(Ивков Н.К.)는 일본 무관인 타노 대위와 아카시와 접촉하여 유럽 주둔 러시아 군대의 극동 이동 경로에 대한 정보와 소요시간 그리고 30만의 군대를 이동하는데 필요한 제반 정보를 아카시에게 전달하였다. 그 대가로 아카시는 1904년 12월부터 1905년 1월까지 약 2,000루블을 지불하였으나, 1905년 2월 이 사실은 러시아 군방첩 부대에 포착되어 이프코프와 일본 무관 간의 커넥션은 일망타진 되었다.

러일전쟁 직후 1904년 2월, 러시아 경찰국장은 페테르부르크 거주 모든 일본인에 대한 비밀 감시에 착수하였는데, 원동지역에서는 이미 1904년 1월말부터 이 지역에 거주하는 모든 일본인들에 대한 엄격한 감시가 이루어졌다. 러시아 자바이칼지역 군무지사 나다로프(Надаров И.П.)는 경찰국장과 극동총독 알렉세예프의 요청에 따라 시베리아 철도 인근 지역에 일본인의 거주를 금지시켰으며, 이르쿠츠크 지역에서 일본인들을 강제 추방하기에 이르렀다. 그리고 동양인에 대한 감시망은 1904년 7월부터 주러 외국공관원들, 특히 외국 군사 무관에 대한 감시로 확대되었다.

1904년 6월 초 내무상 로푸힌의 지시로 경찰국 특수부 산하에 국제

---

42) Павлов Д.Б. Российская контрразведка в годы русско-японской войны// Отечественная история, №1, 1996. C.15.

간첩단 색출을 위한 특수 분과가 설치되었고 그 책임자로 마나세예비치-마누일로프가 임명되었다. 이 부서는 명확한 복무규정이나 정부예산 그리고 문서 전달체계가 없는 임시적인 기구였으며 마누일로프를 정점으로 헌병대위 코미사로프, 암호 해독관 크리보슈, 그리고 일단의 형사들과 주러 외국공관에서 일하는 러시아인 정보원들로 구성되어 있었다. 이에 마누일로프는 1904년 7-8월 일본뿐만 아니라 스웨덴, 이탈리아, 영국, 미국의 무관들의 서신을 검열하기 시작했다. 그 결과 스웨덴 무관 클라크와 러시아 발트조선소에서 잠수함 건조 공정을 감리하고 있던 미국인 버그 간의 잦은 만남이 포착되었다. 이에 클라크의 본국 보고서를 검열한 결과 비밀정보들이 포함되어 있음이 밝혀졌고 그 정보원은 바로 버그였음이 드러났다. 이에 러시아 정부는 비록 미국인 버그가 러시아해군의 전함건조와 함포설비를 주도하던 알렉산드르 미하일로비치 대공과 각별한 사이였음에도 불구하고, 그를 추방하기로 결정하기에 이르렀다.[43]

1904년 8월말 마누일로프는 미국대사관의 암호 전문을 검열할 수 있었으며 9월 초 부터는 중국, 스웨덴 그리고 일본의 암호전문 일부를 해독할 수 있게 되었다. 그리고 10월에 이르러 주러 청국공관의 거의 모든 암호를 해독하게 됨으로써, 페테르부르크를 통해서 유럽 주재 청국공관으로 전달되던 청국 외무성의 외교전문들을 완전히 장악할 수 있게 되었다.

마누일로프가 이 같은 성공적인 방첩활동을 진행하는 동안, 러시아 경찰청은 오데사(Odessa) 주재 일본 영사 이지마의 동태를 예의주시하고 있었다. 그는 아카시와 더불어 개전 직후 러시아를 떠나 비엔나에 거점을 확보한 후, 이곳을 러시아의 하리코프, 르보프 그리고 오데사를 연결하는 일본 첩보망의 중심으로 자리매김 하게 하였다. 1904년 5월, 러시아 경찰청은 오데사 주재 일본영사관 건물을 보호하기 위해 현지에 남아

43) РГАВМф. Ф. 417. Оп. 1. Д. 3128. Л. 12 : Письмо Берг А.А.Вирениусу 2 сентября 1904 г.

있던 일본인 다카시가 비엔나로 보내는 보고서 일부를 검열하는데 성공
하였다. 특히 6-7월에 러시아 경찰청이 검열한 다카시의 보고서에는 러
시아 육군의 동원과 이동에 관한 내용 뿐만 아니라, 발트함대와 흑해함
대에 대한 일본인들의 불순한 기도를 획책하는 정보가 담겨져 있었다.[44]
이는 제2태평양함대의 출항을 준비하던 러시아에게는 일대 경종을 울리
는 정보였으며, 러시아 방첩활동의 무게 중심이 해외로 이동하는 중요한
계기가 되었다. 1904년 여름 중반부터 러시아의 방첩망은 확고하게 정
비되기 시작되었으며 유관기관과의 공조체제도 보다 확고해졌다. 이미
1904년 4월부터 일본인들이 발트해와 흑해의 주요 항구뿐만 아니라, 유
럽에서 극동으로 이동하는 제2태평양함대의 항로를 따라 교란작전을 준
비하고 있다는 첩보들이 입수됨에 따라, 이제 러시아의 방첩활동은 극동
의 전황과 밀접하게 맞물리기 시작했다.

개전 초기 일본의 기습공격으로 인해 막대한 피해를 입은 러시아의
태평양함대를 증강시키기 위해 차르 니콜라이 II세는 1904년 4월 제2태
평양함대의 극동파견을 결정하였고, 이를 통해 전황을 러시아에게 유리
하게 돌릴 수 있을 것으로 기대하고 있었다.

함대의 이동경로가 극비에 부쳐져 있었지만, 지도를 펼쳐 놓을 경우,
일본의 기습 공격 가능 지점은 누구나 쉽게 예상할 수 있었다. 발트함대
의 경우 발트해협(대·소벨트, 준트, 카테가트)이 이에 해당되며, 흑해함
대의 경우는 보스포러스 및 다다넬스 해협 또는 수에즈운하가 바로 그곳
이었다.

제2태평양 함대에 대한 기습공격 가능성에 관한 정보는 외교, 군사
및 경찰의 정보채널을 통해 구체적으로 보고되고 있었다. 1904년 4-6월

---

44) Павлов Д.Б. Российская контрразведка в годы русско-японской
    войны// Отечественная история, №1, 1996. С.17. 아카시는 1904년 7월
    31일 체포되어 미국 영사의 항의에도 불구하고 국외 추방되었다.

홍콩, 상하이, 파리, 코펜하겐 주재 첩보원들로부터 일본이 후방을 교란하기 위한 비밀요원들을 발트해와 흑해지역으로 급파하였고 유럽 북부, 홍해 그리고 인도양에서 제2함대를 공격하기 위한 임무를 수행하기 위해 전함 및 무선 통신망 및 기타 장비를 구입하였다는 정보가 속속 입수되고 있었다. 이들 정보 보고에는 일본군 장교의 직급 및 병과 심지어 이름까지 거명되었고, 로제스트벤스키 함대를 추적하기 위한 일본 선박의 활동방식에 대해서도 언급되어 있었다. 이 정보 보고들은 세부적으로 사실과 다른 경우는 있었지만 대체적으로 러시아 경찰청이 일본 측 정보원으로부터 입수한 신빙성 있는 자료들이었다.

이 보고들은 러시아 방첩기관들이 프랑스와 수립한 정보공조 체제를 통해 재확인되었다. 1904년 8월 3일, 경찰청장 로푸힌은 부내무상에게 보내는 서신에서 프랑스와의 정보공조에 대해 보고했다. 이 보고서에 따르면, 러시아 경찰청은 러일전쟁 개전 직후 특임관 마누일로프를 통해 유럽국가에 주재하는 일본 외교공관원들에 대한 감시체제를 수립하고 있었다. 그는 1904년 2월 프랑스 비밀경찰국장과 내무부 정보국장의 지원 하에 파리 주재 일본공사관의 모든 전문들을 복사할 수 있었으며, 일본 공사관에 근무하는 프랑스 정보원을 통해 정기적으로 상당량의 공문을 확보하고 있었다. 그리고 마누일로프는 프랑스 경찰의 제안에 따라 런던 및 헤이그 주재 일본공관에 소속된 현지인 하인들을 통해 일본인에 대한 감시망을 확대할 수 있었다고 보고했다. 그 결과 1904년 여름에 이르러 파리전신국을 통해 확보한 전문들과 일본의 서유럽 공관들에서 획득한 문서들이 200건을 넘게 되었다.

더욱이 이 문서들은 제2태평양함대의 이동을 유럽에서 저지하려 한 일본의 의도를 여실히 노정시키고 있었다.[45] 러시아의 해외정보망을 통해 입수된 일본의 기습공격 관련 정보는 제2태평양함대 사령관 로제스

---

45) Там же. C.18-19.

트벤스키 제독을 긴장시켰다. 그는 해군 참모장 비레니우스 제독에게 일본의 공격에 대비한 다음의 대처 방안을 실행해 줄 것을 요청했다. "지중해에서 우리함대는 무엇보다도 전투태세를 게을리하지 말아야할 것이며, 주·야간으로 포탄을 장전한 채 경계업무에 만전을 기하며, 흑해함대 사령관 추힌(Чухин Г.П.)과 발트함대 사령관 비릴료프(Бирилев А.А.)에게 흑해와 발트해의 모든 항구에서 이에 대응하는 조치를 취할 시간이 도래했으며, 출항시간이 임박해 옴에 따라 경계태세를 더욱 강화하도록 훈령을 내려달라"는 것이었다.

　로제스트벤스키 제독이 러시아의 재외 공관원들에게 경계문제에 대한 주의를 환기시키고 특히 경찰청장에게 스웨덴과 노르웨이의 해안과 발트해협에 대한 현지조사를 위해 해군성의 자금으로 비밀요원을 파견해 줄 것을 요청한 것도 일본의 후방교란 작전을 차단하기 위함이었다. 로제스트벤스키의 요구는 해군성에 의해 즉각 수용되었다. 1904년 6월 초, 흑해함대와 발트함대 사령관은 해군성의 경계태세 강화 지시를 받았으며, 외무성 역시 해군성의요청에 따라 베를린 주재 러시아 대사로 하여금 독일정부가 제2태평양함대의 기습을 목적으로 한 일본인들의 입국을 저지해주도록 협조공문을 발송하라는 지시를 내렸다. 아울러 이집트와 터키 주재 러시아공관원들은 외무성의 훈령에 따라 아덴과 포트-사이드에 일본인 선박 출현을 감시할 비밀정보망을 운용하게 되었다. 또한 외상 람스도르프는 코펜하겐, 스톡홀름, 런던 주재 총영사 그리고 극동 주재 러시아 영사들에게 일본인들의 동태를 철저히 감시할 것을 지시하였다. 1904년 7월 초, 스톡홀름 주재 러시아 총영사 베레즈니코프(Березников В.А.)는 스웨덴 서부 해안에 위치한 주요 항구들을 시찰하고 현지 부영사들로 하여금 일본인들이 출현할 경우 이를 즉각 보고하도록 지시하였다.[46]

---

46) Там же. С.19.

　　그러나 외무성의 이같은 조치들은 부차적인 의미를 지닌 것이었고 제
2함대의 안전을 담보하는 기본 임무는 경찰청이 맡고 있었다. 경찰국 특
수부 소속 6등관 가르팅과 헌병 중령 트르제쨔크는 북부유럽과 흑해연
안에서 일본의 교란행위를 차단하기 위한 목적으로 정보망을 수립할 임
무를 띠고 해당 지역으로 파견되었다. 이들은 여타 공관원 및 무관들이
향유하던 공식지위와 외교적 불가침권을 누리지 못한 채, 가짜증명서를
이용하여 단신으로 현지에 파견되었으며 그들의 보고서에도 가르팅은
아르놀드(Арнольд), 트르제쨔크는 찌톱스키(Цитовский А.К.)라는
가명을 사용했다. 그들의 법적 지위는 해당 국가와 러시아와의 상호 관
계 속에서 규정되었으며, 우호국가에서 활동하더라도 국제적인 논란으
로부터 벗어나기 위해 공개적인 활동은 불가능하였다. 왜냐하면 이들의
활동무대는 러일전쟁 당시 중립을 표방한 국가들이었기 때문이었다.

　　그러나 중립을 표방한 프랑스의 경우 첩보 및 방첩분야에 있어서 러
시아정부를 적극 지원했으나 터키는 엄격한 중립을 고수했다. 반면 중도
적인 중립을 표방한 스웨덴의 경우, 참모부의 장교들은 러시아와 일본의
비밀요원들에게 동등하게 협력하였다. 따라서 러시아 방첩요원들의 해
외활동은 프랑스와 덴마크 고위간부들의 비공식적인 지원과 현지 러시
아 외교관들의 지원이 없이는 결코 성공할 수 없었다. 가르팅의 첩보임
무가 부여된 지역은 발트해와 북해 그리고 덴마크, 스웨덴, 노르웨이, 독
일의 해안지역이었다. 코펜하겐에 거점을 확보한 가르팅은 해당지역에
위치한 러시아 영사들의 지원 하에 약 80여 곳의 해안 감시구역을 설정
하고 이를 아우르는 정보망을 확보할 수 있었다. 이곳에는 약 100여 명
의 현지 주민들이 정보원으로 일하고 있었다. 아울러 그는 스웨덴 해운
회사와 긴밀한 협조체제를 구축하고 이들로부터 9척의 선박을 용선하
여, 1904년 8월 중순부터 10월 중반까지 덴마크와 스웨덴-노르웨이 해
역을 감시하도록 하였다. 제2태평양함대가 통과할 무렵에는 감시 선박

의 숫자를 12척으로 증가시킴으로써 제2태평양함대의 순항을 철저하게
보호할 수 있었다. 더욱이 러시아 외교관들이 덴마크 정부 부처의 지원
을 확보함으로써 가르팅은 덴마크의 해군관리들로부터 덴마크 어부들이
발견한 수상한 선박들에 대한 정보를 입수할 수 있었다. 또한 일본이 함
대의 항로에 수뢰를 설치할 가능성에 대비하여 가르팅은 통관화물에 대
한 철저한 검색과 폭발물을 압수해줄 것을 덴마크 외무성과 재무성에 요
청하였다. 그러나 무엇보다 가르팅을 긴장시킨 위협적인 문제들은 발트
해협에 국적 미상의 수뢰정이 수시로 출몰하고 있었고, 베를린 주재 일
본해군 무관 다키가와가 사전 예고도 없이 독일인 협력자들을 대동하고
이곳에 나타난 것이었다. 이들은 즉각 가르팅의 정보망에 포착되어 덴마
크 관헌들에 의해 추방당했다.[47] 그러나 국적불명의 수뢰정이 수시로
출몰하고 있는 문제는 제2태평양함대의 순항이 결코 평탄치 않을 것임
을 예고하고 있었다.

　수차례 연기되었던 제2태평양함대의 출항은 마침내 1904년 10월 2일
에 이루어졌다. 함대는 '알렉산드르 III세 항구'로 불리던 리바바항을 출
항한 후, 철저한 경계태세 하에 발트해협으로 진입하였다. 함대의 항로
를 확보하기 위해 수뢰정과 소해정(掃海艇)이 전면에 배치되었고 장갑
전함들이 이들을 뒤따랐다. 초계함들에게는 수상쩍은 선박이 출몰시 즉
각 발포하라는 임무가 부여되었고 주력함대 역시 유사시에 대비한 전투
태세를 갖추고 있었다. 출항 직전 장교들은 일본의 기습공격 위험성에
대해 사전에 교육 받았기 때문에, 출항 이후 함대는 극도의 긴장감 속에
서 순항하였다. 제2태평양함대 승무원들의 증언에 따르면, 이들은 마주
오는 선박이 수평선 너머로 사라질 때까지 이들을 예의주시하였고 해상
의 어떠한 작은 물체라도 철저히 조사하였다고 한다.[48]

---

47) Там же. С.20.
48) Золотарев В.А., Козлов И.А. Русско-японская вой на 1904-1905 гг.

그러나 10월 7일, 가르팅이 관할하고 있던 지역을 무사히 통과한 함대는 그날 밤 북해(北海)로 진입하면서 예상하던 최대의 난관에 봉착하게 되었다. 수척의 국적불명 수뢰정들이 수송선 캄차트카(Камчатка)호에 대한 기습공격을 감행하였던 것이다. 이에 정체를 알 수 없는 수뢰정에 대한 함대의 대응사격이 이루어졌고 10분 뒤 수상쩍은 선박은 사라졌고 사격도 멈추었다. 그리고 함대는 제2차 공격을 우려하여 신속히 사고 지역을 벗어났다. 그러나 다음날 아침 도거뱅크(Dogger Bank)에서 있었던 해전의 사상자가 영국인 어부들이었음이 판명되면서 러시아는 이제 영국과 일촉즉발의 전쟁위협에 봉착하게 되었다. 영국인 어부의 선박이 등록되어 있던 지명에 따라 '굴스키사건(Гулльский инцидент)' 또는 '도거뱅크(Dogger Bank)' 사건이라 불리는 이 사건은 영국과의 개전 위기로 몰고 간 비극적인 사고였으나, 영국 정부뿐만 아니라 1904년 말-1905년 초 파리에서 소집된 국제특별위원회의 조사과정에서도 진상파악이 되지 못한 채 미결과제로 오늘날까지 남아 있다.[49]

러시아 정부 역시 10월 8-9일 밤에 발생한 사건에 일본군함이 가담했다는 직접적인 증거를 대지 못했다. 굴스키사건은 러시아 학자들이 주장하는 바와 같이 영국의 선동 행위였는지, 또는 파리위원회의 결론인 "우연한 비극적인 사건"이었는지, 아니면 러시아 함대 승무원과 러시아 정부의 주장대로 일본수뢰정이 가담한 결과였는지는 여전히 확신할 수 없지만, 제2태평양함대의 극동파견을 둘러싼 러일 간의 치열한 첩보전의 산물임은 확실하다.

1904년 11월 초, 러시아 경찰청장 로푸힌이 직접 파리로 출발한 것은 '굴스키 사건'을 둘러싼 진상파악을 하기 위함이었다. 그는 프랑스 대통

Борьба на мгоре. М. С.157-158.

49) Грибовский В.Ю., Познахирев В.П. Вице-адмирал З.П.Рожественский. Спб., 1999. С.187-190.

령, 외무장관, 프랑스 비밀정보국장과 가진 일련의 비공식 회담과정에서 러불동맹(露佛同盟)의 범위 안에서 향후 러시아 비밀경찰에 대한 프랑스 측의 지원의사를 재확인 할 수 있었다. 이는 파리에서 러시아 경찰청 요원들이 방첩활동을 지속할 수 있는 토대가 되었다. 마침내 1904년 11월 중순, 가르팅은 그가 방첩임무를 맡은 지역에서 제2태평양함대가 무사히 통과함에 따라 자신의 정보원 일부를 현지 러시아무관에게 인계하고 코펜하겐을 떠날 수 있었다.

한편, 제2태평양함대의 순항을 위한 방첩활동을 목적으로 콘스탄티노플에 거점을 확보하고 있던 트르제쨔크는 터키정부로부터 어떠한 지원도 받지 못하고 있었다. 현지 해군무관 슈반크(Шванк А.Л.)의 보고에 따르면, 술탄과 그의 측근들은 전적으로 친일성향을 보이고 있다는 것이었다. 실제로 트르제쨔크는 1904년 6월부터 12월까지 콘스탄티노플에 머물면서 항상 술탄의 비밀경찰 측의 방해공작을 받고 있었으며 심지어 생명을 위협받는 처지에 놓여 있음을 실토한 바 있다. 그럼에도 그가 터키에 체류하던 기간에는 일본 측의 어떠한 음모의 징조도 없었다. 이는 제2태평양함대에 포함된 흑해함대가 보스포루스와 다다넬스 해협을 통과할 때, 일본 측의 기습공격이 있을 것이라는 정보가 과장된 것이었음을 대변해주고 있었다. 10월 말 라들로프(Ладлов О.Л.) 해군대령의 지휘 하에 수송선단이 흑해해협을 통과하여 무사히 지중해에 진입한 것이 이를 입증해 주고 있다.[50]

이 무렵 유럽으로 돌아온 로제스트벤스키 함대는 극동으로의 이동 경로에 따라 조직을 재정비하고 있었다. 신형 장갑함들은 흘수(吃水)가 깊어 수에즈운하를 통과하기 힘들었기 때문에 아프리카 대륙을 돌아가야만 했고, 나머지 전함들은 펠케르잠(Фелькерзам Д.Г.) 제독의 지휘하

---

50) Павлов Д.Б. Россий ская Сонтрразведка в годы русско-японской вой ны//Отечественная история, №1, С.22.

에 라들로프의 수송선단과 더불어 포트사이드(Port Said)로 향하기로 결정되었다. 그러나 펠케르잠 함대가 일본의 기습공격이 예상되는 수에즈(Suez) 운하를 무사히 통과하려는 계획의 실행 여부는 누구도 장담할 수 없었다.[51] 왜냐하면 수에즈운하는 영국이 관할하고 있었으며 영국은 일본의 동맹국이었기 때문이었다.

결국 제2태평양함대의 극동 파견 경로에 있어서 가장 통과하기 힘든 구간이 바로 수에즈운하였던 것이다. 이에 러시아 해군참모부는 이미 1904년 여름부터 함대가 운하를 무사통과하기 위한 제반조치의 강구에 착수한 바 있었다. 1904년 6월 하코다데 주재 러시아 영사 게젠슈트롬(Геденштром М.М.)이 홍해(紅海)의 주요 항구들로 파견된 것도 제2태평양함대의 안전을 담보하기 위한 참모부와 외무성의 예방조치의 일환이었다.

1904년 7월 20일, 현지를 시찰한 게젠슈트롬이 해군참모부에 보낸 보고서에서 수에즈운하의 통과가 극히 위험한 사안임을 지적함에 따라, 해군참모부와 외무성 그리고 경찰청은 공동으로 수에즈운하를 안전하게 통과할 수 있는 새로운 계획을 수립하기에 이르렀다. 이 계획에 따르면, 외교 관련 사안들은 이집트 주재 러시아 외교관 막시모프(П.В.Максимов)가 담당하며, 그를 지원하기 위해 터키 주재 해군무관 슈반크가 현지로 파견되기로 결정되었다. 그리고 방첩활동을 담당한 경찰청은 사안의 중요성을 고려하여 외국인 요원을 이용하고자 하였는데, 프랑스인 퇴역중령 모리스 라울이 그 임무를 부여받았다. 그에게는 운하관리국의 직원으로 들어간 후, 요트를 빌려 홍해와 지중해를 감시하라는 지시가 내려졌다. 그리고 라울에게는 트르제쨔크의 휘하에 있던 현지 사정에 정통한 정보원들이 배속되었다. 그리고 상술한 게젠슈트롬은 지부티(Djibouti)

---

51) Грибовский В.Ю., Познахирев В.П. Вице-адмирал З.П.Рожественский. Спб. 1999. С.198.

로 거점을 옮겨 홍해 남단을 감시하도록 하였다. 이 계획은 1904년 10월 2일 로제스트벤스키 함대가 출항한 당일 차르에 의해 재가를 받았다.

이 계획에 따라 막시모프는 슈반크와 카이로로 돌아온 직후, 이집트 행정부의 사실상의 수장이었던 영국 영사 크레머 경(卿)과 함대 통과의 안전에 관한 일련의 회담을 가졌다. 불의의 사고로 인한 운하의 기능 마비는 운하 운영에 관여하고 있던 영국과 프랑스인들에게 막대한 손실을 초래할 수 있었기 때문에, 막시모프와 크레머 간의 회담은 기대 밖의 성과를 얻어낼 수 있었다. 후자는 전자의 요구를 모두 수용했을 뿐만 아니라 러시아 선박이 통과할 때, 해상 및 육상에서 이들을 보호할 것이고 여타 선박들의 운하 통과를 중지시키기로 약속하였다. 그 결과 펠케르잠의 함대는 11월 11일 수에즈운하를 무사히 통과하였으며, 이 과정에서 일본 측의 어떠한 음모도 포착되지 않았다. 이후 펠케르잠 함대는 12월 말로 예정되어 있던 로제스트벤스키 함대와 합류하기 위해 인도양으로 항진할 수 있었다.[52)]

그 후에도 제2태평양함대는 동아시아 주재 외무부 공관원들과 군사무관들이 전해 온 일본군함의 이동 상황에 대한 상세한 보고를 입수하면서 안전하게 극동으로 항진할 수 있었다. 인도네시아, 말레이시아 그리고 싱가포르에서 러시아 함대는 1904년 겨울 방첩임무를 띠고 이곳으로 파견된 해군중령 폴리스(Полис А.К.), 외무성 관리 크리스티(Кристи Х.П.) 그리고 상하이에서 동아시아 첩보업무를 총괄하던 전직 주한공사 파블로프(Павлов А.И.)의 정보원이었던 프랑스인 샤팡존의 방첩활동과 정보보고를 통해 안전을 담보할 수 있었다. 또한 인도네시아의 경우, 현지의 네덜란드 총독부 관리들이 러시아 요원들에게 편의를 베풀기도 하였다. 그리고 1905년 2~4월까지 로제스트벤스키 제독의 요청에 따라

---

52) Павлов Д.Б. Российская Сонтрразведка в годы русско-японской войны//Отечественная история, №1, С.23.

파블로프와 데시노가 구입한 4척의 증기선이 해상에서 방첩 활동을 전개했다.[53] 이 같은 대규모 방첩활동이 필요했던 것은 50척의 함선으로 구성된 로제스트벤스키의 함대가 역사상 공해상에 집결한 최대 규모의 함대 중의 하나였기 때문이었다.

제2태평양함대의 극동순항을 둘러싸고 전개된 러시아의 방첩활동은 장기간에 걸쳐 막대한 비용이 소요된 세계적 규모의 작전이었다. 그리고 이 작전에는 1904-1905년 해외에서 활약한 러시아의 방첩요원들이 주도적인 역할을 하였다. 이제 도고 제독이 이끄는 일본함대와 치르게 될 최후의 승부는 로제스트벤스키 제독의 몫이 되었다.

한편 페테르부르크에서는 1905년 4월 초, 차르의 지시로 알렉세이 알렉산드로비치 대제독(大提督)의 주재하에 제3태평양함대 건설을 위한 논의를 위해 특별회의가 개최되었다. 이 회의에는 외상 람스도르프, 재상 코코프쵸프, 육상 사하로프(Сахаров В.В.), 해상 아벨란, 극동 총독 알렉세예프(Алексеев Е.И.), 감사원장 로브코(Лобко П.Л.), 각료의 장 솔스키(Сольский Д.М.)가 참석하였으며, 신설될 함대의 규모와 건조 장소를 확정하는 문제가 주요 의제였다. 이 회의에서 합의된 결정 사항은 다음과 같다. 하나는 발트 및 태평양함대의 증강사업을 위해 총 규모 5억 2,500만 루블의 자금을 매년 7,500만 루블씩 7개년에 걸쳐 해군성에 지원한다는 것이고, 다른 하나는 대형 전함의 건조는 발트 연안의 조선소와 외국 업체가 전담하며 이곳에서 건조된 전함은 즉시 극동으로 파견한다는 것이었다.[54]

이는 차르정부가 러일전쟁에서 승리하기 위해 제3태평양함대 건설에 국가의 명운을 걸었음을 의미한다. 따라서 동아시아 정책에 국운을 걸고

---

53) Там же.

54) Шацилло К.Ф. Русский империализм и развитие флота накануне первой мировой войны(1906-1914 гг.). М., 1968. С.50-52.

있던 러시아가 러일전쟁에서 패전한다면, 이는 러시아제국이 몰락하는 서막이 될 수 있었다. 러일전쟁 개전 선언문에 반영된 바와 같이 니콜라이 II세는 이 전쟁을 통해 러시아를 '태평양의 해양강국'으로 부상시키고자 하였으며, 태평양함대의 모항으로서 부동(不凍)의 뤼순항과 대양으로의 사실상의 출구였던 대한해협에 대한 지배권을 확보하고자 하였음은 주지의 사실이다.

그럼에도 차르정부가 국운을 걸고 있었던 제2태평양함대의 극동원정의 성공 가능성은 점차 희박해지고 있었다. 1905년 1월 1일 일본 육군이 뤼순을 점령함으로써 일본해군과 내각에서 러시아 제2태평양함대의 극동내도(來到)에 대비한 결전준비를 본격 추진할 수 있게 되었기 때문이었다. 뤼순이 함락되었다면 러일 해군의 결전의 중심지는 대한해협이 될 것이 명백해졌다. 이에 일본의 도고 제독은 도쿄(東京)에 머물면서 해군 수뇌부와 작전을 협의한 후, 특수임무가 없는 전 함선에게 수리를 완료하고 1월 21일까지 대한해협에 집결하라는 명령을 하달하였다. 그리고 도고의 집결명령 하달 이후 불과 1주일 뒤, 1월 28일 일본각의(閣議)에서 독도의 영토편입을 결정하였다.

도고 제독과 일본각의의 이같은 결정은 대한해협을 발트함대와의 대결해역으로 설정하였고 그럼으로써 독도를 울릉도와 더불어 해전의 종결예정지로 계획하였음을 의미했다. 이에 각의의 '독도편입결정(1.28.)'은 도고 제독의 작전계획을 지원하기 위한 후속조치의 하나에 불과했다. 따라서 일본각의의 '독도편입' 결의는 러시아의 제2태평양함대의 내도와 깊은 관련이 있었음은 의문의 여지가 없다.[55]

결국 러시아의 제2태평양함대 사령관 로제스트벤스키 제독은 일본군에 점령된 뤼순항보다는 블라디보스토크를 함대의 기항지로 정하고 동진할 수밖에 없었다. 1905년 5월 27일 38척으로 구성된 러시아의 발트

---

55) 최문형, 「露日戰爭과 日本의 獨島占取」, 『역사학보』188, 2005, pp.261~262.

함대가 대한해협으로 진입하여 대마도 근해에 그 모습을 드러낸 것도 뤼순항의 함락과 관련이 있었다. 러시아의 제2태평양함대는 대한해협에서 이들을 기다리고 있던 일본함대와 2차에 걸친 회전 끝에 치명적인 전력 손실을 입고 블라디보스토크 방면으로 패주하였다. 러일전쟁의 최대 승부처였던 쓰시마 해전은 5월 28일 새벽 5시 20분경 독도 동남방 18마일 해상에서 발트함대가 투항함으로써 대단원의 막을 내리고 말았다.56) 따라서 일본정부의 독도편입 조치는 러시아의 제2태평양함대와의 해전에 대비하기 위한 전략요충지 확보정책에서 비롯된 것이었음을 확인할 수 있다.

이에 러시아의 제3태평양함대 건설 계획은 로제스트벤스키(З.П.Рож ественский) 제독이 이끄는 제2태평양함대가 쓰시마 해전에서 사실상 전멸함에 따라 사업에 착수도 하지 못한 채 무산되고 말았다. 쓰시마 해전에서의 참패 소식을 전해들은 재무상 코코프쵸프와 각료의장 솔스키는 제3태평양함대 건설사업에 대한 기존 입장을 철회한다는 입장을 대제독에게 전달한 뒤, 이 건함사업을 재검토해 줄 것을 차르에게 상신토록 요청하기에 이르렀다.57) 그 결과 새로운 태평양함대를 건설하려는 차르의 계획은 좌절되었고 태평양의 제해권 확보를 위한 함대증강정책 역시 원점에서 다시 재검토되어야 했다.

5. 러일전쟁과 헤이그평화회의

러일전쟁은 단순히 한반도와 만주를 둘러싼 러일 양국 간의 전쟁이라

---

56) 최문형, 「발틱함대의 來到와 日本의 獨島倂合」, 『獨島硏究』(한국근대사연구자료협의회 편), 1985, p.394.
57) Шацилло К.Ф. 위의 책. С.50-52.

기보다는 제국주의 열강이 직간접적으로 개입한 세계적 규모의 전쟁이었다. 이 전쟁의 승부처는 대한해협에서 벌어진 쓰시마 해전이었다. 7개월에 걸쳐 18,000마일의 대장정을 떠난 러시아의 제2태평양함대는 표면적으로는 기울어가던 전세를 역전시키고 동아시아 해역의 제해권을 장악하는데 그 목적이 있었으나, 본질적으로는 로마노프 왕조의 운명을 가늠할 역사적 의미를 지니고 있었다. 그 결과 러일전쟁에서의 패배는 차르체제의 붕괴를 초래했고 혁명을 확산시키는데 기여했으며 궁극적으로 제정러시아의의 몰락으로 귀결되었다. 레닌을 비롯한 볼셰비키 혁명가들이 이 전쟁에서의 패배자는 러시아 국민이 아니라 무능한 차르 자신이었다고 의미부여를 한 이유도 바로 여기에 있다.

러시아 역사상 최초로 이루어진 적극적인 동아시아 정책과 태평양함대 증강정책을 주도한 장본인은 다름 아닌 니콜라이 II세였다. 그는 표트르(Петр I) 대제와 예카테리나 여제(Екатерина II)가 발트해와 흑해로 나가는 출구를 획득함으로써, 러시아를 유럽 세계와 긴밀히 연계시켰던 것처럼 자신에게는 시베리아를 유럽러시아와 밀접히 결부시켜야 할 사명이 부여되었다고 확신하고 있었다. 따라서 태평양함대 증강을 위한 방위비 지출의 증대는 국가경제에 부담이 될 뿐만 아니라, 궁극적으로 열강과의 군비경쟁을 촉발시킴으로써 정부의 재정을 파탄으로 몰아갈 위험성이 있다는 재무성의 반대 의견은 묵살되고 말았던 것이다.

제2태평양함대의 극동 파견은 제1함대와 연합하여 동아시아 해역에서 제해권을 장악하려는 계획의 일환이었다. 개전 직후 승리를 확신하고 있던 차르정부는 이를 위한 방책으로 일본에 대한 러시아 함대의 수적인 우세를 확보하는 문제를 최우선의 과제로 설정하였다. 그 결과 페테르부르크에서는 제2태평양함대의 극동 파견 이후에도 제3태평양함대를 편성하기 위한 건함계획이 모색되고 있었다. 요컨대 차르정부는 제2태평양함대의 침몰 이전까지는 러일전쟁에서 승리한 이후를 대비한 계획들을 마련하고 있었다.

한편 일본정부가 러시아 제2태평양함대의 극동내도에 대비한 결전준비에 본격 착수한 계기는 뤼순점령(1905.1.1.)이었다. 러시아의 태평양함대 강화정책의 주요 거점이었던 뤼순항이 함락되면서 로제스트벤스키 제독의 진로는 선택의 여지가 사라지게 되었다. 그는 블라디보스토크로 항진하기 위해 대한해협을 통과할 수 밖에 없었고, 결국 이 곳은 러시아 제2태평양함대의 무덤이 되고 말았다. 따라서 대한해협은 1880년대 거문도사건(1885-87), 청일전쟁 이후 삼국간섭 그리고 마산포 조차사건으로 표출된 러시아의 동아시아 해군정책과 깊은 관련이 있었으나, 동시에 태평양함대 증강정책의 아킬레스건이 되고 말았다.

러시아 제2태평양함대 사령관 로제스트벤스키 제독이 일본함대의 집중포화를 받고 포로로 잡힌 곳이 울릉도 부근이었고, 그를 대신해서 전권을 위임받은 함대 후방편대 사령관 네보가토프(Небогатов Н.И.) 제독이 일본에 투항한 곳이 바로 독도 동남방 18마일 지점이었다.[58] 결국 두 섬은 사실상 러일전쟁의 종결지점이었다.

이와 관련 일본이 대러개전을 도발하면서 전시중립을 선언한 대한제국을 침략했고 러시아함대와의 해전을 준비하기 위해 우리영토인 독도를 불법적으로 점취했던 문제들은 전후 헤이그평화회의(1907)에서 논의될 가능성이 존재하였다. 이는 1899년 헤이그(Hague)평화회의 체제를 만드는데 주도적인 역할을 했던 러시아 국제법학자 마르텐스(Martens

---

58) 네바가토프 제독은 러일전쟁 종료 후, 1906년 11월 22일-12월 11일 크론슈타트 (Кронштадт) 해군법정에서 열린 군사재판에서 전함을 적군에 넘겨주고 투항했다는 죄목으로 러시아 해군 최초로 사형을 선고받았다. 그럼에도 그는 차르에 의해 징역형으로 감형(1907.1.25.)된 후, 1909년 사면되었다. 차르 니콜라이 II세는 배임행위에 대해 누구든 지위고하를 막론하고 징벌하고 사면할 준비가 되어있음을 의도적으로 과시함으로써, 러시아의 함대를 대한해협에 수장시킨 책임자가 누구인지에 대한 물음에서 벗어날 수 있었다.

F.F.) 교수가 1905년 5월 11일자 「노보예 브레먀(新時代: Новое врем
я)」신문에 게재한 기사에서 그 단서를 찾을 수 있다. "러시아의 로제스
트벤스키(Рожественский З.П.) 제독 함대에 대해 일본과 영국, 미국,
유럽의 친일성향의 언론들이 일제히 캄란만(Cam Ranh Bay)과 인도차이
나 영해에 정박할 수 있도록 프랑스가 허가한 것은 중립을 훼손한 것이
라고 비난"하고 있는 상황에 주목한 그는 이를 전면 반박하는 기사를
게재하면서 한국문제를 거론했다. 마르텐스의 반박논리는 첫째, 중립국
은 교전국 함대가 자국의 항구와 영해에 24시간 머무는 것을 허가하지
말도록 하는 어떠한 국제법이나 국제 규범도 없다는 것이다. 그런 법 자
체가 없다. 둘째, 만약 로제스트벤스키 함대가 24시간을 초과하여 프랑
스 영해에 머물 경우, 항의할 수 있는 권한은 단지 프랑스에게만 있는
것이다. 영국이나 다른 중립국가 누구에게도 이러한 권한은 없다는 것이
다. 특히 "일본에게 항의할 수 있는 자격이 있는지는 매우 의문인데, 한
국의 중립을 철저히 훼손한 교전국(일본)이 중립에 관한 국제법 조항을
준수하지 않았다고 누구를 비난할 권한은 조금도 없다"고 비판하였다.
따라서 러일전쟁을 마무리 짓기 위한 포츠머스 강화조약(1905.9.13)이
체결된 지 8일 뒤, 러시아가 개최를 제안한 헤이그평화회의에서는 한국
의 독립과 영토보전의 원칙이 재확인될 가능성이 높았던 것으로 보인다.

제3장 제국주의 열강의 만주정책과
간도문제(1909~1910)

1. 간도문제의 글로벌히스토리

미국대통령 윌리엄 태프트(W.H.Taft)가 1909년 12월 7일 미의회에 제출한 연례교서에서 동년 9월 4일 일본이 청국과 체결한 '간도와 만주 5안건에 관한 협약'에는 일견 "매우 심각한 우려를 야기할 조문을 포함하고 있다"고 언급한 부분은 주목할 만하다.[1] 태프트의 언급은 일본이 남만주 및 안봉철도 연선의 광산에 대한 이권을 독점적으로 구축하기 위한 구절을 협약조문에 포함시켰다고 판단했던 데서 비롯되었던 것으로, 그는 중국과의 조약을 통해 획득한 이권을 상실하고 만주에서 미국인들이 축출당할 수도 있다는 가능성에 대해 경계하고 있다. 일본의 만주독점을 좌시하지 않고자 했던 태프트 행정부의 이러한 의심을 불식시키기 위해서 일본외상 고무라는 중국에서 기회균등의 원칙을 준수하겠다는 결의를 서면으로 보장해야 했을 뿐만 아니라 간도협약을 포함한 청일협약(1909.9.4.)이 체결된 경위에 대해 미국을 만족시킬 수준의 공식 해명서를 제출해야만 했다.[2] 따라서 러일전쟁 이후 간도문제를 포함한 일본

---

1) Papers relating to the foreign relations of the United States with the annual message of the president transmitted to Congress December 7, 1909, pp.XIX. 이하 "FRUS."로 약함.

2) Ambassador O'Brien to the Secretary of State, Dec. 8, 1909. FRUS. 1909. p.123

의 만주정책은 미국의 간섭과 견제의 대상이었으며 미일 간의 대립과 갈등구도가 향후 동아시아 국제관계를 규정하는 핵심요소가 되었다.

간도협약이 체결된 지 1년 뒤 1910년 12월 6일 미의회에 제출된 미국의 대외정책 관련 태프트 대통령의 연례교서에서는 극동문제와 관련된 중요한 두 가지 국제조약이 지목되고 있는데, 만주 관련 러일협약(Russo-Japanese Agreement relating to Manchuria, 1910.7.4.)과 한일병합조약(1910.8.29.)이 그것이다.[3] 이는 일본의 한국병합이 간도 및 만주 관련 청일조약 및 러일협약과 밀접한 관계가 있으며, 이들 3개 조약 간의 상호관계가 한일병합의 수수께끼를 푸는 단서를 제공해 주고 있음을 의미한다. 환언하면 일본의 간도 및 만주정책은 미국의 강력한 견제 속에서 그 내용이 규정되었기 때문에, 간도문제에서 한일병합에 이르는 일련의 사건들을 한·중·일 및 러시아 4개국 간의 문제로만 다뤄온 기존의 연구와 방법론은 보완될 필요가 있다.[4]

The Minister for foreign Affairs Count Komura to Ambassdor O'Brien, Nov. 25, 1909, p.124.

3) Annual message of the president transmitted to Congress December 6, 1910, FRUS. 1910. p.XII.

4) 첫째, 김종건의 연구에 따르면 백두산, 간도문제 관련 한중일의 연구는 1948년 이후 약 650여 편의 성과들이 생산되었다고 한다. 김종건, 「백두산, 간도 역사연구의 현황과 쟁점」, 『동북아역사논총』, 18호(2007.12), p.91. 그럼에도 불구하고 국제적 시각에서 간도협약을 다룬 한국과 일본의 연구는 거의 전무한데, 이는 국제관계사에 착목할 경우, 제국주의 열강의 외교와 대비한 일본외교의 피동성과 소극성이 두드러질 것을 우려한 일본연구자들의 고의적 무관심과 관련되어 있는 듯하다. 그리고 이러한 일본의 연구경향이 일정 부분 국내연구에 영향을 끼친 측면이 있는 것도 세계사적 시각에서 '간도협약'이 갖는 의미와 그 영향에 대한 연구가 미진하게 된 주요 원인이 되었다고 할 수 있다.

최근 간도문제 관련 국내외연구는 '동북공정'으로 간도영유권 주장이 대중적인 이슈로 부각되면서 연구동향에 대한 소개와 정리가 이루어지고 있는데, 관련 연구는 다음과 같다. 배성준, 「한·중의 간도문제 인식과 갈등구조」, 『동양학』 제43집(2008.2.); 배성준, 「중국의 조청국경문제 연구동향」, 『중국의 동북변강 연구동향 분석』, (고구려연구재단: 2004.11); 이성환, 「간도문제 연구의 회고와 전망-새그럼에도 불구하고 지금까지 이에 대한 국내외의 기존 연구를 살펴보면, 개별 사실들에 대한 각론은 정립되고 있는 듯하다.[5] 하지만 왜 미국이 '간도와 만주5안건에 관한 청일조약'[6]에 이의를 제기했는지, 러일협약 체결과정에서 미국이 배제된 원인은 무엇인지 그리고 러일협약 체결

로운 연구지평의 확장을 위한 비판적 검토-」, 『백산학보』, 76(2006); 한철호, 「근대한중국경조약과 국경문제의 연구현황과 과제」, 『한중관계사 연구의 성과와 과제』, 국사편찬위원회·한국사학회(2003.12.); 김춘선, 「조선인의 동북 이주와 중조(한) 국경문제 연구동향-중국학계의 성과를 중심으로-」, 『한중관계사 연구의 성과와 과제』, 국사편찬위원회·한국사학회(2003.12.). 일본에서 간도문제 연구현황은 이를 시기별로 요약 정리한 名和悅子, 「日本의 對間島政策의 방침전환과 간도협약-內藤湖南의 『間島問題調查書』를 중심으로-」, 『동아시아의 영토와 민족문제』(경인문화사: 2008.1)를 참조할 것.
  둘째, 국내 간도문제 연구의 또 다른 경향은 을사보호조약이 무효이므로 을사보호조약에 의거한 외교권에 의해 일본이 체결한 청일간도협약은 당연히 무효라는 논지의 일련의 국제법적 연구가 이루어지고 있다는 점이다. 김명기, 「청일간도협약의 무효」, 『고시계』 85/9; 김정호, 「국제법상 청일간도협약에 관한 연구」, 『사회과학논총』 제16집(2000) ; 노계현, 「간도영유권에 관한 역사적 연구」, 『연세경제연구』 제 IX 권 제 1호(2002.3.); 노영돈, 「러일전쟁 이후 간도영유권문제의 처리」, 『러일전쟁과 동북아의 변화』, (선인: 2005).
  셋째, 간도문제와 한국병합을 다룬 선행연구는 森山茂德(김세민 역), 『근대한일관계사연구』, (현음사: 1994)와 이성환, 「간도협약과 한일합방」, 『대한정치학회보』(8집 1호, 2000년 여름)이 있으나, 미일대립구도의 형성과 제2차 러일협약 체결과정이 빠져 있어 간도문제와 한국병합문제와의 연관성을 밝히지 못한 한계가 있다.
5) 한국병합과 관련한 국내의 연구는 한일병합조약 자체의 불법성을 강조하는 연구가 주류를 이루고 있다. 이를 통해 한일병합조약 체결을 둘러싼 일본의 대한정책이 강압적으로 이루어졌음을 밝혀낸 성과도 있지만 한일병합의 불법성만으로는 한일병합이 체결되었던 당시 일본의 한국병합을 지지 내지는 묵인했던 국제 사회의 존재를 간과할 수 있다는 한계가 있다. 李泰鎮 편, 『日本의 大韓帝國 强占』, 까치, 1995; 이상찬, 「을사조약과 병합조약은 성립하지 않았다」, 『역사비평』31, 1995; 李泰鎮, 「일본의 대한제국 國權 침탈과 조약 강제: 한국병합 不成立을 논함」, 『韓國史市民講座』19, 一潮閣, 1996; 이태진 편, 『한국병합 성립하지 않았다』, 태학사, 2001; 이태진 외, 『한국병합의 불법성 연구』, 서울대학교출판부, 2003.
6) 이하 '간도와 만주5안건에 관한 청일협약(1909.9.4)'을 편의상 간도협약(間島協約)으로 지칭키로 한다.

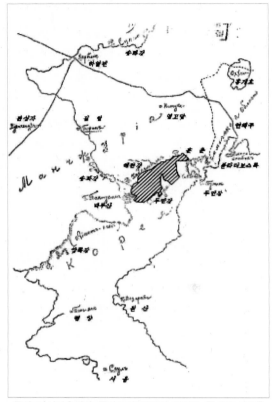

주한 러시아총영사 플란손이 간도의 위치를 표시한 지도[7]

직후 1달여 만에 일본의 한국병합이 이루어졌는지 그 연결고리에 대한 종합적이고도 실증적 연구가 미진한 것이 사실이다. 따라서 본 논문의 주안점은 상기 논점들을 중심으로 이들 조약이 체결되는 과정을 살피고 '간도협약'이 체결된 지 1년 만에 일본의 한국병합이 이루어지는 과정을 검토하는데 목적을 두고자 한다.

---

7) 출처: ГАРФ. Ф.818. Оп.1. Д.163. Л. 17. : Секретная депеша Д.С.С. Плансона, 30 Августа 1906 г.

아울러 이 글에서는 불리한 국제정황 속에서도 일제의 한국병합계획에 맞서 끝까지 국권을 수호하려 했던 고종의 계획도 살펴보고자 한다. 고종은 1910년 6월 이갑(李甲)을 통해 러시아황제 니콜라이 II세에게 기밀 친필서신을 발송하였는데, 이 서신에는 한일병합과 관련된 제2차 러일협약을 체결하지 말 것을 요청한 내용을 담고 있었다. 나아가 고종은 병합 직전 간도(間島)를 거쳐 블라디보스토크로 망명하려는 계획을 세운 적이 있었다.[8]

본 연구의 범위는 '간도와 만주5안건에 관한 청일조약(1909.9.4.)'이 체결된 직후부터 일본의 한국강점(1910.8.29.)이 이루어지는 시기까지로 설정하고, 미 국무장관 녹스(Philander C.Knox)가 제안한 '만주철도중립화안(滿洲鐵道中立化案)'에 대해 러일 양국이 공동으로 반대하는 회답안을 미국에 제출하여 러일 간의 대미공조체제를 구축한 시점(1910.1.21.)을 정점으로 두 시기로 구분하였다. 전반기는 미국의 태프트 행정부가 일본이라는 일국(一國)에 의한 독점적인 만주지배를 용인하지 않기 위해 '만주철도중립화안'을 통해 일본에 대한 압박과 견제를 강화했던 시기이며, 후반기는 러시아와 일본이 미국의 만주문제 개입에 대해 만주에서 자신들의 기득권을 보호하기 위해 타협을 이루는 시기이다.

결국 간도문제에서 비롯된 한일병합문제는 만주를 둘러싼 미국, 일본, 러시아 간의 삼각구도를 중심으로 영국과 독일이 그 외연을 이루고 있었던 국제관계의 산물로서, 국제적 시각에서 거시적인 연구가 절실히 요구된다고 할 수 있다. 이에 본 연구가 기존의 동북아시아에 한정된 지역연구의 지평을 넘어서 글로벌히스토리(Global History)의 관점에서 간도를 비롯한 만한문제를 재검토해보는 시발점이 되기를 기대해 본다.

---

8) Донесение Агента Министра Финансов в Шахае Гой ера послу в Токио от 9 июня 1910 г./Корея глазами Россиян(1895-1945), М., 2008. С.119-223.

2. 일본의 만주침략과 미국의 대일견제

단재 신채호의 『대한매일신보』(1910.1.12.) 사설 「만주(滿洲)와 일본 (日本)」은 간도문제의 본질과 맥락을 정확하게 짚어내고 있기 때문에 간 도문제와 일본의 한국병합과 관련하여 우리에게 많은 시사점을 주고 있 다. "……청국과 일본 간 협약이 된 소문이 낭자하니 더 사나운 호랑이의 태도를 가지고 사방을 엿보는 구미 열강국이 어찌 이 시대에 이익이 모 인 중국내륙에 제일 긴요한 땅이 되는 만주천지에서 아라사와 일본 두 나라만 마음대로 뛰놀게 맡겨두며, 또 어찌 동방 한 모퉁이에 있는 조그 마한 섬나라 일본의 활개짓을 앉아서 보리오…… (중략) 오호(嗚呼)라 일 본(日本)의 대정치가(大政治家), 대외교가(大外交家) 이토(伊藤) 공(公) 도 이미 죽고 또 이 문제가 평지에 갑자기 일어나니 저 일본인들은 장차 어떤 대책을 잡고자 하는지. 일본인(日本人)이여 세계(世界)는 세계인 (世界人)의 세계(世界)라 일본(日本)의 독주(獨走)를 허가하지 않으니 진 정한 동양평화의 대책을 잡고 일본의 입지를 공고히 하며 동양의 행복을 유지함이 어찌 상책(上策)이 아니겠는가?"[9]

신채호는 '간도와 만주에 관한 청일협약(1909.9.4.)'이 체결된 지 4개 월이 지난 시점에서 일본에게 열강의 대일견제를 명심하여 동양평화의 대책 마련에 매진할 것을 충고하고 있다. 그 이유는 미국을 중심으로 한 열강이 만주에서 일본의 독주에 대해 적극 견제하고 나서자, 일본은 이 를 수용하기 보다는 열강의 견제에 대한 대응책 마련에 착수함으로써 동 아시아에서 새로운 위기가 조성될 가능성에 대해 우려했기 때문이었다. 이는 미국의 대만주정책의 3원칙(중국의 영토보전, 문호개방, 상공업상 의 기회균등)에 반대하기로 결정하였음을 의미하는 것으로, 간도문제는

---

9) 『대한매일신보』 1910년 1월 12일 『단재 신채호전집』, 제6권 논설·사론(독립기념 관 한국독립운동사연구소: 2008), pp.448-449.

미일관계가 종전의 협력관계에서 대립관계로 변환되는 시발점이 될 가능성이 농후해졌다. 열강의 간섭과 제지에 봉착한 일본의 만주정책은 선택의 기로에 놓여 있었다.

주지하다시피 일본은 1908년 11월 30일 '루트-다카히라 협정(The Root-Takahira Agreement of 1908)'을 체결한 이후 간도영유권 주장을 공식적으로 포기하고 말았다. 이는 1907년 8월 18일 룽징촌(龍井村)에 통감부 임시 파출소를 설치하여 간도 영유권을 확보하려던 기존의 정책을 완전히 뒤집는 조치였다. 그렇다면 그 원인은 무엇인가? 이는 일본의 간도 침투가 만주 분할의 단초가 될 수 있다고 우려한 제국주의 열강이 일본을 적극 견제하고 나섰기 때문인 것으로, 특히 미국의 '문호개방정책(Open Door Policy)과 중국의 영토보전(the territorial integrity of China)의 원칙'은 일본의 간도영유권 주장과 정면 배치되고 있었기 때문이었다. 따라서 이제까지 일본의 간도정책은 미국의 간섭과 견제 속에서 그 속도와 강도가 규정되고 있었다.[10] 그러나 만일 일본이 간도에 대한 영유권 주장을 포기하는 대가로 만주에서 경제적 이권을 획득하는 문제에 대해서까지 미국이 이의를 제기할 경우, 일본은 신채호의 충고대로 진정한 동양평화의 대책을 잡을 것인가?

1909년 9월 4일 '간도와 만주 5안건'에 관한 청일 간의 협약[11] 체결

---

10) 일본이 미국을 비롯한 제국주의 열강의 간섭에 의해 간도의 영유권 주장을 포기하는 과정에 대해서는 다음을 참고할 것. 졸고, 「제국주의 열강의 만주정책과 간도협약(1905-1910)」, 『역사문화연구』31집, 2008, pp.51-86.

11) 『日本外交文書』(明治 第42卷 第1冊), pp.354-357. 1909년 9월 4일, 日淸協約調印濟ノ件. 청국 외무대신 량둔옌(梁敦彦)과 주청 일본공사 이쥬인(伊集院彦吉)이 체결한 '間島 및 滿洲5案件에 관한 청일협약'의 주요 조항은 다음과 같다. 가) 간도에 관한 일청협약문 제1조. 日淸 兩國政府는 圖們江을 韓淸 兩國의 국경으로 하고 江源地方에 있어서는 정계비를 기점으로 하여 石乙水를 양국의 경계로 하는 것을 聲明한다...... 제6조. 청국정부는 장래 吉長鐵道를 延吉南境으로 연장하여 韓國 會寧에서 韓國鐵道와 連絡할 것이며 그 一切의 辨法은 吉長鐵道와 一律이어야 한다. 나) 만주5안건에 관한 일청협약문 - 제4조. 安奉鐵道沿線과 南滿州鐵道幹線沿線의

은 미국과 러시아가 협약 자체에 대한 문제를 제기함에 따라, 이제 간도 문제는 새로운 국면으로 접어들었다. 특히, 미국은 이 협약의 경제적인 측면에, 러시아는 전략적인 측면에서 문제를 제기하고 나섰다. 일본은 간도의 영유권 주장을 포기했음에도 불구하고 미, 러의 반발에 부딪혀 외교적으로 사면초가의 위기에 봉착하기에 이르렀다.

'만주 관련 청일협약' 체결 직후 1909년 9월 6일 주청 미국공사 플레처(Henry P. Fletcher)는 미 국무장관에게 보낸 편지에서 청일 간의 만주 협약에 대한 미국의 심각한 우려를 표명한 바, 이 협약 제4조 내용이 이권의 조건과 범위가 모호하기 때문에, 만일 중국외무부에 이를 조회하여 문호개방과 기회균등의 원칙을 위반할 가능성이 있다고 판단된다면 이에 대한 조치가 필요하다고 보고했다.12) 이에 미 국무성 부장관 헌팅턴 윌슨(Huntington Wilson)은 플레처에게 보낸 편지(1909.10. 20.)에서 미국은 이 협약이 만주에서 상업상의 기회균등, 중국의 영토보전 및 행정 일체성의 원칙을 위반할 가능성에 대해 우려하고 있음을 청국과 일본정부에 전달하도록 지시했다.13) 이는 미국이 일본이 광활한 남만주에서 독점체제를 구축하고 이곳에서 미국의 기업가들을 축출하려 한다고 판단하고 있음을 의미하며, 이후 일본으로부터 어떠한 독점의도와 계획이 없었음을 보장할 것을 집요하게 요구하는 계기가 되었다. 요컨대 미국은 남만주에 대한 일본의 기득권을 결코 인정하지 않았다. 미국의 태프트 행정부는 원칙으로서의 문호개방과 기회균등정책을 통해 구현하려는 의

鑛務는 撫順과 煙臺를 除하고 명치41년 즉, 광서 33년 東三省 督撫가 일본국 총 영사와 議定한 大綱을 按照하여 日淸 兩國人의 合辦으로 할 것이며 그 細則은 追後 督撫와 일본국 총영사의 사이에서 商訂한다.

12) Chargé Fletcher to the Secretary of State, September 6, 1909, FRUS. 5767/ 99-101.

13) The Acting Secretary of State to Chargé Fletcher, October 20 1909, FRUS. 5767/ 99-101.

지를 천명하였던 것이다.

태프트 행정부의 대일견제 정책은 일본으로부터 이 지역에 대한 어떠한 독점(獨占)도 시도하지 않겠다는 굴욕적인 서면보장을 받아낼 때까지 집요하고 철저하게 이루어졌다. 1909년 11월 11일 주일 미국대사 오브라이언(T.J.O'Brien)은 미 국무장관 녹스(Philander C. Knox)에게 보낸 전문에서 일본 외상 고무라가 "만주 관련 청일협정(1909.9.4.)은 만주의 광산에 대한 배타적인 요구를 의도한 것이 아니며, 문제의 지역에서 광물자원을 구하는 제3국에게 중국이 이권을 허여하는 것에 반대하지 않는다고 보장해주었음"을 보고했다.[14] 이러한 고무라의 보장은 미국에 국한되지 않고 미 국무성에 의해 주요 해외 공관에 타전되기에 이르렀으며, 만주에 대해 일본이 어떠한 독점 의도도 없음이 재천명되었다. 1909년 11월 16일 미 국무부 장관이 주영 미국대사 레이드(W.Reid)에게 보낸 전문에서, 국무성은 청일협약 관련 다음의 내용을 공표하였음을 통보했다.

"최근의 청일협약이 철도연변에 대한 독점과 미국인을 축출하려는 의도에서 만들어졌다는 공공연한 소문이 있어 체약 양국에 이를 조회하고 이들로부터 확답을 받은 바에 의하면, 그런 의도가 없었다고 함. 미국인 및 제3자가 상기 지역에서 광물을 탐사했을 경우 어떠한 반대도 없다고 함……. 이러한 보장은 국무성이 협약의 관련 조문을 면밀하게 검토하여 내린 결론을 다시 한번 확인해주고 있다"[15]는 것이었다. 더욱이 11월

---

14) Ambassador O'Brien to the The Secretary of State, November 11, 1909, FRUS. 5767/114. 1909년 11월 14일 플레처가 녹스에게 보낸 전문에서, 중국 외무상이 청일협약 제4조가 상술한 두 철도 연변의 광산에 대한 배타적인 권리를 일본에 준 것이 아니며 상술한 지역의 광산들은 중국 정부의 동의 하에 제3자 또한 채굴할 수 있는 것으로 이해하고 있다고 보고하였다.(Chargé Fletcher to the Acting Secretary of State, November 14 1909, FRUS. 5767/116.)

15) Acting Secretary of State to Ambassador Reid, 16 November 14 1909, FRUS. 5767/123A. 이 전문은 동일한 내용으로 미국성에 의해 파리, 베를린, 페테르부르

25일 일본 외상 고무라는 만주문제 관련 청일협약이 체결된 경위서와 이 협약이 만주에서의 광물탐사, 시추 및 개발권에 대해 어떠한 형식으로든 독점할 의도가 없었으며 미국시민과 제3국인들을 배척하려는 계획이 없었음을 재확인하는 공문을 주일 미대사관에 제출해야만 했다.[16] 일본은 러일전쟁의 사실상의 유일한 전리품이었던 남만주에서 야심차게 추진했던 세력확장기도가 미국의 간섭에 의해 저지되자 그 해법에 대한 고민이 깊어갔다.

한편 러시아는 간도협약이 자국의 극동지역 안보에 미칠 전략적 위험성에 주목하였다. 지린(吉林)과 한국 북부의 회령(會寧)을 연결하는 길회철도(吉會鐵道) 문제는 러일전쟁 직후 열린 특별각료회의에서 언급되었다시피 러시아의 연해주 방위에 심각한 위협이 되었다. 간도협약 체결 후인 9월 21일 러시아 외상 이즈볼스키(Извольский А.П.)는 주러 일본공사 구리노에게 간도협약에 나타난 일본의 만주철도정책에 대해 우려를 표명하면서 "내가 철도라고 하는 것은 안봉선(安奉線)이 아니라 지린에서 연장하여 조선국경에 이르는 노선을 말한다"고 한 것은 간도협약 제6조에 규정된 길장선의 연장이 러시아에 미칠 군사적 위협을 강조한 것이었다.[17] 러시아 외무성에서는 길회철도가 동청철도(東淸鐵道)에 위협을 줄 수 있다고 판단했으며, 나아가 주일 러시아공사 말렙스키-말레비치(Малевский-Малевич Н.А.)는 이 철도가 시베리아 변경지역에 대한 위협이 될 수 있다고 우려하고 있었다.[18] 따라서 1909년의

크, 도쿄, 베이징의 미국공관에 발송되었다.

16) The minister for Foreign Affairs Count Komura to Ambassador O'Brien, November 25, 1909, FRUS. 5767/142. 이 확약서는 1909년 12월 8일자 오브라이언이 국무성에 보낸 편지에 동봉되었다.

17) 이성환, 「간도협약과 한일합방」, 『대한정치학회보』 8집 1호, (2000), p.260.

18) E.W. Edwards, Great Britain and the Manchurian Railways Question, 1909-1910, The English Historical Review, Vol. 81. No. 321(1966), p.755.

간도와 만주5안건에 관한 청일협약은 일본에게 러시아 연해주를 제압할 수 있는 전략철도부설권을 획득했다는 의미가 있었지만, 미국에게는 중국의 영토보전과 문호개방원칙을 침해할 수 있는 상징으로, 러시아에게는 러일전쟁 패전 이후 사실상의 무방비 상태에 놓여있던 연해주의 방위를 군사력이 아닌 외교의 방식으로 해결해야 할 절박함을 안겨주었다.

이에 간도문제로 야기된 미·일·러 3국 간의 이해대립은 러일전쟁 직전에 러시아를 가상적으로 한 미일 간의 공조체제를 뒤집는 새로운 판짜기를 요구하였다. 이는 미국과 일본이 연해주 방위문제로 고심하던 러시아를 자기편으로 끌어들여 현안을 유리하게 해결하려는 미일 양국의 대러접근 정책으로 발전해갔다. 1909년 9월 11일 주한 러시아총영사 소모프(Сомов А.С.)는 일본이 루트-다카히라 협정(The Root-Takahira Agreement of 1908)을 위반하고 중국의 주권을 침해하여 남만주에서 철도 및 광산이권을 획득하는 것에 미국은 격분하였고 러시아와의 협상착수의 필요성에 공감하고 있다고 보고하였다.[19] 또한 주일 러시아공사 말렙스키-말레비치는 외상 이즈볼스키에게 보낸 보고서(1909.10.14.)에서 이토 히로부미가 직접 공사관을 방문했음을 보고하였다.[20] 보고서에 따르면, 이토는 그의 하얼빈 방문이 만주문제에 대한 미국의 행동이 근본적인 원인이었음을 밝히고, 러일 양국의 접근이 필수적인 것으로, 그와 코코프쵸프(Коковцов В.Н.) 간의 만남은 카츠라(桂太郎) 수상의 승인과 천황의 재가를 받은 사항임을 알려왔다는 것이다. 이토는 그의 방문이 1901년도 러시아 방문과 유사하다고 전제한 후, 그 당시 러일 양

---

19) Телеграмма Сомова из Сеула 29 августа 1909 г.: Романов Б.А. *Очерки Дипломатической истории Русско-Японской войны*, 1895-1907, М.-Л., 1955. С.661. 니콜라이 II세는 이 전보를 읽고 '마침내(Наконец)' 라고 결재하였다.

20) Макарчук О. Япония и Российская Империя: Направления и Логика взаимодействия, *Право и Жизнь*, №122(5), 2008. С.2.

국이 평화적인 방법으로 이해관계를 조정하려 했으나 실패했음을 상기하고 이를 그의 하얼빈 행에 비유했다는 것이다. 이에 말렙스키-말레비치 공사는 이토의 만주 방문의 주요 정치적 목적이 최근 일청협정을 체결한 것에 대한 열강의 공동대응을 미국이 준비하고 있다는 소식으로 야기된 반미 공세를 논의하기 위함이었음을 보고했다. 일본의 간도정책을 주도하여 1907년 8월 18일 룽징촌에 간도파출소를 설치했던 이토는 루트-다카히라 협정을 통해 간도영유권을 포기했음에도 불구하고 문호개방과 상업상의 기회균등원칙을 명분으로 일본의 만주정책에 대한 미국의 간섭이 강화되자, 대러접근을 통해 문제의 해결을 도모하게 되었던 것이다. 따라서 만주문제 해법의 캐스팅보트는 러시아가 쥐게 되었고 러시아에게 제시된 선택의 카드는 미국의 '만주철도중립화안'과 일본의 '러일신협약체결안'이었다. 전자는 만주의 문호개방이 그 목표였고 후자는 러일 양국의 기득권 보호를 위한 만주의 문호폐쇄가 그 목표였다. 그렇다면 이제 러시아는 어떤 카드를 선택할 것인가?

3. 미국의 만주철도중립화정책과 일본의 대러접근정책

미일 양국의 대러접근은 한편으로 이토와 러시아 재무상 코코프쵸프 간의 하얼빈회담으로, 다른 한편으로는 주러 미국대사 록힐(W. W. Rockhill)과 러시아 외상 이즈볼스키 간의 회담으로 표출되었다. 먼저 불발로 끝난 하얼빈회담에 대해 1909년 11월 21일 주일 러시아공사 말렙스키-말레비치는 일본 체상(遞相) 고토 신페이(後藤新平)와의 대담을 통해 이토 히로부미가 러시아측과 논의하고자 한 의제에 대해 이즈볼스키 외상에게 보고했다.[21] 보고서에 따르면, "야마가타의 측근인 고토는 이토가 코코프쵸프에게 제안하고자 한 의제를 알려왔는데, 동청철도와 남만철도의 접속향상, 철도를 통해 러시아로 수출되는 일본의 화물의 운임 인하, 양국 간의 정치적 유대강화"가 그 요지였다. 그러나 차르 니콜라이2세가 '실질적임(Практично)'이라고 평가한 이토의 제안이 러일 간의 새로운 협약체결로 이어지지 못한 것은 안중근 의사의 하얼빈 의거로 이토와 코코프쵸프 간의 회담이 불발되었기 때문임은 주지의 사실이다.

안중근의 이토 저격 이후 일본의 대러접근이 주춤한 사이, 미국의 대러접근이 이루어졌다는 점은 주목할 만하다. 1909년 11월 13일 주러 미국대사가 러시아 외무상에 제안한 '만주철도의 중립화(The Neutralization of all the railways in Manchuria)'계획은 가장 미국적인 방식의 만주문제 해결방안이었지만, 실질적이라는 평가를 받았던 일본의 제안과 비교해 볼 경우 이상적이고 아카데믹한 측면이 강했다. 미 국무장관 녹스가 수립한 이 계획은 중국이 만주에 부설되었거나 향후 부설 예정인 철도를 매입할 수 있도록 국제신디케이트를 조직하여 중국에 차관을 제공하는 대신, 철도의 경영은 차관단이 담당하고, 우선 남만주철도와 경쟁할 수 있는 진저우(錦州)와 아이훈(愛琿)을 잇는 진아이철도(Chinchow-Aigun Railway)[22] 부설자금을 조달하고 추후 만주의 기존 철도를 매수한다는 내용이 그 골간을 이루고 있었다. 러일전쟁 이후 열강 간의 이해가 첨예하게 대립하고 있던 만주문제를 평화적으로 해결하고 일본의 팽창을 견제할 수 있는 해법으로서의 '만주철도중립화안'은 중국의 영토보전, 상

---

21) АВПРИ. Ф. Японский стол. Д. 206. Л. 54.: Телеграмма Малевского -Малевича из Токио от 21 ноября 1909 г.

22) Peliminary agreement providing for the financing, construction, and operation of the railway from Chinchow to Aigun, FRUS. 5767/142. 진아이철도 부설계획은 1909년 10월 2일 초대 봉천 주재 미국총영사 스트레이트(W.Straight) 봉천순무 당 소이(Tang Shao-yi), 영국 폴링회사 대리인 프렌치 간의 진아이철도차관 예비계약 체결에 근거하여, 철도부설은 폴링회사, 철도차관은 미국은행, 행정사무는 중국이 담당하기로 합의한 미국이 획득한 최초의 만주철도에 대한 권익이었다.

업상의 기회균등, 문호개방이라는 미국의 대중국정책의 3원칙이 투영되어 있었으며 이 원칙들을 실제로 구현할 수 있는 메카니즘으로 제시되었다. 그러나 '만주철도 중립화안'은 미국의 대청외교정책 3원칙과 마찬가지로 만주에 이해를 가진 열강이 이를 준수하지 않을 경우, 그를 제재할 수 있는 강제력이 부재하다는 맹점을 갖고 있었다. 요컨대 이 계획은 이론적으로는 만주를 중립화하여 완충지대로 설정함으로써 러일 간의 충돌을 방지하고 나아가 만주의 평화를 정착시킬 효과적인 방안이었지만, 다음의 측면에서 비현실적인 요소들을 내포하고 있었다. 우선 만주에 대한 중국의 통치권에 대해 열강이 불개입원칙을 얼마나 준수할 지의 여부이다. 철도문제는 지방행정과 밀접한 관계를 맺고 있으며 철도수비대, 철도법원 및 공안원의 유지 등 철도운영과 지방 행정부간의 권한을 명확히 할 필요가 있으며, 중립화를 종료하고 만주철도에 대한 운영권을 중국에 이관하는 중립화 종료기한 문제, 러시아와 일본이 동청철도와 남만주철도를 비싸게 매각하려 하거나 기득권을 포기하려 하지 않을 경우, 이들에게 어떤 보상을 해야 하는지에 대한 문제 등 미국의 '만주철도 중립화안'은 해결해야 할 문제가 산적되어 있는 계획이었다.[23] 이즈볼스키가 '만주철도중립화안'에 대한 녹스의 각서를 주의 깊게 읽어본 후, 실망감을 감추지 못한 것도 이 계획의 세부적인 치밀성이 떨어진다고 판단했기 때문이었다.[24]

록힐을 뒤이어 1909년 11월 21일 이즈볼스키를 방문한 사람은 주러 일본공사 모토노였다. 그는 하얼빈에서 이토가 제안할 기회가 없었음을 전제한 후, 현재의 러일관계를 중국 및 여타 열강이 두려워 할 러일 간

---

23) АВПРИ. Ф. Миссия в Пекине Оп. 761. Д. 613. Л. 183-184: Передовая статья из газеты "Чжунго Бао", Ней трализация дорог в Маньчж урии, 21 января 1910г.

24) Chargé Schuyler to the Secretary of State, December 20,1909. FRUS. 1910, pp.238-239.

의 공식적인 동맹수준으로 발전시킬 것을 제안하고 나섰다. 모토노는 러시아가 이를 수용하지 못할 경우, 어떠한 형태로든 러일협약을 발전시킬 논의를 할 준비가 되어있음을 밝혔다. 이에 이즈볼스키는 자신도 러일협약을 확대하는 것을 지지하지만 이를 위해 2가지 조건을 제시하였다. 첫째, 러시아는 일본의 한국병합을 인정할 수 없으며 둘째, 중국도 포함시키는 새로운 형태의 협약체제를 구상해 볼 것을 제안하였다. 이는 러일협약의 확대가 중국을 러시아의 적대세력으로 변화시킬 가능성을 우려했기 때문이었다.[25] 그러나 한국병합에 대한 반대와 러일신협약에 중국을 포함시키자는 이즈볼스키의 협상조건은 러시아와 연대하여 미국에 대항하고 만주에 대한 침략을 확대하고자 한 일본으로서는 결코 수용할 수 없었다. 이제 러시아는 미일 사이에서 선택의 기로에 놓이게 되었다.

선택의 기로에 선 러시아가 동아시아정책 노선을 결정하는데 있어서 가장 중시한 것은 극동러시아의 방위문제였다. 간도협약을 통해 길회철도 부설권을 확보한 일본이, 만일 러시아가 미국과 연대하여 만주에서 일본의 팽창을 견제한다면, 일본은 그들의 침략방향을 연해주로 돌릴 수 있다는 점에 대해 이즈볼스키는 우려하고 있었다. 1909년 9월 극동을 시찰한 재무상 코코프초프의 보고서는 러시아의 태평양 연안지역의 방위가 여전히 매우 열악한 상황에 놓여 있음을 보여주고 있었다. 1909년 12월 11일에 열린 특별회의에서 안건으로 제출된 '1909년 가을 재무상의 극동순방 관련 상주서'는 이를 결재한 차르 니콜라이 II세 조차 "인정하기 부끄럽다. 4년 동안 아무것도 원상 복구된 것이 없다니"라고 탄식하였고 12월 3일 육군상에게 블라디보스토크의 방위력 증강을 위한 즉각적 대책 마련을 지시함으로써, 블라디보스토크를 발트함대 기지인 크론슈타트(Кронштат)수준으로 요새화시킬 것을 주문했던 것이다.[26]

---

25) РГИА. Ф.1276. Оп. 5. Д.610. Л.1-5: Копия всеподданней шей записк а Извольского Николаю 12 ноября 1909.

이는 러시아의 동아시아정책이 러일협약(1907)에 근거하고 있었음에도
불구하고, 이 협약은 일본이 향후 러시아의 영토에 대한 불가침을 약속
하는 것이지만 일본의 침략을 제어할 실질적인 장치가 없다는 것이 차르
정부의 동아시아정책의 아킬레스건이었음을 의미했다.27) 따라서 일본이
길회철도의 부설권을 획득하자, 1908년 4월에 부설을 결정한 아무르철
도(Амурская железная дорога)가 완공되고 블라디보스토크의 요
새화작업이 완료될 때까지 차르정부는 연해주와 태평양 연안의 영토를
방위할 대책 마련이 시급해졌다.

　이에 이즈볼스키는 동아시아정책 방향을 둘러싸고 최종 결정을 해야
할 선택의 기로에 놓이게 되었다. 즉, 미국과 유럽열강의 후원 하에 만주
를 중립화시킴으로써 일본의 팽창을 저지한다는 만주중립화론(滿洲中
立化論)과 일본과의 동맹체결을 통해 만주뿐만 아니라 중국 전역에 대
한 미국 및 유럽열강의 침투를 저지한다는 대일동맹론(對日同盟論)이
그것이었다. 아울러 제3의 길로서 일본에 대항한 대중접근론(對中接近
論)도 상정해 볼 수 있지만, 이즈볼스키의 견해에 따르면, 이는 동아시아
에서 새로운 러일전쟁을 야기함으로써 과거의 적국들과 전장에서 다시
한 번 조우해야 할 것이며 이를 적극 지지할 동맹국을 찾기란 불가능하
다는 입장을 피력하였다. 따라서 이즈볼스키는 상술한 3가지 노선 가운
데 일본과의 기존 협상을 확대하는 것이 바람직하다는 결론을 내렸다.
차르 역시 일본이 중국에서 영향력을 확대하는 것을 견제할 방책을 마련
하는 것을 조건으로 이즈볼스키의 견해에 동조하였다.28)

---

26) РГИА. Ф. 1276. Оп. 20. Д. 39. Л. 161-169: Особый журнал заседан
　　ия совета министров 28 ноября 1909 г. По всеподданней щему
　　докладу Мин.Фин. по поездке на Дальный Восток осенью 1909 г.
27) АВПРИ. Ф. Миссия в Пекине Оп. 761. Д. 1061. Л. 77-79: Письмо Н.А.
　　Малевского-Малевича Извольскому о перспективах присоединен
　　ия россии к японо-американскому соглашению, 11 декабря 1908 г.

이에 수상 스톨리핀이 주재한 특별위원회에서는 1909년 11월 28일 주러 미국대사 록힐과 일본공사 모토노(本野)가 러시아정부에 제출한 제안서 관련 논의가 시작되었다. 아울러 코코프쵸프가 페테르부르크로 돌아온 후, 작성한 그의 극동순방 결과보고서 역시 논의의 대상이 되었다. 이날 회의에서 이즈볼스키와 코코프쵸프는 록힐의 제안을 거부하고 대일접근을 지지하고 나섰다. 이즈볼스키의 주장에 따르면, "만일 우리가 미국의 제안을 거부한다면 아마도 당분간 미국과의 관계가 냉각될 수 있다. 그러나 미국은 이 문제에 대해 우리에게 선전포고를 하지 않을 것이며 하얼빈으로 군대를 파견하지도 않을 것이나 일본은 이 문제에 있어 훨씬 위협적일 수 있다"는 것이다. 이에 코코프쵸프 역시 그가 만주를 시찰하면서 그곳의 방위력이 비참한 지경에 놓여 있음을 알고 경악한 바 있었음을 밝히고 일본과의 공동보조를 취할 토대를 마련해야 할 필요성을 제기했다. 이에 육군상을 제외한 모든 각료들이 이즈볼스키의 의견에 동조하였으며, 동청철도를 자국의 관할 하에 두고, 원동지역의 자유무역항을 폐지하기로 한 결정을 재확인하며, 연해주의 방위를 강화하고, 어떠한 경우에라도 일본과의 충돌을 회피할 뿐만 아니라 일본의 대중국 정책에 동의하기로 결의하였다. 그 결과 동아시아에서 미국보다는 일본과의 협력이 필수적이라는 이즈볼스키의 주장이 특별회의에서 보다 광범위한 지지를 얻을 수 있게 되었다.[29]

---

28) РГИА. Ф. 1276. Оп. 5. Д. 610. Л. 1-5. 차르는 이즈볼스키의 상주서에 대해 다음과 같이 썼다. "본인에게는 이제 러시아가 어떠한 길을 선택해야 할지 명확해졌다. 이는 일본과의 긴밀한 협력관계에 들어가는 것이다."

29) 영국 외상 그레이(E.Grey) 역시 미국과 일본 가운데 자국의 동맹국을 선택해야 한다면 일본을 선택해야만 한다는 입장을 취하고 있었다. 비록, 미국이 잠재적인 열강이고 영국과 갈등이 없는 국가이지만 세력균형을 유지하는데 미국이 자신의 역할을 거부하기 때문에 영미앙탕트(Anglo-American entente)는 불가능하다는 것이다. E.W. Edwards, Great Britain and the Manchurian Railways Question, 1909-1910, The English Historical Review, Vol. 81. No. 321(1966), p.751.

그러나 대일접근론과 더불어 대미접근론 역시 러시아 정가에서 여전히 설득력을 확보하고 있었기 때문에 이즈볼스키의 구상은 즉각 실천에 옮겨지지는 못했다. 러일 양국이 협상체결을 통하여 만주를 양분하는 것을 적극 저지하고자 하였던 미 국무장관 녹스(P.C.Knox)는 1909년 12월 14일 러시아와 일본 양국정부에 양해각서를 발송하였는데, 이 문서에서 '만주철도의 상업적 중립화안'의 본연의 취지를 설명하고 이의 수용을 강력하게 요구했다. 그는 약 한 달 전 록힐이 이즈볼스키에게 제안한 바 있었던 "만주에 부설되었거나 부설 예정인 모든 철도를 국제 관할 하에 중국정부에 이관시키거나 직접 국제신디케이트의 관리 하에 두는 문제"에 대한 러일의 의향을 재차 타진하고 나섰던 것이다. 녹스의 견해에 따르면, 남만주철도는 포츠머스강화조약에 근거하여 러시아로부터 일본이 획득했지만, 조약 7조에서는 철도를 순전히 상업적 목적으로만 운용하기로 합의하였을 뿐만 아니라, 루트-다카히라 협정에서도 중국에서 상공업상의 기회균등 원칙을 지지하기로 약속했기 때문에 만주철도의 상업적 중립화는 너무나 타당하다는 것이었다.[30] 이는 만주철도를 국제신디케이트의 공동관할 하에 둠으로써 모든 국가의 상업상의 기회균등을 도모하자는 취지였으나 사실상 만주에서 러일의 기득권을 박탈하는 의미도 아울러 내포하고 있었다. 1909년 12월 20일 일본 외상 고무라는 주일 영국대사 맥도날드(Claude M. MacDonald)에게 우리가 엄청난 희생을 대가로 얻은 재산을 미국은 국제화시키려 한다고 비난한 것도 녹스의 계획을 간파한 결과였다.[31] 아울러 주일 미국대사 오브라이언도 "일본은 미국의 제안을 거부할 것이고 이에 대한 공식회신을 준비하고 있다"는 카츠라 수상의 입장을 보고하고 있었다.[32] 그러나 러시아에서는 미국의

---

30) The Secretary of State to Ambassador O'Brien, January 20, 1910, FRUS. 1909. pp.246-248.

31) E.W. Edwards, Great Britain and the Manchurian Railways Question, 1909-1910, The English Historical Review, Vol. 81. No. 321(1966), p.754.

제안을 둘러싼 동조자들과 반대파들 간의 논쟁이 언론의 지면을 통해 확대 재생산되면서 이즈볼스키 외상의 정책결정에 부담으로 작용하고 있었다.

1910년 무렵 러시아 정계의 특징은 보수우익의 영향력 확대를 꼽을 수 있는데, 이는 대내적으로 사회주의 혁명세력에 대항한 러시아와 독일 황제 간의 결속을 지지하는 러독관계 개선 및 러독협정체결 요구로 발전하고 있었다. 이들은 발칸에서 러시아외교의 실패가 전통적인 우호국인 독일과 결별하고 영국과 협정을 체결한 데서 그 원인을 찾고 이를 주도한 이즈볼스키의 사임을 요구하는 캠페인을 전개하고 있었다. 보수우익 성향의 『모스콥스키에 베도모스찌(Московские Ведомости)』 신문은 이즈볼스키가 일본의 한국병합을 인정함으로써 극동에서 러시아의 미래를 팔아버리고 평화를 구매하고자 한다고 비판하고 나섰다.[33] 반면 친정부 성향의 『노보예 브레먀(Новое Время)』지는 동아시아정책이 전반적인 러시아 대외정책 기조와 일치해야 한다는 문제를 제기함으로써 대일접근의 필요성을 설파했다. 대일접근을 통해 극동문제가 해결될 경우, 러시아는 근동지역에서 행동의 자유를 보장받음으로써 오스트리아와 독일에 대항할 수 있지만, 일본과 적대한다면 극동에서 전쟁이 발발할 경우 배후를 보장할 독일 및 오스트리아와의 관계 개선이 필요하며 이는 기존의 대외정책의 근간을 흔들어놓을 수 있다는 것이었다.[34]

이에 러시아 내부에서 동아시아정책의 파트너 선정을 둘러싼 논의가 분분한 가운데, 일본 외상 고무라는 만주철도중립화안에 대한 일본정부의 회답안을 주러 임시대리대사 오치아이 겐타로(落合謙太郎)에게 보내 이즈볼스키와 협의할 것을 지시했다. 이는 러일 양국이 만주에서 공통의

32) Ambassador O'Brien to the Secretary of State, January 8, 1910, FRUS. 1909. p.245.
33) Московские Ведомости, 12 дек. 1909.
34) Новое Время, 5 дек. 1909.

이익을 가지고 있기 때문에 격의 없는 의견교환과 러시아 역시 미국에 대한 회답안을 사전에 반드시 일본과 논의할 것을 그 전제로 하고 있었기 때문에 가능했다. 고무라의 대미회답안(對美回答案)에서는 미국의 만주철도중립화안을 수용할 수 없는 논거를 제시하였는데, 그 요지는 다음과 같았다. 첫째, 미국의 제안은 포츠머스조약의 조문들과 어긋난다. 둘째, 만주의 철도에 관해서만 예외적으로 중국의 여타 지역에서는 요구되지 않은 이 제안을 적용시킬 수 없다. 셋째, 국제적인 철도 운영체제는 장점을 발견하기 어려운 바, 경제성과 효율성은 본질적으로 긴급한 정치현안에 밀려날 수 있기 때문에, 책임을 나누는 일은 철도운용에 심각한 손상을 가할 수 있는 책임의 부재로 이어질 것이 명백하다. 넷째, 일본은 만주에 상당한 인력과 막대한 투자가 이루어지고 있기 때문에 이들을 보호하고 수호할 수단을 포기할 수 없다.[35] 요컨대 이는 미국의 만주철도 중립화안을 수용할 수 없다는 명백한 의사표현이며, 아울러 종전의 우호적인 미일관계가 대립국면으로 접어드는 분수령의 의미 또한 지니고 있었다.

1910년 1월 13일 차르정부의 특별각료회의에서는 미국정부가 제안한 '만주철도의 상업적 중립화' 방안에 대한 러시아의 회답안 검토가 이루어졌는데, 대미접근보다는 대일접근 방향으로 동아시아정책을 수립하기로 방침이 정해졌다.[36] 각료회의는 진아이철도(錦愛鐵道)의 부설과 만

---

35) The Minister for Foreign Affairs Count Komura to Ambassador O'Brien, Jan. 21. 1910. FRUS. 1909. pp.251-252; 美國ノ滿洲鐵道中立提議二對スル 我方ノ回答案ヲ 露局外相二內示方二關シ訓令ノ件, 日本外交文書 明治 第42卷, 第1冊, p.765. 고무라가 오치아이에게 보낸 이 회답안은 이후 약간의 수정을 거쳐 1910년 1월 21일 주일 미국대사 오브라이언에게 전달되었다.

36) РГИА. Ф. 1276. Оп. 20. Д. 40. Л. 149-151об.: Особый журнал заседания совета министров 30 дек. 1909 г. По рассмотрению проекта Правительству Соединенных Штатов на его предложение торго вой ней трализации маньчжурских железных дорог.

주에서의 여타 철도 매입과 부설을 위해 만들어질 국제금융신디케이트 설립에 대한 미국 측 제안에 대해 외무상으로 하여금 재무상과 협의 후 러시아 측의 수정안 작성을 요청하면서 논의가 시작되었다. 먼저 이즈볼스키는 자신은 적극적인 동아시아정책론자가 아님을 밝힌 후, 동청철도와 같은 거대한 러시아 기업을 국제신디케이트에 이관하는 것은 피땀을 흘려 부설한 러시아 인민의 희생을 져버리는 것으로 훗날 자손들이 현 정부를 비난할 것임이 틀림없다는 견해를 피력했다. 외무상의 의견에 따르면, 주러 미국대사 록힐은 철도의 중립화가 러일 양국 간의 완충역할을 함으로써 만주에서 러일 간의 갈등을 해소하기 때문에 러시아에 유리하다고 언급했지만, 한국에서의 일본 상황을 감안할 경우, 러시아의 극동지역 영토를 위협할 전진기지가 되고 있다는 점을 간과해서는 안 된다고 강조했다. 이에 그는 만주에 남아있는 일본인들이 러시아로 진출하는 것을 상정할 수 있기 때문에 만주철도의 중립화는 단지 위험성만 극대화시킬 것이라고 지적했다. 따라서 미국의 제안을 거절한다면, 일본 역시 그들이 포츠머스에서 획득한 가장 중요한 전리품을 빼앗으려는 미국에 대한 반감으로 선회할 것임으로, 이는 정치적으로 러시아에게 유리하다는 견해를 제시했다.[37]

만주의 중립화에 대한 미국의 제안을 반대해야 할 근거로 이즈볼스키가 제시한 논거는 다음과 같았다. 첫째, 일본은 국제신디케이트에 남만주철도(南滿洲鐵道)를 양보하지 않을 것이며 이는 일본정부와 비밀의견교환을 통해 확인되었다. 둘째, 이제까지 동청철도는 우리의 원동지역을 연결하는 간선도로이므로 아무르철도가 완공될 때까지 상황이 상당히 변화할 가능성이 있다는 점을 감안하여 동청철도의 매각문제는 더 이상 거론하지 말아야 한다는 것이 그 요지였다. 이에 재무상 코코프쵸프 역시 미국이 추진중인 진저우(錦州)와 아이훈(愛輝)을 잇는 진아이철도 부

---

37) Там же.

설은 동청철도에 매우 불리한데, 이 새로운 노선이 몽골 동부에서 적재되는 우리의 철도화물을 빼앗아 갈 뿐만 아니라 국제우편 및 여객운송이 새로운 노선을 이용할 가능성이 높다는 것이 그 논거였다. 육군상도 진아이철도의 전략적 의미를 분석한 후, 이는 남쪽으로부터 러시아를 침략할 수 있는 남만철도와 더불어 제2의 노선을 열어주는 의미로써 블라고베센스크(Благовещенск) 지역에 러시아의 강력한 요새 건설을 요구함으로써 추가적인 방위비용이 소요된다고 하였다. 이에 각료회의는 미국의 '만주철도중립화안'에 반대하는 이즈볼스키의 대미회신안을 승인하고 재무상에게 진아이철도 계획이 러시아에 어느 정도 악영향을 끼칠 것인지에 대한 자료 수집과 분석을 위임하기로 결정하였다.

이 같은 상황에서 재무상 코코프쵸프에게 보낸 주청 러시아상무관 고이에르(Л. Фон Гой ер)의 보고서는 만주에서 러시아의 동맹국을 일본으로 결정하는데 주요한 지침이 되었다.[38] 그의 보고서에 따르면, 현재 러시아는 지정학적 위치 때문에 매우 유리한 입장에 있지만 미국과 일본 사이에서 선택이 늦어질수록 자국에 불리하다고 지적했다. 러시아의 상황은 극동에서 영향력을 행사할 입장이 아니며, 선택이 늦어지면 늦어질수록 열강은 극동문제에서 러시아를 배제시킨 채, 현안들을 처리하게 될 것이라고 하였다. 이에 그는 대일접근론을 옹호했다. 그가 주장한 주요 논리는 녹스의 '만주철도의 중립화'안의 비현실성이다. 그는 이익이 나지 않는 사업에 대해 투자할 엄청난 자본을 어떻게 찾으며 그 손실은 어떻게 감당할 것인지에 대해 회의적이었으며 녹스의 계획은 재정적 측면에서 위기에 취약한 구조를 지녔다고 파악하였다. 그리고 일본은 한국의 배후지역인 선양(沈陽)과 지린을 한국의 연장으로 간주하고 있기 때

---

38) Отрывок из донесения Л. Фон Гой ера министру Финансов В.Н. Коковцову о возможных союзниках России в Маньчжурии, 19 января 1910 г. Россия и США: Дипломатические Отношения, 1999. C.146- 149.

문에 이를 포기하는 것은 새로운 전쟁에서 패배하였을 때나 가능하다고
하였다. 러시아의 경우, 아무르철도를 완공하기 전에 동청철도를 양도하
는 것은 유럽러시아와 극동지역을 분리하는 것이기 때문에 녹스의 제안
은 수용하기 불가능하다는 것이었다.

이에 그는 다음과 같은 결론에 도달했다. "만일 일본이 평화에 대한
진정성을 보장해주고 가까운 장래에 러시아를 적대하지 않을 것임을 증
명해준다면, 일본과 협약을 체결하는 것이 미국의 그것보다 훨씬 유리하
다"는 것이었다. 그 사례로 러시아에게 치명적인 '길회철도'를 포기한다
면 평화에 대한 일본의 보장을 신뢰할 수 있다고 강조한 것을 들 수 있
다.[39] 따라서 러일 간의 신협약이 체결된다면 길회철도의 부설은 포기
되든가 혹은 상당기간 늦춰져야만 했다.

그 결과, 미국의 만주철도중립화안에 대해 1910년 1월 21일 러일 양
국은 공동으로 거부의사를 표명한 각서를 전달하기에 이르렀다.[40] 러시
아외무성이 주미대사관에 통보한 각서의 요지는 다음과 같다. 첫째, 러
시아는 현재 만주에 대한 중국의 주권과 이 지역의 문호개방에 대해 어
떠한 위협도 없다고 판단하고 있기 때문에, 미국이 이러한 계획을 제기
한 배경이 궁금하다. 둘째, 미국정부가 제안한 만주철도의 국제관리 운
영체제는 수익성이 떨어진다. 셋째, 동청철도는 80년간 조차했지만 36년
이 지나면 중국정부에 매각할 수 있도록 하였기 때문에, 아직 30년이 남
은 상태에서 자신의 권리를 포기할 것을 종용하는 것은 불공정하다. 넷
째, 동청철도는 만주의 교통발전과 천연자원 개발이라는 단순한 목적뿐
만 아니라 러시아의 극동지역을 연결하고 이곳에 러시아상품을 수송하

---

39) Там же.

40) Телеграмма А.П.Извольского И.Я.Коростовецу об американском
    предложении "коммерческой ней трализации" железных дорог в
    Маньчжурии, 21 января 1910 г. Россия и США: Дипломатические
    Отношения, 1999. С.155-156.

는 일과 같은 러시아에게 매우 중요한 국가적 과업을 수행하고 있다. 이
는 미국의 만주철도중립화안에 대한 러시아의 회답안 검토를 위해 개최
된 각료회의의 논의사항을 정리하고 있으나, 동청철도는 러시아의 국익
을 위해 존재하기 때문에 결코 중립화시킬 수 없다는 결연한 의지를 천
명한 것이다.

4. 제2차 러일협약체결(1910)과 일본의 한국병합

대미회답안을 둘러싼 러일 간의 협조는 양국관계를 공식화하기 위한
협약체결의 토대가 되었다. 일본은 러시아와 동맹조약을 체결하여 만주
에서 양국의 이해를 보호하고, 중국에서 양국의 이익을 극대화하고자 하
였던 반면, 러시아는 극동의 현상유지와 미국의 만주문제 개입에 대한
러일공동 대응에 합의하는 협약체결을 원했다. 그러나 러시아는 동아시
아정책의 우선 순위가 현상유지에 있었기 때문에 일본과의 동맹관계 수
립을 회피하였으며, 일본의 동맹국이 되어 그들의 중국 침략을 지지해야
만 하는 부담에서 벗어날 뿐만 아니라 동아시아의 정국안정을 통해 유럽
과 발칸문제 해결에 집중하고자 하였다.

러시아가 연해주의 방위와 발칸문제 해결을 위한 극동정세의 안정화
가 대일접근의 목적이었다면, 일본의 대러접근은 미국에 대항한 러일 간
의 군사동맹 수립을 목표로 하고 있었다. 1910년 2월 25일, 주한 러시아
총영사 소모프는 일본정부가 미 국무장관 녹스의 계획에 반대입장을 분
명히 한 후, 마산포에 대한 시설확충에 매진하기 시작했음을 보고했다.
러시아와의 공조체제 구축을 통해 종래의 대미종속 구조에서 탈피하기
로 결정한 일본정부는 이제 해군력 강화정책에 박차를 가하기 시작했다.
일본은 러시아를 압박하기 위해 간도협약을 통해 획득한 길회철도의 부

설보다는 대미전쟁을 염두에 둔 정책변경에 착수하였다. 소모프의 보고
서에 따르면, 1909년 순종과 함께 마산포를 방문한 이토 히로부미가 "진
해만은 세계에서 가장 중요한 곳이며 한일 간의 특별한 관계를 염두에
둘 경우, 마산포는 일본의 방위라는 측면에서 최우선의 의미를 부여할
수 있으며, 이 항구를 점령하는 열강은 한국과 일본에 대한 지배권을 확
보하게 될 것"이라고 연설한 바 있다고 한다.[41] 이에 소모프는 일본정부
가 뤼순항을 통상항구로 전환시키기로 결정한 동시에 마산포를 일본해
군의 새로운 군항으로 선정한 것은 첫째, 마산포는 모든 면에 있어 뤼순
항을 능가하며 정박이 용이할 뿐만 아니라 부속도서로 둘러싸여 있기 때
문에 최소한의 설비만 갖추면 적국 함정의 접근이 거의 불가능하며 둘
째, 중국 및 러시아에 의한 배후로부터의 침공 역시 뤼순항에 비교할 경
우 훨씬 안전하기 때문이라고 분석하였다. 따라서 일본이 진해만의 시설
확충을 위해 이미 막대한 자금을 투여하였으며 향후 30년 이상 지속적
인 확충사업을 해야만 함에도 불구하고 일본정부가 이 사업에 매진하는
것은 대륙진출의 거점강화뿐만 아니라 향후 태평양의 패권을 둘러싼 미
일 간의 대립에 대비하기 위한 사전포석이기도 하였다. 이에 소모프는
일본의 이러한 계획이 청진이나 러시아 국경으로부터 일본이 관심을 돌
리도록 유도함으로써 종전의 북진론이 남진론을 대체하게 될 것으로 판단
하였다.[42]

　일본이 미국의 만주정책에 정면 반대하고 대미전쟁을 염두에 둔 해군
력강화정책에 매진하게 됨에 따라, 러일 양국은 공조체제를 공고히 하기
위한 외교교섭에 본격 착수하게 되었다. 이에 이즈볼스키는 1910년 3월
5일 주일공사로 하여금 일본 외무상에게 러시아정부는 만주에서 양국의

---

41) РГАВМФ. Ф.418. Оп.1.Д.1012. Л. 8-9: Секретная депеша Д.С.С.Сомов
　　а. 12 февраля 1910 г.
42) Там же.

이익을 보호할 목적에서 1907년 협정을 보완하는 새로운 정치협정 체결을 고려 중임을 전달토록 지시했다. 아울러 미국의 철도중립화안을 수용하여 러시아에 손해를 끼치려 한 중국에 대해서도 적극 대응하기로 정책변경을 하였음을 스톨리핀에게 보고하였다. 1910년 3월 14일 러시아 외무성이 러시아의 조약권을 침해한 중국의 사례집을 작성하여 다음날 각료회의에 제출한 것도 이 같은 대중국 정책전환의 산물이었다. 이는 기존의 대중국 양보정책에서 만주와 외몽골에서 중국이 러시아에 양여한 권리의 준수를 강력하게 요구하기로 외교정책을 변경하기로 결정하였음을 의미했으며, 이 경우 중국에 대한 강경정책의 실현은 일본의 협력 없이는 불가능하기 때문에 일본과의 긴밀한 결속이 필수적이라고 결론지었다.43)

이즈볼스키가 제2차 러일협약 체결에 본격 착수함에 따라 한국문제가 초미의 관심사가 되었다. 주러 일본공사 모토노는 일본의 한국병합을 러시아가 인정하고 동아시아에서 양국의 이익을 보전하기 위해 양국 간의 군사동맹 체결을 요청하고 그 대가로 몽골을 러시아의 세력권으로 인정하는데 동의하였다. 반면 이즈볼스키는 일본의 한국병합을 러시아가 인정할 경우, 예상되는 여론의 반발을 고려하지 않을 수 없었다. 1908년 발칸반도의 보스니아와 헤르체고비나를 오스트리아가 병합하려 할 때, 오스트리아로부터 아무런 보상도 받지 못한 채, 1909년 3월 오스트리아-독일 연합군과 전쟁 직전의 위기로까지 몰렸던 근동외교의 실패경험을 되풀이 하지 않고자 하였다. 그러나 1년 전의 근동의 상황과 1년 후의

---

43) Бестужев И.В. Борьба в России по вопросам внешней политики 1906-1910. М.(1961). С.378. 한편 1910년 3월 19일 일본의 고무라 외상 역시 러시아와 신러일협약 교섭에 관한 협상방침을 도쿄에 체재중이던 모토노 공사에게 훈령하고 이와 관련된 각의 결정사항을 통보함으로써 양국 간의 교섭은 급물살을 타게 되었다.(滿洲ニ於ケル特殊利益擁護ニ關スル日露協約商議方ニ關シ訓令ノ件, 日本外交文書 明治 第42卷, 第1册, 8.

극동의 상황은 거의 동일하였고 만주와 한국문제는 발칸문제처럼 이즈볼스키에게 큰 부담이 되고 있었다. 더욱이 이즈볼스키의 러일협약체결 정책은 일본에 대한 복수전을 주장하는 우익성향의 정치가들과 러일 간의 전쟁위기를 고조시키고 있던 독일로 인해 지체되게 되었다. 제2차 러일전쟁이 발발할 경우, 영국으로부터 지원을 기대할 수 없는 러시아는 3국 앙탕트 진영에서 탈퇴하여 독일에 접근하게 될 것이고 이는 과거의 독일, 오스트리아, 러시아의 3제동맹(三帝同盟, Three Emperors' Alliance)을 부활시킬 수 있었기 때문이었다. 또한 러일관계를 악화시키려는 독일의 시도는 주일 러시아공사관의 주요 감시대상이 되고 있었다. 이미 1910년 2월 23일 주일공사 말렙스키-말레비치는 독일신문『도이치 엑스포트 리뷰(Deutsche Export Revue)』가 최근 러일 간의 충돌 가능성에 대한 기사를 보도했기 때문에 공관의 무관으로 하여금 이 신문의 요코하마 주재 특파원 알베르트(Albert)에 대한 비밀감시망을 구축하고 누가 알베르트로 하여금 이 같은 기사를 송고하게 했는지를 알아보도록 지시했음을 보고한 바 있었다.[44] 그 결과, 이즈볼스키는 주일대사 말렙스키-말레비치에게 일본의 유력인사들에게 현상유지정책을 수용하는 것이 바람직하며 이는 한국의 병합이 러시아에서 바람직하지 않은 인상을 남기고 극우주의자들의 반발을 초래할 수 있기 때문에 기대하는 협정체결에 적지 않은 어려움을 야기할 것임을 설득하라고 지시하기에 이르렀다.

그러나 한국의 지위와 관련된 러시아의 현상유지정책에 대해 일본은 한국병합을 기정사실화하고자 하였다. 이는 주일공사 말렙스키-말레비치가 1910년 4월 7일자 보고에서 인용한『Japan Daily Mail』의 기사에 반영되어 있었다. 신문에 따르면, "한국문제를 결정적으로 해결하려는

---

44) РГАВМФ. Ф.418. Оп.1. Д.1021.Л.1-2.: Секретная депеша Малевского-Малевича 23 фев. 1910 г. 또한 주일공사는 향후 러시아와의 일전에 대비하여 간도 근방에서 일본군의 전력증강이 이루어지고 있음을 보고하고 이는 일본과의 전쟁 직전의 상황은 아니라는 주일무관의 견해를 덧붙였다.

일본의 시도는 만주철도를 중립화하려는 미국의 제안에서 비롯된 결과 가운데 하나로, 일본은 열강이 한국의 중립을 제안할 가능성에 대해 우려하고 있었다는 것이다. 그러나 한국문제는 조만간 해결될 것이며, 러시아 사회여론이 향후 극동의 현상변경에 대해 돌발적인 사안이라기보다는 이미 포츠머스에서부터 예견된 자연스러운 사태진전으로 받아들일 준비를 하도록 하는 일이 급선무라는 것"이었다.45) 결국 1910년 5월 6일 말렙스키-말레비치는 일본이 조속한 시일 내에 한국을 병합하기로 결정하였음을 보고하였고 며칠 후 러시아 각료회의에서 원칙적으로 일본의 조건을 수용하기로 결정하였다.46) 이 같은 결정을 내린 원인에 대해 훗날 트루베츠코이 공(Князь С.Н.Трубецкой)은 다음과 같이 언급했다. 문제는 일본이 러일협약이 결렬될 경우, 전쟁을 도발하기 위해 한국과 만주에서 병력증강을 지속할 것이기 때문에, 이에 대응할 상황에 있지 못했던 러시아는 양보를 해야만 했다는 것이었다.47)

그렇다면 한국병합을 둘러싸고 러일 간의 논의가 진행되고 있을 때 한국은 어떻게 대응했을까? 이는 1910년 6월 22일 상하이 주재 러시아 상무관 고이에르가 주일 러시아대사에게 보낸 보고서에 잘 나타나 있다.48) 그의 주요 보고 사항은 고종의 블라디보스토크 망명계획과 제2차 러일협약 체결을 앞두고 러시아의 황제가 일본의 한국병합을 승인하지 말도록 요청한 고종의 편지와 관련이 있었다. 보고서에 따르면, 며칠 전 현상건(玄尙健)이 전직 한국군 대령 이갑(李甲)을 대동하고 고이에르를

45) РГИА. Ф. 1276. Оп. 6. Д.504. Л. 68-69. Депеша Малевского-Малевича из Токио 7 апреля.25 марта 1910 г.

46) Бестужев И.В. Борьба в России по вопросам внешней политики 1906-1910. М.(1961). С.379.

47) Русская мысль. 1910. № 11. С.173.

48) Донесение Агента Министра Финансов в Шахае Гой ера послу в Токио от 9 июня 1910 г. Корея глазами Россиян(1895-1945), М., 2008. С.119-223.

찾아와 고종이 조만간 블라디보스토크로 망명할 계획을 가지고 있다는 소식을 전달했다는 것이다. 이갑의 전언에 따르면, 고종은 이전부터 해외망명을 계획했으나 2가지 사유로 인해 계획의 실행을 미루고 있었다고 한다. 하나는 해외체재 비용에 쓸 비자금이 현재 다른 사람의 이름으로 되어있으며, 다른 하나는 일본에 볼모로 가 있는 영친왕의 모친이자 황비(皇妃) 역할을 하던 순헌귀비 엄씨(純獻貴妃 嚴氏)가 아들의 신변안전을 이유로 말렸기 때문이라는 것이었다. 그러나 이제는 상황이 변하였기 때문에 고종은 약간의 도피자금만 마련된다면 망명을 하고자 하였다고 한다. 고종은 해외에 비밀조직을 구성하고 있는 한인들이 있고 그 조직의 수장이 바로 자신이기 때문에 이들이 망명생활에 필요한 비용을 지원할 것이라며, 최근 들어 순헌귀비 엄씨에게 망명계획에 대해 언급한 적이 없기 때문에 망명 실행 역시 엄비에게 알리지 않고 단독으로 감행하고자 하였다고 한다. 아울러 임시내각총리대신 사무를 보게 된 박제순(朴齊純)[49]이 그 계획을 돕고 있는 주요 인물이며 고종은 이범윤과 함경도지역 의병의 도움을 받을 수 있는 북쪽으로 혼자 도망쳐 궁극적으로 국경은 넘어 블라디보스토크에 머물고자 한다는 것이었다. 만일 최악의 경우, 고종을 정치범으로 취급되더라도 그는 러시아에 대한 믿음을 가지고 있기 때문에, 마치 러시아의 정치범들이 일본에서 도피처를 찾듯이, 그 역시 러시아 영토에서 도피처를 찾을 수 있다고 판단하고 있다는 것이다.

또한 이갑은 고종으로부터 친필로 쓴 편지를 러시아황제에게 전달하는 임무를 부여받았음을 알려왔다고 하였다. 고종의 친필서신의 주요 내용은 "최근 러일 간에 협약이 체결될 것이고 협약조건 가운데 하나가 일본의 한국병합에 대해 러시아가 동의할 것이라는 소문이 유포되고 있으나, 고종은 이 소문을 믿을 수 없고 러시아 황제는 한국의 보호자라는

---

49) 『순종실록』3년, 5월 20일.

생각을 버리지 않을 것이며 불행하게 노예가 된 민족에 대한 측은함 때
문에 러시아의 황제는 한국을 폐멸시키는데 동의하지 않을 것이라고 생
각하고 있다"는 것이었다. 이에 이갑은 이 편지를 주일 러시아대사에게
전달해줄 것을 요청했으나 고이에르는 이 같은 기밀서신이 주일 러시아
대사를 곤란한 상황에 빠지게 할 수 있다고 우려하여 이를 거절하였다.
결국, 보고서에 따르면 이갑은 간도로 출발하여 블라디보스토크를 거쳐
페테르부르크에 당도하여 러시아 외무성을 방문하기로 결정하였다[50]고
한다. 그러나 우리는 그 결과에 대한 자료는 갖고 있지 않다.[51]

결국 1910년 7월 4일 상트페테르부르크에서 이즈볼스키와 모토노간
의 제2차 러일협약이 체결되었다. 이 협정은 미 국무장관 녹스의 '만주
철도중립화'로 표출된 미국의 만주정책에 대항하여 러일 양국이 공동전
선을 구축하는 의미를 지닌 것이었다. 일본은 러시아와 공식적인 동맹체
결에 대한 그들의 제안을 포기한 반면 공개한 협정내용은 현상유지에 관
한 언급과 더불어 1907년도 협정내용을 반복하고 있었다. 한편 러시아
는 전반적으로 양보의 기조를 유지했으며 제2차 협정의 핵심내용이 담
겨있는 비밀조문에서 향후 상대측의 특별 이익을 강화하고 발전시키는
데 있어서 어떠한 반대도 하지 않기로 결의하고 일본의 한국병합을 반대

---

50) Донесение Агента Министра Финансов в Шахае Гойера послу в
Токио от 9 июня 1910 г. Корея глазами Россиян(1895-1945), М., 2008.
C.119-223.

51) 러시아 자료에 의하면, 고종은 1908년 말부터 해외망명을 시도하였으며, 러시아
외무성 역시 중국을 통하여 이 계획을 알고 있었다. 그러나 당시 러시아 외무상
이즈볼스키는 고종이 일본의 감시망을 뚫고 탈주하려는 계획에 대해 부정적인 입
장을 취하고 있었으며, 이러한 시도의 결과가 고종 자신과 한국에게도 치명적인
결과를 가져올 수 있다는 명분으로 이와 관련된 어떠한 접촉도 금지할 것을 주한
러시아총영사에게 지시하였다.(Секретная телеграмма российского
посла в Токио Извольского генконсулу в Сеуле Сомову от 11 ноября
1908 г.Архив внешней политики Российской империи Ф. Японский
стол, Опись 493, Д. 18. Л.31.)

하지 않기로 약속하였다. 아울러 러시아는 동아시아에서 러일 양국의 특수이익에 대한 위협이 발생했을 때 일본과 더불어 공동행동을 취하기로 합의하였다. 그 대가로 일본은 몽골과 북만주가 러시아의 특수이해 지역임을 인정하였다.[52] 따라서 제2차 러일협약은 러시아에게는 한국을 몽골과 교환하였음을 의미했다. 러일전쟁의 패전에도 불구하고 한국의 독립원칙을 지지함으로써 일본의 대륙진출을 저지하고자 한 러시아는 동아시아정책의 보루였던 한국을 포기하는 대가로 몽골을 확보하기로 결정하고 말았다.

러일협약이 체결된 지 한 달 후, 1910년 8월 16일 통감 데라우치 마사다케(寺内正毅)는 총리대신 이완용에게 합병조약안을 제시하고 수락을 독촉하였으며, 8월 22일 데라우치와 이완용 사이에 합병조약이 조인되기에 이르렀다. 그 결과, 한국과 몽골의 교환을 통해 일본과 우호관계를 확립한 차르정부는 동아시아정책을 본격화하면서 시종일관 고수했던 "일본의 대륙진출 저지"라는 원칙을 포기하기에 이르렀으며, 대한해협을 경계하여 전개된 양국 간의 대립과 협력 관계는 이제 그 무대를 동아시아 대륙으로 옮겨 재현하게 되었다.

5. 간도문제와 만주의 문호개방 지지자와 반대자

위의 논의를 통하여, 러일전쟁 이후 만주를 둘러싼 미일 간의 대립구도가 '간도 및 만주 관련 청일협약'(1909.9.4.), 제2차 러일협약(1910.7.4.), 한일병합(1910.8.29.)을 일관하는 핵심적인 분석틀임을 알 수 있었

---

52) Гримм Э.Д. Сборник договоров и других документов по истории международных отношений на Дальнем Востоке. М.1927, С.176-177.

다. 미국의 태프트 행정부는 일본이라는 한 나라에 의한 독점적인 만주지배를 용인하지 않으려 하였으며, 일본은 러시아와의 공조체제 수립을 통해 이에 대항하고자 했다. 러시아는 그 와중에서 극동지역의 안전을 보장받는 대가로 일본의 한국병합을 묵인하게 되었다. 이에 '간도 및 만주 관련 청일협약(1909.9.4)' 체결로부터 한일병합에 이르는 시기를 국제관계의 거시적 시각에서 3시기로 구분하여 정리해보면 다음과 같다.

제1기는 '간도 및 만주 관련 청일협약' 체결로 야기된 미일러(美日露) 간의 만주문제를 둘러싼 새로운 국제관계의 형성기이다. 이 시기에는 미국이 소위 간도협약에 강력한 이의를 제기하면서 만주문제에 개입함으로써 기존의 남만주와 북만주로 양분되었던 2국체제가 미일러의 3각체제로 변환되는 시기였다. 미국은 간도에 대한 영유권 주장을 포기하는 대가로 남만주에서 경제적 권익을 획득한 일본에 대해 만주를 독점하고자 기도하는 것으로 간주하고 이를 적극적으로 저지하고자 하였다. 한편 러시아는 일본이 간도협약을 통해 획득한 길회철도 부설권이 향후 러시아의 극동지방 방위에 심대한 위협이 될 수 있음을 우려함으로써, 미일러 3국은 '간도 및 만주 관련 청일협약'으로 초래된 만주의 현상변경을 해결할 해법 마련에 고심했던 시기였다. 만주문제에 대한 미일러 간의 3각 구도는 만주의 문호개방을 둘러싼 미일 간의 대립이 주축을 이룸으로써, 이 문제를 해결하기 위해 미일 양국이 러시아를 자국편으로 끌어들이고자 다양한 시도가 이루어졌던 시기였다. 간도에 통감부 파출소 설치를 주도했던 이토 히로부미가 대러 화해를 위해 하얼빈을 방문한 것도 미국의 대일간섭이 주요 원인이었다.

제2기는 1909년 11월 미 국무장관 녹스(P.Knox)가 일본의 만주독점 기도를 좌절시킬 대안으로 '만주철도의 중립화안'을 제기하자, 만주에서 기득권세력이었던 일본과 러시아가 자국의 특수이익을 옹호하기 위해 상호 접근이 촉진되었던 시기였다. 이는 '간도 및 만주 관련 청일협약'

체결 직후 형성되었던 미일러 3각 구도가 한편으로는 미국이 다른 한편
으로는 일본과 러시아의 공조체제로 분리되는 양대 구도로 전환되는 시
기이기도 하였다. 만주철도의 상업적 이용에 관한 포츠머스 강화조약 제
7조와 루트-다카히라 협정의 상업상의 기회균등 규정에 의거, 녹스가 제
안한 '만주철도의 상업적 중립화안(The Neutralization of all the railways
in Manchuria)'은 국제자본신디케이트가 만주철도를 매입하고 이를 열강
이 공동 관리하자는 구상이 그 핵심이었는데, 그 본질은 남만주와 북만
주를 각각의 세력권으로 확보하고 있던 일본과 러시아를 축출하고 달러
외교(Dollar Diplomacy)를 통해 미국이 만주철도를 관할하려는데 있었
다. 일본은 미국의 '만주철도중립화안'이 러일전쟁에서 막대한 희생을
치르며 얻어낸 사실상의 유일한 전리품이었던 남만주가 열강이 공동 관
할하는 중립지대로 변모될 것을 우려했던 반면, 러시아는 미국과 협력하
여 만주를 중립화시킬 경우, 일본의 북진정책의 방향이 만주가 아닌 연
해주로 전환될 것을 우려하였다. 아울러 동청철도가 중립화될 경우, 러
시아 본토와 연해주를 연결하는 주간선 노선의 상실을 우려하여 미국보
다는 일본의 접근을 받아들이게 되었다. 따라서 미국의 대청차관을 통해
청국이 만주의 모든 철도를 매입하고 이를 순수하게 상업적으로만 이용
하자는 녹스의 계획은 만주에서 기득권을 보호하려는 러일 양국의 이해
를 일치시키는 결과를 초래하고 말았다.

　제3기는 미국의 '만주철도중립화안'에 대한 러일의 공동 대응이 협약
의 형식으로 공식화되는 단계인데, 1910년 3월부터 본격화된 제2차 러
일협약 교섭시기부터 동년 8월 29일 한일병합조약의 선포에 이르는 시
기까지가 여기에 해당된다. 일본이 미국의 제안에 분명한 반대 입장을
표명함으로써 미일관계는 대립국면에 접어들게 되었고, 그들은 러시아
와 군사동맹수준의 협정체결을 원하였다. 반면, 러시아는 동아시아에서
의 현상유지와 미국의 만주문제 개입에 대한 러일 공동 대응에 합의하는

수준의 협약체결을 원했다. 러시아는 동아시아정책의 우선 순위가 현상 유지에 있었기 때문에 일본과의 동맹관계 수립을 회피하고자 하였는데, 일본의 동맹국이 되어 그들의 중국 침략을 지지해야만 하는 부담에서 벗어날 뿐만 아니라 동아시아의 정국안정을 통해 유럽과 발칸문제 해결에 전력을 집중할 수 있었기 때문이었다. 그러나 러시아는 일본이 간도협약을 통해 획득한 길회철도가 향후 연해주 방위에 끼칠 위험성을 절감하였고 결국 블라디보스토크와 연해주의 안전을 담보하기 위해 대일협상에 착수하게 되었다. 한국의 지위변경에 동의하는 대가로 일본은 몽골과 북만주가 러시아의 특수이해 지역임을 인정하는 대신 러시아로부터 일본의 한국병합을 묵인한다는 약속을 받아냈다. 결국 제2차 러일협약은 한국과 몽골의 교환을 의미하기도 한다.

그러나 일본은 간도문제를 통해 러시아와 협약체제를 수립하고 한국을 병합했지만, 이는 미일 간의 대립관계를 해결한 것은 아니었으며, 궁극적으로는 미일 간의 전쟁위기의 맹아를 배태하는 계기가 되고 말았다. 한일병합이 선포된 지 채 1년도 되지 않은 1911년 7월 13일에 조인된 제3차 영일동맹조약(第3次英日同盟條約)에서 일본의 동맹국이었던 영국이 미일 간의 전쟁을 상정하여 기존의 영일동맹의 적용범위를 명백히 하고자 한 것도 바로 이 같은 미일 간의 대립국면이 해소되지 않았기 때문이었다. 이 조약의 골자는 영국이 추진 중인 미국과의 중재재판조약(仲裁裁判條約)이 성사될 경우, 동맹국의 일방과 중재재판조약을 체결한 국가에 대해서는 이 동맹조약(同盟條約)의 적용을 배제한다는 것이었다.[53] 따라서 일본의 한국병합이 미국의 동아시아정책에 정면 도전하는 과정에서 체결된 러일협약의 결과였다면, 한국의 해방은 러일관계가

---

53) Fredrick R. Dickinson, "Japan debates the Anglo-Japanese Alliance: the second revision of 1911", The Anglo-Japanese Alliance, 1902-1922(Ed. Phillips P. O'Brien), London, 2004, pp.106-110.

악화되고 미일 간의 전쟁에서 미국이 승리할 경우 기대할 수 있는 구조
가 형성되었다.

제4장 제3차 러일협약과 내몽골 분할문제(1912)

1. 만몽(滿蒙)문제와 발칸문제의 연동

이 장에서는 동아시아에서 제국주의시기 열강에 의한 영토분할의 대표적인 사례 가운데 하나인 러시아와 일본의 내몽골 분할협정(1912.7.8.)의 체결과정을 고찰하고 그것이 세계사에 끼친 영향을 분석하고자 한다. 러일 간의 내몽골을 동서로 분할하게 된 배경에는 러일전쟁(1905) 이후 몽골의 독립시기(1911)까지 한반도, 만주, 몽골문제에 깊숙이 개입한 러시아의 동아시아 정책이 있었다. 러일전쟁의 패전국인 러시아가 동아시아에서 자국의 이익을 수호하기 위해 군사력이 아닌 타협과 협상의 방식을 채택한 것은 쓰시마해전(1905.5.28.-29.)에서 제2태평양함대가 전멸한 사태에서 그 원인을 찾을 수 있다. 러시아 해군력의 공백상태는 연해주의 방위뿐만 아니라 발트해에 연해 있는 수도 페테르부르크(C.Петербург)의 안전까지 위협받는 상황을 초래했기 때문이다. 따라서 러시아는 군사력을 복원할 때까지 대외전쟁을 회피해야만 했기 때문에, 동아시아 문제에서 일본과 타협과 협상을 통해 자국의 이익을 지키고자 하였다.

러일 간의 내몽골분할협약은 이러한 중요성에도 불구하고 기존 연구는 거의 없다. 다만 일본의 요시무라 마치오(吉村道男)[1]와 국내의 배경

---

1) 吉村道男, 「第三回日露協約成立前後 -露蒙協約との關連において-」, 『國際政治』, 31號, 1965. 요시무라는 종래에 언급되었던 내몽골 분할을 다루고 있는 제3차 러

러일의 내몽골 분할지도(1912)[2]

한 교수의 성과[3]가 이 주제의 연구공백을 부분적으로 메워주고 있는 실
정이다. [7]요시무라는 외몽골의 독립과 러몽수호협약(露蒙修好協約)체결
(1912.11.3.) 전후의 정세에 초점을 맞춰 주로 일본의 대만몽(對滿蒙)정
책을 살피고 있다. 배 교수는 신해혁명을 전후한 티베트와 몽골의 독립
요구와 그에 대한 중화민국의 대응을 검토하고 변방의 독립이 가지고 있

일협약(第3次露日協約)을 촉진시킨 요인을 다음의 3가지로 소개하고 있다. 1) 미
국을 중심으로 하는 4국차관단(四國借款團)의 만주진출, 2) 러시아의 북만주 병합
기도, 3) 신해혁명기의 외몽골의 독립이 그것이다.

2) 출처: Yoshihisa T. Matsusaka, "Imagining Manmō: Mapping the Russo-Japanese
Boundary Agreements in Manchuria and Inner Mongolia, 1907-1915", *Cross-
Currents: East Asian History and Culture Review, E-Journal No. 2 (March 2012)*

3) 배경한, 「동아시아 역사속의 신해혁명 - 공화혁명의 확산과 동아시아 국제질서의
재편-」, 『東洋史學研究』, 제117집, 2011.

는 의미를 고찰했다. 전자가 몽골의 독립을 둘러싼 러일 양국의 정책을 고찰했다면, 후자는 신해혁명기 변방 소수민족의 독립이 갖는 의미를 동아시아사의 관점에서 조망했다고 할 수 있다. 그러나 이 연구들은 신해혁명기 중국 변경의 위기를 러일 양국 또는 동아시아적 관점에서 접근함으로써, 이 위기가 갖는 세계사적 의미에 주목하지 못하고 있다. 주지하다시피 중국의 신해혁명은 유럽의 발칸위기와 동시대적 사건으로, 서로 긴밀하게 연동되어 있었음에도 불구하고 이러한 견해를 담고 있는 기존의 연구는 찾기 힘들다.

　이에 본 연구는 제국주의 국제관계사의 시각에서 내몽골 분할문제를 검토하고자 한다. 첫 번째는 만몽문제를 '보편과 특수'의 대립이라는 분석틀로서 접근하고자 한다. '보편과 특수'라는 분석틀로 접근하는 이유는 전자를 옹호한 미국과 후자를 지지한 러시아와 일본의 만몽정책의 차이점 때문이다. 미국은 만몽을 중국의 일부로 간주한 반면, 러일은 만몽분리정책을 고수함으로써 이들의 의견대립은 신해혁명의 결과 수립된 중국의 신정부가 안착할 수 있도록 지원하기 위한 열강의 공동 행동을 좌절시키고 말았다. '보편의 원리'를 주장한 미국은 문호개방과 기회균등의 원칙을 고수한 반면 '특수의 원칙'을 옹호한 러시아와 일본은 만주와 몽골을 자국의 특수이해 지역으로 설정하고 이곳에 대한 열강의 개입을 저지함으로써 중국 신정부 지원을 둘러싼 열강의 대립을 격화시켰다. 그 결과 중국은 신해혁명을 거치면서 재차 제국주의 열강에 의한 과분(瓜分) 위협에 놓이게 되었다.

　두 번째는 신해혁명시기 중국 서북변경의 위기와 유럽의 발칸위기의 연동관계에 대한 것이다. 신해혁명시기 만주, 몽골, 신장, 티베트로 이어지는 중국 서북변경벨트의 위기는 고립된 개별위기가 아니라 유럽 발칸반도의 위기와 연동되어 있으며, 유럽에서 독일과 패권경쟁을 벌이던 영국은 러시아의 관심을 유럽으로 돌리기 위해 중국 서북 변경벨트에 대한 러시아의 특수이익을 승인하고 말았다. 따라서 신생 중화민국의 안착과 발전을 위해 열강의 합의된 행동과 재정지원이 필요했던 상황에서 러시아와 일본은 만몽에 대한 자국의 특수이해를 고집하고 이를 수호하려는 목적에서 별도의 독자행동을 추구하였다.

결국 제1차 세계대전 직전 세계적 규모의 제국주의 열강의 합종연횡이 러일 간의 내몽골 분할협약체결(1912)의 계기가 되었다. 이에 본 장에서는 신해혁명기 서구열강의 대중국정책과 내몽골 분할협약 문제를 제국주의시기 국제관계의 시각에서 분석하고자 한다. 나아가 러일 간의 내몽골 분할협약체결 과정을 둘러싸고 만몽문제와 발칸(Balkan)문제를 연동시킴으로써 글로벌히스토리의 관점에서 동아시아 변경문제를 재검토하고자 한다.

2. 일본의 만몽 분리정책과
미국의 만주 문호개방정책

이토 히로부미(伊藤博文)가 1909년 5월 13일 주일 영국대사 맥도널드(C.Mcdonald)를 만난 자리에서 "3년 내에 중국에서 혁명이 발생할 것"이라 예견한 것4)은 이후 제국주의 열강의 대청 간섭이 본격화되는 과정과 맥락을 이해하는데 단서를 제공해주고 있다. 이토와의 회동에 관해 영국 외상 그레이에게 보낸 맥도널드의 보고서에 따르면, 이토는 중국이 극도의 위기상황에 봉착해 있다고 진단하고 이와 관련된 중국의 중앙과 지방의 상호관계 및 개혁정책의 문제점들을 다음과 같이 지적하였다고 한다. 첫째, 청(淸) 정부와 조정은 권력 장악을 위한 음모와 파쟁으로 점

---

4) C.MacDonald - E.Grey, 13 May 1909. British Documents on the origin of war, Ed. by G. P. Gooch and Harold Temperley.(이하 BD로 약함)

철되어 있을 뿐만 아니라 지방의회에 너무 많은 권한이 부여됨으로써 최악의 상황에 처해있다. 이는 중앙정부를 약화시키고 힘과 능력을 겸비한 위안스카이(袁世凱)도 떠남으로써 베이징정부에 대화상대가 없다는 문제를 야기했다는 것이다. 둘째, 일본 유학생들로 이루어진 일단의 중국 청년들(The Young Chinese Party)이 현재 권리회복정책(the Rights Recovery Policy)에 매진하고 있는데, 이는 일의 순서가 뒤바뀐 "말 앞에 마차를 놓은 형국(Putting the cart before the horse)"을 초래했다는 것이다.

이는 중국 스스로 태만과 부주의로 잃어버린 권리의 회복에 대해 서구열강에게 주장하기 전에, 반드시 말과 마차를 순서대로 배치해야 함에도 불구하고 이를 자각하지 못한 중국현실에 대한 비판이었다. 이러한 비판은 과거 일본의 경험을 비추어본 결과로서, 그는 과거에 여러 차례 타협적인 대외정책을 조언하여 비난을 받은 바 있으나, "일본이 집안정돈을 잘하기 전까지는 외국열강에게 말하는 것은 의미 없다는 것"을 알고 있었기 때문에 항상 신중하고 양보적인 정책을 조언했다는 것이다. 결국 이토는 중국이 내정을 정비하기 전에 제국주의 열강에게 권리회복을 주장하는 것은 내우외환을 부추겨 혁명의 위기를 고조시키는데 기여할 뿐이라고 생각했다.

이에 이토는 본국 출장을 앞둔 맥도널드에게 중국문제에 대한 영국의 적극적인 역할을 기대함으로써 그의 진의가 영국정부에 전달되기를 희망했다. 그 이유는 동양의 평화가 영일동맹에 의존하고 있다고 확신했기 때문이었다. 이에 이토는 영국인들이 국내문제에 함몰되고 극동보다는 근동의 현안에 보다 관심을 가지는 것은 당연하지만, 중국의 사태 추이에 예의주시해줄 것을 일본정부는 간절히 원하고 있음을 재차 강조했다. 아울러 중국의 장래와 관련하여, 영국이 현재 중국에 대한 지배적인 영향력을 행사하지 않는다면, 이는 오히려 인도에서 영국에 커다란 해가 될 수 있다는 경고도 잊지 않았다. 요컨대 영국이 중국문제에 적극 개입

할 것을 기대하는 동맹국 일본의 희망을 저버린다면, 인도에 대한 일본
의 방위부담 역시 기대할 수 없다는 사실을 망각하지 말라는 의미였다.

일본정계의 원로이자 당대의 경세가로서 이토의 이같은 견해는 결국
신해혁명이라는 드라마의 줄거리와 개요를 정리한 시놉시스(sinopsys)가
되었다. 이후 일본과 영국은 영일동맹 갱신조약(1905.8.12.) 제3조의 '한
국에 대한 일본의 보호권' 관련 조문을 삭제하는 대신, 인도에 대한 양
국의 공동방위 의무를 삽입한 제3차 갱신조약(1911.7.8.)을 체결하고,
1913년 영국이 티베트를 중국과 인도의 완충국가로 삼기 위해 인도 북
부의 심라(Simla)에서 영·중·티베트의 3자회담을 개최한 것도 이를 반증
한다.

중국문제에 대한 영국의 영향력 확대를 촉구한 이토는 이를 바탕으로
남만주에 대한 일본의 정책방향을 제시했다. 이는 주일 영국대사가 "랴
오둥(遼東)반도의 조차기한이 다가올 경우, 다롄(大連)항의 장래"에 대
한 이토의 입장을 질의하자 그 대답형식으로 표출되었다. 이토는 먼저
일본정부가 장래 다롄보다는 뤼순(旅順)을 상업항으로 활용하기로 결정
하였음을 밝힌 후, 조차기한(1923)까지 아마도 살지 못할 것이지만, 랴오
둥반도를 중국에 되돌려 주는 것이 가능할지는 알 수 없다는 견해를 피
력했다. 비록 "남만철도가 수익성이 없고 대장성에서 철도와 항구 유지
비용을 대야할 처지가 된다면 이를 포기할 수 있다"는 단서를 붙였지만,
일본은 결코 남만주에서 철수할 의향은 없었다. 왜냐하면 이토는 일본의
만주정책을 러시아의 그것과 연계시키고 있었기 때문이었다. 그는 "일
본의 남만주 철수 여부는 북만주에서 러시아가 무엇을 하고 있는가와 상
당 부분 관련이 있으며, 그들이 하얼빈(哈爾濱)에 남아있는 한, 우리는
반드시 남만주에 남아있을 것"임을 강조했다. 따라서 이토와의 회동에
관한 주일 영국대사의 기밀보고서는 신해혁명의 발생뿐만 아니라 그것
이 동아시아 정세 전반에 미친 영향을 가늠해 볼 수 있게 한다는 점에서

사료적 가치가 매우 높다고 할 수 있다.

이에 청국은 이토가 우려한 바와 같이, 내정의 정비보다 불평등한 대외관계의 조정과 만주를 비롯한 변경지역에 대한 권리회복에 전력함으로써 인접국과의 갈등을 심화시켰다. 일본이 러시아에 대하여 접근을 모색하게 된 계기 역시 청 정부가 만주를 경제적으로 진흥시키고 중앙정부와의 행정적인 일체성을 강화하기 위한 해외차관 도입정책에 착목했기 때문이었다. 이에 1911년 4월 5일 청 정부는 화폐개혁을 추진하고 만주에서 산업을 진흥시키기 위한 차관도입을 위한 예비협정을 체결하기에 이르렀다. 청국의 재무대신과 미국, 영국, 독일, 프랑스의 4개국 공동차관단이 체결한 이 협정은 차관총액 5천만 불($50,000,000) 가운데 만주산업발전에 할당될 자금 이천만 불($20,000,000)이 포함됨으로써, 사실상 이는 청 정부의 만주산업개발뿐만 아니라 만주에 대한 지배력 회복의지를 담고 있었다.

따라서 청국과 4개국 은행단 간의 차관협정은 1907년 만주를 남북으로 분할하여 각각의 세력권으로 획정하고 있던 러시아와 일본에게 커다란 위협이 되기에 충분했다. 그 결과 만주에 대한 주권회복을 시도한 청국과 차관제공을 통해 청 정부를 지원한 미국이 한편이 된 반면, 만주에 대한 현상유지를 통해 기득권을 유지하고자 한 러일이 다른 한편이 된 대립구도가 형성되었다. 미청과 러일의 대립은 그 결과에 따라 대조적인 청사진을 그려볼 수 있는데, 전자의 구상이 실현될 경우 청 정부는 만주에 대한 신성불가침의 주권회복과 문호개방을 약속할 수 있을 것이고, 후자의 경우 만몽에 대한 러일 양국의 독점이 더욱 강화될 것이었다.

주지하다시피, 이 차관은 당초 미청통상조약(1903.10.8.) 제13조에서 청 정부가 전 중국에서 통용되는 단일화폐 채택 약속을 이행하기 위한 결정에서 비롯되었다.5) 이에 1910년 봄 주미 청국대사는 미 국무성에

---

5) The Secretary of State to the Special Envoy of China, 1911. 1. 18. Notes on the

청 정부의 이 같은 결정을 통보한 후, 1910년 6월 14일 국무성을 방문, 이 문제를 협의하였다. 동년 10월 2일 청 정부는 주청 미국대사를 통해 만일 미국은행들이 차관제공을 주관한다면, 만주에 할당된 차관 2천만 냥을 포함한 총규모 5천만 냥(tael)의 차관을 5천만 달러($)로 증액할 예정임을 알려왔다. 아울러 화폐개혁을 도와줄 재정고문으로 미국인을 임명할 것임을 약속한 청 정부에 대해 모건 신디케이트(Morgan Syndicate)가 주간사인 미국은행단은 이를 수락하였다.6) 요컨대 청 정부는 '달러외교(Dollar Diplomacy)'를 표방한 미국의 태프트(Taft) 행정부를 대청차관을 구실로 만주문제에 깊숙이 끌어들이고자 하였다.

그러나 미국은 청국의 기대와는 달리 단독차관 보다는 유럽은행들과의 공동차관 형식을 선호했다. 화폐개혁은 청국과 조약을 체결하여 통상관계를 맺고 있는 모든 나라들에게 중요하기 때문에, 개혁을 완수하는데 있어 청국과 이해당사국의 지지가 필수적이라는 판단에서 비롯되었다.7) 이는 태프트 행정부의 대청정책을 주도한 국무장관 녹스(P.Knox)의 주청 미국전권공사에게 보낸 각서에 잘 나타나 있다. 녹스는 "자본을 투자한 국가들은 그곳에서 평화가 유지되고 자원개발이 촉진되길 바란다고 전제한 후, 청 정부가 화폐개혁차관에 여타 국가의 자본가들이 참여하는 것을 동의해주기를 바란다는 희망을 피력했다. 이는 문호개방과 기회균등의 원칙을 토대로 달러를 실탄으로 삼아 평화적으로 중국시장으로 침투하려는 미국의 '달러외교'의 장점을 잘 설명하고 있다. 요컨대 '달러외교'란 차관제공국이 평화적으로 자원을 개발할 수 있고, 수혜국은 차관을 통해 경제를 발전시킴으로써 모두에게 이익이 돌아간다는 매우 이

---

course of the loan negotiations now pending at Peking, FRUS, 1912. pp.92-93.
6) Calhoun-Knox, 1910.10.2, FRUS, 1912. p.90.
7) The Acting Secretary of State to the American Ambassador to France, 1910.10.31, FRUS, 1912. pp.91-92.

상적인 외교형태로 간주되었다. 이에 1910년 10월 27일 청 재무대신은 미국이 채권의 대부분을 보유함으로써 차관의 통제권을 갖는다는 조건으로, 차관단에 다수의 국가들이 참여하는 것에 동의하기에 이르렀다.[8]

그러나 녹스가 주도한 달러외교는 이상주의적 원칙을 추구하였으나 동시에 비현실적인 측면도 강했다. 이는 청국의 개혁정책의 한계이기도 했다. 무엇보다 청국과 이해관계에 있는 모든 열강이 이를 지지하고 협력해야만 성공할 수 있기 때문이었다. 녹스가 지적한 대로, 중국의 개혁정책에 적대적이거나 무관심한 열강이 있을 경우, 청 정부는 결코 소기의 성과를 거두기 어려웠다. 따라서 청국의 개혁에 무관심한 일부 국가들을 적극적인 지지국으로 변모시킬 강제력을 과연 미국이 가지고 있는지 여부가 청국의 개혁정책 성공의 관건이었다.

청국과 서구의 이해당사국 모두가 청국의 개혁에 협력할 경우, 성공의 과실은 모두에게 이익이 될 수 있었다. 그러나 개혁에 반대하거나 동참하지 않을 경우, 그들을 강제할 힘과 제도를 미국은 갖고 있지 못했다. 따라서 청국에서 보편적 가치를 추구한 미국과 특정지역의 기득권 유지라는 현실적 이익을 추구한 국가들 간의 대립은 이후 보편과 특수라는 중국 근대사 전개의 양대 축이 되었다.

청 정부가 화폐개혁 및 만주산업개발을 위한 차관예비협정에 서명하던 날, 러시아의 부외상 네라토프는 만주에서 러시아의 기득권을 강화할 방안을 모색했다. 이는 청 정부의 만주산업개발계획과 군사력 증강정책이 만주에 부설된 러시아철도의 안전에 위협이 될 것이라는 정세판단에서 비롯되었다. 의화단사건으로 러시아철도에 대한 청국의 파괴공작을 경험한 러시아는 1900년 만주점령을 통해 이를 해결한 바 있었으나, 러일전쟁 이후 러시아군대의 만주철병이 이루어진 반면 청 정부가 만주진흥을 위한 경제개발 및 군비증강을 적극화함에 따라 동청철도의 보호는

---

8) Calhoun-Knox, 1910.10.27, FRUS, 1912. p.91.

초미의 관심사가 되었다.

그러나 문제는 만주 주둔 러시아군대의 증강은 포츠머스조약에 의해 제한되어 있고, 비록 1개 사단을 증가시키더라도 이에 맞서 청국이 2개 사단을 증설하는 것을 막을 수 없다는 점에 있었다. 이에 네라토프는 일본과 이 문제를 논의하여 궁극적으로 러청일 3국 간의 협정체결을 최선의 대안으로 상정했다. 만주에서 평화유지를 목적으로 한 3국협정체제에 청국 정부를 끌어들이고 그곳에서 군사조치를 취할 경우, 체약국 간의 상호협정을 준수한다는 조약의무를 부과한다는 것이 '삼국협정체결론(三國協定締結論)'의 골간이었다.[9] 만일, 청국정부가 3국협정에 참여를 한다면, 러시아는 일본과 공동으로 중국에 대한 압력을 행사함으로써, 청국이 만주 주둔 자국군대의 규모와 배치에 관한 의무를 지도록 한다는 것이었다.

이에 네라토프는 주러 일본대사 모토노를 만나 청 정부의 만주에 대한 지배권 강화정책에 대한 대응방안을 모색하기에 이르렀다. 그러나 러시아와 일본은 만주문제에 대한 현격한 견해차를 드러냈다. 전자는 청국의 만주군 증강이 야기할 수 있는 철도파괴를 우려했던 반면, 후자는 청국군대가 양적, 질적인 측면에서 위협이 되지 못하기 때문에, 러시아 혹은 일본을 공격할 수준이 결코 아니라는 것이다. 그렇다면 일본에게 위협은 어디에서 오는가? 모토노는 유일한 위협으로 미국을 지목하였으며, 그 이유를 건설 중인 "파나마운하(Panama Canal)가 완공되면, 태평양의 미국함대는 매우 강력해질 것이고 일본은 공격보다는 수비에 급급해야 할 것이 분명하기 때문"이라고 하였다.

이에 모토노는 이러한 시기가 도래하기 전에 러일 양국은 청국에 대한 양국의 입장을 분명하게 정리해야만 한다는 입장을 전달했다. 이를 위해 그는 일본 정부에 러시아의 입장을 전달할 것임을 약속하고 만주에

---

9) 1911년 4월 2일, 임시 외상 네라토프가 총리대신 스톨리핀에게 보낸 기밀서신.

서 기득권 보호를 위한 대응책과 관련하여 도쿄에서 양국 간의 협의가 시작되어야 한다고 강조했다.[10] 모토노에게는 러시아가 우려하는 만주에서의 청국군대 증강보다 미국의 만주시장 침투가 훨씬 심각한 위협이었다.

미국에 대항하여 만주에서 기득권을 공고히 하려는 일본정부의 입장에서 러시아가 제안한 만주의 현상유지를 위한 '러청일삼국협정(露淸日三國協定)' 체결안은 결코 대안이 될 수 없었다. 일본외상 고무라(小村壽太郎)를 면담한 주일 러시아대사 말렙스키-말레비치는 만주에서 청국군대의 증강은 우려할 만한 사안이 아니며, 만주의 현상유지를 위해 '러청일삼국협정(露淸日三國協定)'을 체결하려는 구상은 청 정부의 의심을 부추겨 단지 상황만 악화시킬 것이라 반박했다고 보고하고 있다.[11] 오히려 고무라에게는 산업차관을 앞세운 미국의 만주침투정책에 대한 견제가 초미의 관심사였다. 1911년 5월 13일 그는 주일 미국대사 오브라이언에게 청국의 화폐개혁차관, 특히 만주에 할당된 차관의 목적에 대해 심히 우려된다는 입장을 표명함으로써 미청(美淸)접근에 대한 불편한 심기를 드러냈었다.

그러나 문제는 미 국무장관 녹스가 "만주의 산업발전을 위해 할당된 차관에 대해 특별히 반대하는 것을 이해하기 어렵다"는 불만을 영국 주재 미국대사 레이드(Whitelaw Reid)에게 토로하고 있다는 점이었다.[12] 이에 레이드는 "계획 중인 만주개발 사업들이 철도와 관련이 없다면 일본과 러시아로부터 더 이상의 반대는 없을 것"이라는 영국 외상 그레이의 견해를 보고했다.[13] 이는 영미 간 타협의 징후로서 사실상 고무라 외

---

10) Neratoff to the Russian Ambassador at Tokio. April 29 1911. p.31. *Entente Diplomacy and the World.*

11) 1911년 5월 19일, 주일 러시아대사 말렙스키-말레비치의 기밀보고서.

12) Knox-Reid, May 22, 1911. FRUS. 1912. p.97.

13) Reid-Knox, May 31, 1911. FRUS. 1912. p.98.

상이 가장 두려워한 사태의 진전이었다. 왜냐하면 미일관계가 악화되는 상황에서, 고무라 외교의 대표업적이자 일본 대외정책의 중심축인 영일동맹이 균열의 전조를 보이고 있었기 때문이었다.

3. 영일동맹의 약화와 일본의 대러(對露)접근

이 같은 영일동맹의 균열에 일조한 것은 상술한 미일 간의 전쟁위기였다. 러일전쟁 이후 일본은 교전국 러시아와 외교적 타협을 이루어낸 반면, 일본을 지지했던 미국과는 대립과 갈등을 겪으며 전쟁위기로 치달았다. 즉, 러일전쟁 이후 동아시아국제정세의 특징은 러일 간의 타협과 미일대립의 격화로 요약할 수 있었다. 미일 간의 갈등요인은 2가지로 압축할 수 있는데, 미국 서부에서 두드러진 일본인 이주자 차별정책이 그 하나이고, 만주문제에 대한 양국의 정책대립이 다른 하나였다. 일본의 만주독점 정책과 미국의 문호개방정책으로 표출된 양국 간의 정책대립은 그들의 세계관의 차이에서 비롯된 것으로, 일본에게 만주는 러일전쟁의 전리품이었던 반면 미국에게 만주는 청제국의 영토이자 행정권이 미치는 지역으로서 모든 국가에게 상공업상의 기회균등원칙이 보장되어야 하는 곳이었다. 요컨대 '특수'와 '보편'이라는 세계관의 충돌이 그것이다. 결국 특수와 보편의 세계관 충돌은 미일 간의 전쟁위기를 고조시켰다. 한편으로 미국은 영일동맹의 위력을 약화시키기 위한 해법 마련에 전력을 다했고, 다른 한편으로 영국은 동맹국 일본과 미국 간의 전쟁위기에 휘말리지 않기 위한 대안 모색을 고심하였다. 그 대안은 무엇이었을까?

대안의 요체는 미국과 영국이 체결한 미영중재조약(1911.8.5.)으로, 양국 간의 갈등을 전쟁이 아닌 중재재판으로 해결한다는 소위 반전(反

戰)협정의 조인으로 드러났다. 그러나 영일동맹이라는 공수동맹(攻守同盟) 체약국인 영국이 일본과 대립하고 있는 미국과 중재조약을 체결하는 문제는 동맹국 일본에 대한 배신일 수 있었고 군사동맹과 중재재판제도를 양립시킨다는 모순을 안고 있었다.[14] 1911년 4월 3일 주영 일본대사가 영국외상 그레이에게 "미국 언론에서도 영미중재조약의 장애물로 영일동맹을 지적하고 있다"고 지적한 것도 이를 반증하고 있다. 이에 영일 양국은 동맹의 결속력을 약화시키는 방식으로 해법을 찾았다. 영일동맹을 존속시키되, 영국은 미국과 전쟁을 하지 않는다는 중재조약 체결이 가능하도록 영일동맹 조약문의 수정이 불가피했다.[15] 따라서 1905년 동맹의 효력기간을 10년으로 정한 제2차 영일동맹(1905.8.12.)은 1911년 7월 13일 제3차 영일동맹조약으로 갱신되었고, 제4조에서는 "만일 체약국 가운데 일방이 제3국과 일반중재조약을 체결할 경우, 이 협정으로 그 일방에게 중재조약을 체결한 국가와 전쟁을 하도록 어떠한 강제적 의무도 부과하지 않는다"고 합의하였다. 따라서 영국은 제3차 영일동맹협정에 따라 일본과 대립하고 있는 미국과의 전쟁을 회피할 수 있는 법적인 기반을 마련할 수 있었다.

그러나 제3차 영일동맹갱신협정과 영미중재조약의 체결이 영국에게 행동의 자유를 보장해준 반면, 일본 정부에게는 동아시아정책에 대한 새로운 판짜기를 요구했다. 이는 중재조약에 대해 영국과 일본이 다른 계산을 하고 있었기 때문으로, 영일은 중재제도에 대해 현격한 인식차를 노정하고 있었다.[16] 왜냐하면 1910년 8월 미국이 영국에게 중재조약체결 의사를 타진했을 때부터, 영국은 미국과의 중재조약 시스템에 일본을

---

14) 1911년 7월 29일 주일 영국대사 럼볼트가 그레이에게 보낸 기밀서신.
15) Edward Grey-James Bryce, April 3, 1911. *Anglo-American Arbitration, 1910-1914.* p.560.
16) 1911년 3월 16일 맥도널드가 그레이에게 보낸 기밀서신.

끌어들이고자 한 바 있었으나 그것을 성사시키지 못했던 전례가 이를 반증한다.[17] 만일 영미일 중재조약이 체결된다면, 이들 3국은 중재를 통해 분쟁을 우선적으로 해결하려고 함으로써 사실상 상호간의 전쟁을 억제할 수 있었다. 그러나 고무라 외상은 주일 영국공사 맥도널드에게 "일본이 왜 미국과의 중재조약 체결에 신중한 입장을 취하고 있는지"를 다음과 같이 설명했다. 첫째, 중재조약을 체결함으로써 오히려 행동의 자유를 구속받을 수 있다는 우려가 그것이다. 고무라의 견해에 따르면, 만일 중재재판 결과를 수용하기 어려운 경우가 발생할 수 있다는 가정을 한다면, 오히려 중재조약을 체결하지 않는 것이 더 현명할 수 있다는 것이었다. 러일전쟁의 예를 들 경우, 러일 간의 분쟁현안을 중재재판에 회부한 후, 한국을 러시아에 귀속시킨다는 중재결정이 난다면, 일본은 이 같은 결정을 무시하고 결국 개전으로 나아갈 것이었다.[18] 이는 분명히 극단적인 사례이지만, 국가의 존망이 걸릴 경우 그 나라는 반드시 싸워야만 한다는 것으로, 고무라는 일본과 같은 위치에 있는 나라는 어떤 나라와 중재조약을 체결하는 것은 현명하지 못한 판단이라는 입장을 견지했다.[19] 따라서 중재재판을 통해 분쟁을 해결함으로써 국제사회에 법치(法治)의 전통을 수립하고 전쟁을 종식시키고자 한 태프트 행정부의 구상은 '국가생존논리'를 앞세운 일본의 호응을 받지 못함으로써 단지 아카데믹

---

17) J.Bryce-E.Grey, August 9, 1910. *BD.* pp.541-542;1910년 9월 26일 그레이가 맥도널드에게 보낸 편지.

18) 1911년 3월 17일 맥도널드가 그레이에게 러일 간의 전쟁을 촉발시킬 현안들이 중재재판에 회부된다면, 러시아는 즉각 시베리아철도를 이용하여 대규모 군대를 만주로 집중시키기 위한 시간적 여유를 벌 것이고, 이는 일본은 매우 불리한 상황에 처하게 했었을 것이라고 주장하였다.

19) 1911년 3월 16일 맥도널드가 그레이에게 보낸 기밀서신. 맥도널드의 보고에 따르면, 1910년 12월 6일 태프트 대통령이 의회연설에서 중재를 통한 분쟁해결을 위해 다른 국가와 협정체결을 긍정적으로 검토하고 있다는 의사를 밝혔음에도 불구하고 일본은 태프트가 제안한 중재조약 체결을 준비하고 있지 않았음이 분명하다.

한 수준에 머물게 될 가능성이 높아졌다.

이에 주일 영국대사관 고문(Counselor of British Embassy in Tokyo) 럼볼드(H. Rumbold)는 '국가생존논리' 이외에도 일본이 중재조약에 대해 소극적인 태도를 취한 보다 궁극적인 원인을 찾고자 하였다. 일본 부외상 이시이(石井菊次郎)와 만나 제3차 영일동맹 갱신조약에 대해 논의한 럼볼드는 중재조약에 대한 일본의 입장을 다음과 같이 분석하여 영국외무성에 보고(1911.7.27.)했다.[20] "영일 양국은 중재조약을 상이한 관점에서 바라보고 있으며, 영국은 원하는 모든 영토를 가지고 있다고 말할 수 있기 때문에 현상유지에 관심이 많다. 반면 일본은 신흥국가로서 잠재적 발전을 위한 충분한 것을 얻었다고 인정하지 않기 때문에, 중재조약의 효력에 대해 확신하지 못하고 있다. 결국 영국과 일본의 중재조약에 대한 인식차는 영국과 일본의 제국주의 발전단계 차이에서 비롯된 것으로서, 일본은 자국의 입장을 국가생존의 논리뿐만 아니라 영토팽창의 논리로 활용할 가능성이 높아졌다."

영국은 제3차 영일동맹조약을 "발생 가능한 모든 사건들에 대한 보장"으로 평가하고 있었는데, 이는 일본의 팽창가능성을 조약의 틀 속에서 억제하려는 의도를 내포하고 있었기 때문이었다. 제3차 영일동맹 갱신과 관련, 주영 러시아대사 벤켄도르프(А.Бенкендорф)는 영국 부외상 니콜슨(A.Nicolson)과 논의사항을 보고한 기밀보고서에서 이 갱신조약은 영국 측의 대일견제수단의 일환이었음을 밝히고 있다. 이는 러시아를 가상의 적으로 한 동맹의 존속이유가 사라졌음에도 불구하고 조약갱신이 이루어진 점에 대한 러시아의 문제제기에 대해 영국이 그 배경설명을 하는 과정에서 드러났다. 니콜슨은 영일동맹의 갱신은 영러관계가 과거의 대립관계로 회귀할 가능성과는 전혀 무관하다고 전제한 후, 조약갱신의 본연의 의미를 다음과 같이 설명했다. "문제는 영국의 식민지, 즉

---

20) 1911년 7월 29일 주일 영국대사 럼볼트가 그레이에게 보낸 기밀서신.

오스트레일리아와 관련된 매우 델리케이트한 것이다. 영국의 식민지 법률에는 황인종에 대한 고려가 거의 없다는 사실에서 볼 때, 조약효력의 소멸은 심각한 마찰을 초래할 수 있고 비록 개전의 직접적인 원인이 되지 않더라도 영국에게 지속적으로 골칫거리가 될 수 있음을 의미하기 때문이다." 니콜슨은 조약갱신이 호주에서 일본인들을 부당하게 대우하여 야기될 수 있는 일본의 악의(ill-will)에 대한 보장이라고 강조했다는 것이다.[21] 따라서 제3차 영일동맹은 어떠한 일본인도 미일전쟁 시 영국의 지원을 기대하지 않는 계기가 되었을 뿐만 아니라 일본의 팽창을 억압하는 기제로서의 역할도 기대되었다. 결국 영일동맹은 체결된 지 10년이 채되지 않은 시점에서, 동맹외교의 주축이라는 본연의 의미를 상실하고 말았다. 이는 일본정부에서도 무겁게 받아들인 현실이었다.

따라서 일본정부가 현상타개책의 일환으로 새롭게 주목한 나라는 다름 아닌 러시아였다. 이는 주일 러시아대사 말렙스키-말레비치가 귀국을 앞두고 일본정계의 주요 거물들과 일련의 회동을 한 사실과 깊은 관계가 있다. 왜냐하면 2년 전 주일 영국대사 맥도널드가 귀국을 앞두고 이토 히로부미와 카츠라 수상을 만나 청국문제에 대해 논의한 후, 간도문제를 포함한 일본정계의 의견을 본국 정부에 정확하게 전달한 사례가 있었기 때문이었다. 주지하다시피 당시 이토는 간도문제를 둘러싸고 교착상태에 빠진 청일협상에 영국이 영향력을 행사해줄 것을 주문한 바 있었고 이는 결국 1909년 청일 간의 '만주5안건 및 간도협약' 체결로 귀결된 바 있었다.

이에 본국 휴가를 앞두고 야마가타(山縣有朋)와 가츠라(桂太郎) 수상과 회동한 사실을 보고한 주일 러시아대사의 보고서(1911.7.10.)[22]는 2

---

21) The Russian Ambassador in London to Neratoff, July 17, 1911. *Entente Diplomacy and the World*, p.32.

22) РГИА. Ф.1276 Оп. 3. Д. 721 Л.56-60об.: Секретная записка Малевского-Малевича, 27 июня 1911 г.

년 전 일본의 대영접근사례와 마찬가지로 일본의 대러접근 과정을 엿볼
수 있게 해준다. 러시아대사를 방문하여 휴가를 잘 다녀오라는 안부를
전한 뒤, 러일협정 체결이 양국에 가져다 줄 실익에 대해 설파한 사람은
야마가다였다. 말렙스키-말레비치 대사가 "양국 간의 관계를 보다 공고
히 하고 극동의 평화를 위해 아시아대륙에서 상호 이해를 제고할 것을
희망"한 야마가타의 발언에 주목한 계기는 후자가 천황과 매우 지근한
사이임을 알고 있었기 때문이었다. 더욱이 야마가타와 회동한 러시아대
사를 자신의 별장으로 초대하여 러일관계의 강화의 필요성에 대한 일본
정부의 공식입장을 재차 전달한 이는 수상 가츠라이다. 수상은 이토(伊
藤博文)부터 시작하여 야마가타에 이르기까지 러일 간의 우호관계 수립
과 대러접근의 당위성을 주장한 일본정계 지도자들의 견해는 "개인적인
차원이 아니라 천황이 승인하고 지지한 사안"임을 강조했다. 천황, 원로,
각료들이 대러접근에 공감하고 지지한 궁극의 목적을 가츠라는 다음과
같이 설명하고 있다. "만일 양국 국민 간의 우의가 지속적으로 향상된다
면, 양국은 극동뿐만 아니라 전 세계적으로 주도적인 영향력을 갖게 될
것이고", 특히 "태평양이 아시아와 태평양 제도에 정치, 경제적인 이해
를 갖고 있는 열강 간의 각축의 중심으로 부상할 때" 양국 간의 공조의
효력이 각별해진다는 것이다.[23] 따라서 일본의 정책당국자들은 향후 도
래하게 될 태평양시대의 패권 장악을 위해, 미국과의 중재조약이나 영국
과의 동맹 강화 보다는 오히려 러시아와의 공조가 절실하다고 판단하고
있었다.

이에 태평양시대를 대비할 러일 양국 간의 공조의 출발점으로 가츠라
는 중국, 특히 만주를 지목했다. 말렙스키-말레비치의 보고서에 따르면,
"가츠라는 현재 중국이 극동을 둘러싼 열강의 격전장이 되었기 때문에

23) РГИА. Ф.1276 Оп. 3. Д. 721 Л.56-59об.: Секретная записка Малевского-
    Малевича, 27 июня 1911 г.

양국 간의 정치적 공조가 더욱 필요하며, 특히 만주의 경우 러일 양국이 주인임을 표방해야 한다"는 견해를 피력했다는 것이다. 이를 위해 그는 "중국 내부의 강력한 반발을 불러일으키지 말아야 하고 제3국의 일체의 간섭도 허락하지 않는 정황을 조성하는 것이 바람직하다"는 의견을 덧붙였다.[24] 따라서 만주의 산업진흥을 위한 미국 주도의 4개국 공동차관은 러일 양국으로 하여금 만주문제에 대해 공동 행동하기로 결정했음을 전 세계에 과시할 수 있는 계기를 부여하는 것이었다. 왜냐하면 일본 수상은 만주진흥을 위한 4개국 공동차관에 회의적이었기 때문이었다.

그렇다면 가츠라 수상이 4개국 공동차관에 반대한 속내는 무엇일까? 중국의 내부사정에 밝은 그가 대중차관에 반대한 이유는 다음의 2가지였다. 첫째, 청 정부 내에 협상력과 권위를 갖춘 인물이 부재하다는 점과 둘째, 외자를 끌어들여 내정을 개혁하려는 청 정부의 정책방향은 결국 비극적인 결과를 초래하고 말 것이라는 차관의존정책에 대한 그의 비관적인 예상이 그것이다. 이 같은 카츠라의 입장은 "청국이 대외채무를 잘못 이해하고 있으며 결국 국가파산으로 이끌어 독립을 완전히 상실할 수 있다"는 전망에 근거하고 있었다. 왜냐하면 외국채권단은 지급보증을 요구하며 중국의 재정을 국제적으로 감독하는 문제를 제기할 것이 틀림없다고 판단했기 때문이었다. 이에 카츠라는 그러한 시기가 도래하기 전에 러시아와 일본은 만주에서 양국의 이해를 보장할 공동의 준비를 해야 한다고 강조했다.[25]

대러접근을 위한 일본 정부의 확고한 방침은 주일 러시아대사가 본국 출발 전 외무성에 들렀을 때 고무라 외상에 의해 재확인 되었다. 외상 역시 청국의 정황을 위기상황으로 진단하고 그에 대한 러일 양국의 공동대응의 필요성을 강조했다.[26] 고무라가 주목한 청 정부의 위기는 외국

---

24) Там же.

25) Там же.

차관 도입에서 비롯된 재정위기가 그 본령이었다. 외상의 진단에 따르면
첫째, 청 정부는 일단 외자유치에 성공하면 지속적으로 차관에 의존하게
되어 머지않아 심각한 채무국으로 전락할 가능성이 다분하며 둘째, 값싼
이자의 대규모 차관도입에만 혈안이 되어있을 뿐, 채무보증에 대해서는
관심이 없으며 셋째, 청국은 행정개혁과 화폐제도 개선을 위한 외국차관
이 필요하지만, 차관 운용에 미숙한 청국인들이 외자유치의 본연의 취지
를 살리지 못하고 있기 때문에 재정위기가 심화되고 있다는 것이었다.
이에 고무라는 현재 청국의 재정상태로 미루어 중국이 제대로 이자와
원금을 상환할 지는 의문이며, 이는 조만간 국가파산으로 귀결될 것으
로 예상했다. 따라서 러시아와 일본은 청국의 파산사태에 대비해야하기
때문에, 만주에 대한 양국의 권리를 보호할 준비를 해야만 한다는 것이
었다.[27]

　　이는 신해혁명 발발 이전부터 일본 정책당국자들이 청국의 상황에 대
해 정확하게 예측하고 주도면밀하게 대응책을 준비하고 있었음을 보여
준다. 고무라는 "청국의 국가부도사태 뿐만 아니라 4억 인구의 청국에서
신군(新軍)은 4만에 불과한 상황에서 청 정부가 과연 개혁과정에서 야기
될 수 있는 혼란과 소요사태에 적절하게 대응할 수 있을 지 우려했다.
왜냐하면 청국에서 반정부진영에 혁명운동을 지도할 만한 강력한 인물
이 없기 때문에, 혁명운동이 확산될 가능성은 희박하지만, 그것이 청국
경제에 끼칠 엄청난 악영향은 청국의 재정파탄을 앞당길 것임에 틀림없
다"고 판단했기 때문이었다. 이에 고무라는 "일본의 대러접근은 개인 차
원이 아니라 천황이 원하는 사항임을 러시아정부에 꼭 전달해줄 것"을
부탁했다. 러시아 출발 당일 이토와 친분이 깊었던 교통상 고토(後藤新

---

26) Там же.
27) РГИА. Ф.1276 Оп. 3. Д. 721 Л.56-59об.: Секретная записка Малевского-
　　Малевича, 27 июня 1911 г.

平)가 직접 말렙스키-말레비치 대사를 찾아와 러일관계를 더욱 강화해야할 당위성을 다시 한 번 강조함으로써[28] 이제 러시아는 일본의 팽창정책에 편승할 것인지 고민에 빠졌다.

4. 제3차 러일협약(1912)과 내몽골의 분할: 만몽과 발칸문제의 연동

1911년 9월 3일 주청 미국대리공사 윌리엄스(E.T.Wiliams)는 미 국무부에 청국의 쓰촨성(四川省)에서 외국인의 철도부설에 반대하는 대규모 소요사태가 발생하여 후난성(湖南省)으로 확산되고 있음을 보고함으로써 예견되었던 혁명과 더불어 청 제국의 와해가 가시화되었다.[29] 청제국의 와해는 변경의 위기를 동반했는데 봉합되어 있던 몽골의 독립 움직임이 두드러졌다. 러시아와 일본은 1910년 제2차 러일협약에서 몽골과 한국을 각각의 특수이해 지역으로 인정하기로 합의한 바 있기 때문에, 만일 몽골이 청국에서 분리될 경우, 몽골에서 러시아의 지위는 한국에서 일본의 지위와 동등해질 것이었다.

이에 1907년 제1차 러일협약의 비밀조관 부속조항에서 합의된 만주 분계선에 따라 만주를 남북으로 분할한 바 있던 러시아와 일본은 몽골, 북만주와 한국, 남만주에서 각각의 특수권익을 더욱 공고히 하는 수순을 밟게 될 것이었다. 이 경우, 만몽 지역에서 양국 간의 세력권 획정이 이루어지지 않은 채로 남아있던 유일한 지역은 바로 내몽골이었다. 이에 신해혁명에서 비롯된 중국의 정치불안은 청제국 변경의 위기로 번질 가능성이 농후해졌다. 따라서 신해혁명은 몽골의 독립선언(1911.11.30.),

---

28) Там же.
29) Williams-Knox, Sept. 3. 1911. FRUS. 1912. pp.47-48.

러일의 내몽골분할(1912.7.8.), 러몽협약 체결(1912.11.3.)로 이어지는 중국 북방 변경위기의 출발점이었다.

그러나 내몽골을 동서로 분할하기로 한 러일 간의 합의는 단지 일본과 러시아 양국 간의 협상의 산물일 뿐, 결코 청국이 동의하거나 묵인한 사항이 아니라는 점에 문제의 심각성이 있었다. 청제국의 서북변경을 구성하고 있던 몽골은 외몽골의 경우, 독립선언을 거쳐 러시아의 세력권으로, 내몽골은 동서로 획분되어 러일의 세력권으로 변모된 과정은 청제국의 위기, 몽골의 독립의지, 러시아와 일본의 만몽침략정책 그리고 이를 가능하게 한 국제관계의 변화와 맞물려 있었다. 특히 신해혁명기 내몽골 문제의 요체는 다음의 두 가지로 압축되는데 첫째, '신해혁명'이라는 청제국의 위기는 유럽의 발칸반도의 위기와 연동됨으로써 제1차 세계대전 직전 세계적 규모의 제국주의 위기의 일익을 담당했으며 둘째, 일본의 동맹국인 영국과 러시아의 동맹국인 프랑스는 극동의 신해혁명보다는 유럽의 발칸위기를 보다 중시했다는 점이다. 따라서 영국과 프랑스는 세계적 규모의 제국주의 위기에 효과적으로 대처하기 위해 러시아가 아시아보다는 유럽에 관심을 집중해주길 원했다.

그렇다면 유라시아 국가인 러시아를 중국보다는 발칸위기에 집중시키기 위한 전제조건은 무엇인가? 이는 동아시아에서 러시아가 특수이해 지역으로 설정한 몽골, 북만주, 중국 서부지역에 대한 다양한 특권들을 열강이 승인해주는 것이었다.[30] 이에 영국, 프랑스, 러시아, 일본이 상호동맹과 협상체결을 통해 형성한 '4국 앙탕트체제(Quadruple Entente System)'는 글로벌한 관점에서 제국주의시기 국제관계를 재단하고 구성하는데 주도적인 역할을 하였다. 요컨대 '4국 앙탕트체제'는 정치적 의미의 카르텔이었다고 할 수 있었다.

이에 전제왕조의 잔재를 일소하고 새로운 정치체제를 지향한 중국인

---

30) Reid-Knox, June 10; 11. 1911. FRUS. 1912. pp.136-137.

들의 변혁시도는 앙탕트 4국의 이해와 양립 가능할 경우에만 성공이 보장될 수 있었다. 특히 신해혁명의 혼란 속에서 예상되는 예측불허의 상황은 만주를 양분하고 있던 러시아와 일본에게 만주에서의 기득권 유지에 더욱 집착하게 만들었다. 러일 양국은 만주와 중국 본토를 행정적으로 분리시키고자 했으며, 만주에서 외국열강에 기회균등 원칙을 적용하지 않는 방식으로 만주에서 독점체제를 구축하고자 하였다.

따라서 러일의 독자행동은 신해혁명에 대한 열강의 공조를 깨뜨리는 데 일조하고 말았다. 이는 중국의 과도기 혁명정부가 열강의 보호를 받으며 새로운 체제로 안정적으로 이행하는데 커다란 장애가 되고 말았다. 그 결과 제국주의 열강은 신해혁명시기 신정부가 우호적인 대외환경 속에서 새로운 체제에 안착하도록 유도하는 공조체제 구축에 실패함으로써, 중국 내부의 장기적인 혼란과 동북아시아의 불안정한 정국을 조성하는데 기여하고 말았다.

우창(武昌)봉기 직후인 1911년 10월 14일, 주일 미국대사 슈일러(M.Schuyler)가 미 국무부에 보낸 보고서는 청국사태에 대한 열강 간의 공조가 불가능하다는 판단의 단초를 엿볼 수 있게 해준다.[31] 왜냐하면 슈일러의 보고서는 일본이 청국사태에 대해 중국본토와 만주로 구분한 이중적인 입장을 취한 점에 주목하고 있었기 때문이었다. 보고서에 따르면, 일본정부는 청국 본토에서 자국의 이해가 침해받지 않는 한, 청 정부의 지원요청을 거절하고자 한 반면, 소요사태가 만주로 파급될 경우, 관련 열강과 사전 논의 없이 즉각 군대투입을 계획하고 있었다.

또한 남만주에 거점을 둔 일본은 홍콩에 5,000명의 병력을 보유한 영국보다 훨씬 신속하게 베이징으로 2만 명의 군대를 이동시킬 수 있는 군사전략상의 우위를 점하고 있다는 사실도 일본의 입장을 열강이 예의주시한 주요 원인이었다. 결국 열강이 일본의 군사전략상의 우위를 견제

---

31) Schuyler-Knox, Oct. 14 1911. FRUS. 1912. p.50.

할 수 있는 유일한 방책은 공동행동의 틀에 일본을 속박하는 것이었다. 슈일러가 일본 부외상 이시이(石井菊次郎)에게 미국 정부와 사전협의 없이 어떠한 조치도 취해서는 안 될 것임을 강조한 것도 그 맥락이다. 그럼에도 불구하고 슈일러는 "일본이 열강과는 별개로 독자적인 행동을 할 것이며, 그들의 조치들은 청국의 장래와 일본을 불가분의 관계로 만들려는 의도에서 비롯될 것"임이 틀림없다고 보고했다.[32]

일본이 청국사태에 대해 제3의 방관자로 남을 것인지, 중국의 장래에 깊이 관여하려는 간섭국이 될 것인지, 아니면 만주에 국한하여 주인행세를 할 것인지에 대해 고민하는 사이 신해혁명은 청국(淸國)정부를 위기로 몰아갔다. 주청(駐淸) 미국대리공사 윌리엄스(E.T.Wiliams)는 국무성에 보낸 보고서(1911.10.26.)에서 최대의 위기에 처한 청 정부는 분할 혹은 몰락이라는 선택의 기로에 서 있다고 사태를 진단했다.[33] 이에 대한 윌리엄스의 해법은 위안스카이의 복귀인데, 그가 리더쉽을 발휘하도록 설득하여 정부개혁을 추진하고 반정부적 성향의 지방들로부터 지지를 회복한다면 만주왕조는 생존할 수 있다고 판단했다. 그는 "만일 그렇지 못할 경우, 외국의 지원 이외에는 남부에 대한 통제 가능성은 전무하다"고 전망했다. 따라서 일본군 2개 사단의 파병준비 소문에 귀추가 주목된 것도 그것이 청 정부의 존망뿐만 아니라 상술한 일본의 대청간섭의 정도를 가늠할 수 있는 단서가 되었기 때문이었다.

그러나 주일 러시아대사관에서는 일본의 대청간섭이 일정정도 완화될 것으로 예상하고 있었다. 왜냐하면 주일 대리대사 브로넵스키는 "사이온지 내각이 군부의 모험주의를 억제할 수 있었던 계기는 바로 신규 예산수요를 감당할 수 없을 만큼 악화된 국가재정 상황"이었다고 러시아 외무성에 보고(1911.11.29.)하고 있기 때문이다.[34] 결국 일본의 재정

---

32) Ibid.
33) Williams-Knox, Oct. 26 1911. FRUS. 1912. p.52.

악화는 중국사태에 소극적인 사이온지(西園寺公望) 내각에 힘을 실어줌
으로써 모험주의로 표현된 일본 육군의 적극적인 중국개입 정책을 좌절
시키는데 일조했다. 이로 인해 일본의 대청정책이 적극적인 군사개입에
서 외교공조의 방식으로 변화될 것임을 예고함으로써 만주문제를 둘러
싼 러일공조의 토대가 마련되었다.

이에 일본 외무성은 모종의 외교적 성과를 내고자 했다. 특히 1912년
12월 28일 몽골이 독립을 선언한 이후 내무, 외교, 군정, 재정, 사법의
5부를 설치하여 정부를 조직하는 문제는 몽골의 승인을 둘러싼 러일 간
의 외교 교섭의 단초가 되었다. 아울러 이는 사이온지 내각의 소극적인
대청(對清)정책에 대한 야마가타(山縣有朋)와 육군수뇌부의 노골적인
비판과 불만을 잠재우기 위한 방편이기도 했다. 따라서 가시적인 외교적
성과가 필요했던 우치다 외상은 남만주의 외연확장에 착목하게 되었다.

우치다가 구상한 '남만주의 외연확장안'은 제1차 러일협약(1907.7.
30.)에서 획정한 북만주와 남만주의 분계선을 서부로 연장하여 내몽골을
동서로 양분함으로써 남만주와 맞닿아 있는 내몽골 동부를 일본의 세력
범위로 끌어들이는 것이 핵심이었다. 이를 위해 그는 내몽골의 동부는
일본의 특수이권 지역으로, 서부는 러시아의 특수이권 지역으로 승인하
는 협약을 체결함으로써 남만주에 한정된 일본의 세력권을 내몽골로 확
장하고자 하였다. 이는 군사력이 아닌 러시아와의 외교협상을 통해 성취
되어야 할 것이었다. 우치다는 그 실마리를 제1차 러일협약 제3조에서
찾았으나, 일본은 외몽골에서 러시아의 특수이해를 인정한 적이 있었지
만, 내몽골에 대해서는 아무런 규정이 없었다.

이에 우치다는 내몽골의 동서분할을 위한 대러교섭에 착수했다. 1912
년 1월 10일 주러 대사 구리노(栗野慎一郎)에게 러일 양국이 내몽골에

---

34) РГИА. Ф.560 Оп. 28 Д.463 Л.3-3об.:Доверительное Письмо А.А.
   Броневского. 16(29) ноября 1912 г.

서 세력범위를 설정할 적당한 시기가 도래하였다는 명분을 제시한 후, 내몽골의 장자커우(張家口)-쿠룬(庫倫)을 잇는 대도(大道)를 경계로 동서로 양분하는 문제에 대한 대사의 의견을 구했다.[35] 그러나 이에 대해 구리노는 현재 상기 협정이 가능한지 명확한 전망이 서지 않는다고 전제한 후, 러시아는 기회가 되면 만주의 분할을 단행하고자 하기 때문에 강력한 결심이 서지 않는 한, 이 문제에 대한 교섭은 시작하지 않는 것이 최선책이라고 진언하였다.[36] 그러나 러시아와 일본 양국에 의한 만주의 분할은 청국문제에 대해 소극적으로 대처하고 있던 사이온지 내각에게 결코 수용 가능한 대안이 아니었다.

그럼에도 불구하고 외교적 성과가 필요했던 일본 정부는 남만주에서 내몽골로 세력범위를 확장할 수 있는 방법모색에 관심을 거두지 않았다. 결국 우치다는 러시아 정부가 공식적으로 몽골과 외몽골의 명확한 용어 구분을 하지 않았다는 구실로 내몽골문제를 양국 간의 공식의제로 상정하기에 이르렀다. 이는 1912년 1월 11일 몽골의 독립에 관한 러시아 외무성의 성명에서 "러시아는 몽골을 침략할 야심은 없지만, 몽골에 커다란 이해관계가 있기 때문에, 몽골이 청국과 관계를 단절할 경우, 몽골 정부와 업무상 관계를 개시하지 않을 수 없다"는 의미의 성명을 발표한 것[37]이 그 발단이 되었다.

여기에서 일본 외상 우치다는 외몽골과 구분하지 않고 시종일관 사용된 '몽골'이라는 용어가 내몽골을 포함할 수 있는 가능성에 주목했다. 이를 묵과할 경우, 러시아는 제1차 러일협약 제3조에 규정된 범위를 넘어 광대한 전체 몽골을 특수이해 지역으로 설정할 수 있기 때문이었다.[38] 따라서 "양국 간의 오해의 소지를 제거"한다는 명분으로 내몽골에

---

35) 『日本外交文書』第45卷, 第1册, pp.40-43. 「內田外務大臣-露國栗野大使」, 1912.1. 10.

36) 위의 책, pp.44-45. 「露國栗野大使-內田外務大臣」, 1912.1.13.

37) 위의 책, pp.44-45. 「露國栗野大使-內田外務大臣」, 1912.1.11.

서 양국 간의 세력범위 획정을 둘러싼 교섭이 시작되었다. 당연히 교섭
의 초점은 내몽골의 동서분계선의 기준설정 문제가 될 것임이 확실하
였다.

그러나 러일 양국은 내몽골 분할을 즉각 단행할 수 없었다. 열강의
견제가 직접적인 원인이었다. 이는 내몽골의 분할이 열강의 동의가 필요
한 문제가 되었음을 의미했다. 열강은 "중국사태에 대한 열강의 공동행
동"이라는 명분하에 러일의 행동의 자유를 제한하는 방식으로 양국을
견제하려 하였다. 그렇다면 '열강의 공동행동'이라는 굴레에 대해 러일
은 어떻게 대응했을까? 1912년 2월 26일 주일 러시아공사 브로넵스키
(А.А.Броневский)의 보고서에 따르면, 2월 1일 독일외무성은 '베를린
주재 외교대표단의 의견'이라는 명분으로, 주독 일본공사(駐獨 日本公
使)에게 중국사태에 개입이 필요할 경우, 열강은 공동으로 행동해야만
할 것임을 통보했다는 것이다.[39]

이에 우치다 외상은 '공동이익과 특수이익'의 구분을 명확히 하는 방
식으로 이에 대응했다. 그는 주독 공사에게 "본국 정부 역시 중국에서
열강의 공동이해와 관련될 경우 공동행동을 유지할 것이나, 일본의 특
수이익에 관련된 지역일 경우 일본은 독자적으로 행동할 수밖에 없음"
을 회신토록 지시했다. 이는 일본이 자국의 특수이익 지역으로 간주한
남만주에서 타열강과 이익을 공유하지 않겠다는 선언적 의미를 지니고
있었다.

이 선언은 독일뿐만 아니라 달러외교를 통해 만주에 적극적인 투자를
모색하던 미국에도 맞춰져 있었다. 우치다 외상이 "일본은 최우선의 의
미가 있는 남만주의 특수이권 보호를 위한 대책을 마련할 것임을 미국정

---

38) 『日本外交文書』第45卷, 第1冊, pp.48-49. 露國栗野大使-內田外務大臣, 1912.1. 16.
39) РГИА. Ф.560 Оп. 28 Д.463 Л.31.:Секретная тел. А.А.Броневского. 13
　　Фев. 1912 г.

부에도 통보토록 훈령했다"고 주일 러시아공사관에 알린 것도 미국에
대항한 러일 공조(共助)의 당위성을 설명한 것이었다. 따라서 중국의 신
정부 승인문제를 열강의 의견일치를 통해 결정하자는 미 국무장관 녹스
의 제안에 대해 우치다 외상이 '플라토닉한 희망사항'으로 평가한 것도
미국을 겨냥한 러일공조를 그 바탕으로 하고 있었다.[40]

결국 중국 신정부의 승인을 둘러싼 미국, 일본, 러시아 3국 간의 대립
은 중국혁명정부의 장래에 불확실성을 더해주고 있었다. 그리고 그 불확
실성은 열강 간의 의견일치를 통해 신정부를 승인한다는 미국이 제안한
'보편의 논리'와 만주는 열강의 의견일치 대상에서 제외해야 할 러일의
특수이해 지역임을 강조한 일본의 '특수의 논리' 간의 지리한 대립구도
와 맞물려 있었다. 따라서 만일 만주의 지위가 일본과 러시아의 특수이
해 지역으로 설정된다면, 만주와 인접한 내몽골 역시 양국의 특수이해
지역으로서 타열강의 진입이 배제될 가능성이 높았다.

한편 러시아의 사조노프 외상은 위안스카이가 이끄는 중국의 신정부
는 강력한 국가로 성장해서는 안 된다는 입장을 견지하고 있었다. 이는
열강의 신정부 승인 이전에 국제신디케이트가 위안스카이가 요구하는
대중차관을 제공해서는 안 된다는 의미이기도 했다. 왜냐하면 차관은 중
국인 스스로 무장할 수 있게 함으로써 중국과 접경하고 있는 러시아에게
위협이 될 수 있다고 판단하였기 때문이었다.

또한 사조노프는 대중차관(對中借款)이 러시아의 관심을 유럽보다는
극동에 집중시킴으로써, 국가의 이익이 은행가들의 사적인 이해에 복속

---

40) 우치다(內田康哉)는 브로넵스키가 열강의 범주를 어떤 나라로 한정하려 하는지를
질문하자, 중국 문제에 보다 관심을 많이 가지고 있는 국가들, 예를 들어 러시아,
일본, 영국, 프랑스, 미국, 독일을 들 수 있으나, 이 국가들이 베이징에 외교대표부
를 두고 있는 모든 나라들을 이 블록에 포함시키는데 동의한다면, 블록을 확대하
는데 반대할 이유는 없다는 입장이라고 하였다. РГИА. Ф.560 Оп. 28 Д.463
Л.52-52об.:Секретная тел. Броневского. 11 марта 1912 г.

될 가능성이 높다고 보았다. "과연 러시아가 모든 관심과 힘을 극동으로 돌리는 것이 3국협상(Triple Entente) 진영의 이해에 부합하는지" 여부를 영국 외상 그레이(E.Grey)와 따져보도록 주영 러시아대사 벤켄도르프(A. К.Бенкендорф)에게 지시한 사조노프의 훈령(1912.3.18.)이 이를 반증하고 있다.[41] 그 결과 신해혁명의 성패는 유럽에서 독일의 패권주의에 맞서고 있는 영국, 프랑스, 러시아의 3국 협상측의 이해와 맞물리기 시작했다.

러시아의 사조노프 외상은 3월 22일 벤켄도르프에게 보낸 전문에서 "대청차관의 조건은 러시아가 극동에서 자국의 이익을 보호하기 위해 유럽과 발칸에서 관심을 거두지 않아야만 한다는 것이며 이것은 삼국협상 진영의 공통의 이익"임을 통보했다.[42] 이는 영국이 유럽에서 독일의 패권주의에 맞서기 위해 러시아를 끌어들이기 위해서는 중국에서 러시아의 이익을 보장해 주는 것이 선결과제였음을 의미했다. 그 결과 영국은 만몽의 문호개방을 추구한 미국과 다른 한편으로 만몽에서 특수이익을 보호하려는 러일(露日)의 사이에서 캐스팅 보트를 쥐게 되었다.

러시아의 이 같은 입장은 1912년 6월 10일 주영 미국대사 레이드가 미국무장관 녹스에게 보낸 전문에서 재확인되었다. 레이드는 "몽골과 만주에서 러시아와 일본의 특수권리를 천명한 것에 대해 영국 정부는 그러한 권리들을 인정할 것이나, 동시에 문호개방 원칙도 확인할 것"이라는 영국 외무성의 극동국장 랭글리(W.Langley)의 전언을 타전하였다.[43] 영국의 이 같은 입장은 일견 절충적이었지만, 사실상 만몽지역에 대한 러일의 특수이익을 승인한 것으로서 만몽에서의 문호개방은 러일 양국의 자유의지에 따라 결정될 사안이 되고 말았다. 결국 내몽골 분할문제

---

41) *G.A.Schreiner*, 위의 책, p.37. Sazonoff - Benkendorff, 1912.3.18.

42) 위의 책. p.37. Sazonoff - Benkendorff, 1912.3.22.

43) FRUS. 1912. p.136. Reid-Knox, 1912.6.10.

를 해결하는 실마리는 영국정부가 제공하였고, 전직 일본수상 가츠라가 러시아를 방문하여 내몽골분할을 골자로 하는 러일 간의 제3차협약 체결을 마무리하는 수순만 남게 되었다.

이에 러시아 외상이 주영대사에게 전문으로 보낸 극비문서는 다름 아닌 몽골 관련 러일비밀협약 초안이었다.[44] 러일 양국 간의 협약체결 이전에 영국에게 비밀협약 초안을 사전통지하는 4국(英佛日露) 앙탕트체제의 작동 메카니즘이었다.[45] 결국 1912년 7월 8일에 체결된 내몽골분할을 위한 비밀협약은 전문과 3개 조문으로 구성되었다. 전문에는 체결 목적을 밝히고 제1차 러일협약(1910)과 제2차 러일협약(1910)의 조문을 보완함으로써 만몽에서 각자의 특수이익에 관한 오해의 소지를 제거하고, 제1차 러일협약의 추가조항에서 정한 만주의 분계선을 연장하여 내몽골에서 각자 특수 이익지역을 획정한다는 것이 요지였다. 제1조에서는 만주를 남북으로 분할하는 분계선에서 출발하여 내몽골의 경계를 정의하고, 제2조에서는 베이징의 경도(동경 116도 27분)를 기준으로 내몽골을 동서로 분할하여 동부는 일본의 특수이익권으로 서부는 러시아의 특수이익권으로 승인하고 존중하기로 약속하였다. 제3조에서는 체약 양국이 이 협약을 비밀에 부치기로 합의하였다.[46]

페테르부르크에서 러시아 외상 사조노프와 주러 일본대사 모토노가 협약을 체결하던 당일, 전직 수상 가츠라(桂太郎)가 고토(後藤新平) 등과 더불어 러시아 순방길에 올랐다. 이는 러일관계가 향후 더욱 강화될

---

44) *G.A.Schreiner, Entente Diplomacy and The World: Matrix of the History of Europe,* 1922. pp.39-40. Sazonoff-Benkendorff, 1912.7.2.

45) 1912년 7월 1일 일본 역시 러시아의 동의를 얻은 후, 영국과 프랑스 정부에 알렸다.(『日本外交文書』第45卷 第1册, pp.88-90.「露國本野大使-內田外務大臣」, 1912.7.1.

46) 『日本外交文書』第45卷 第1册, pp.91-92.「內田外務大臣-在中國伊集院公使」, 1912.7.8.

것이라는 전망을 가능하게 함으로써 제1차 세계대전 시기에 양국관계가 군사동맹의 수준으로 발전할 토대가 마련되었음을 의미하였다. 이에 러시아는 1912년 11월 3일 전직 주청공사 코로스토베츠를 쿠룬(庫倫)으로 파견, 중국과 몽골 간의 과거의 관계를 단절하고 러몽 간의 신시대를 여는 러몽(露蒙)조약을 체결하였다. 이는 강력한 정치블록을 형성한 4국(영불일러)협상체제가 중국문제에 타열강의 개입을 억제하고 독점적인 영향력을 행사한 측면을 보여주는 것이다. 따라서 4국협상체제에 대한 독일의 도전은 제1차 세계대전 발발의 주요 원인이 되었으며, 영국, 프랑스, 러시아가 독일을 중심으로 한 3국동맹(Triple Alliance) 진영과 총력전을 벌이는 동안, 일본은 동아시아에서 위상을 강화하고 중국문제에서 세력을 확장할 수 있게 되었다.

5. 러일의 내몽골 분할협약과 유럽의 국제관계

상술한 바를 통하여 신해혁명시기 만몽문제를 둘러싼 제국주의 열강의 각축은 국제적 사건들과 연동되고 있었음을 알 수 있다. 특히 중국의 반발에도 불구하고 러시아와 일본이 내몽골분할 관련 제3차협약을 체결할 수 있었던 원인도 유럽의 발칸(Balkan)위기와 깊은 관련이 있음을 알 수 있다. 발칸위기가 고조됨에 따라 영국은 러시아를 유럽무대로 복귀시키기 위해 만몽에 대한 러일의 특수권익을 승인하기에 이르렀다. 그 결과 신해혁명의 성공과 혁명정부의 안착을 위해 중국에 이해를 갖고 있던 열강의 공조는 좌절됨으로써 중국내부의 혼란은 장기화되고 말았다.

이에 제2차, 제3차 러일협약 체결에 이르는 2년간(1910-1912) 신해혁명을 둘러싼 중국변강의 위기를 만몽문제에 초점을 맞추어 세 시기로 구분하여 정리하면 다음과 같다. 제1기는 제2차 러일협약(1910.7.4.)체결

이후 청국과 4국차관단과의 차관협정체결(1911.4.5.) 시기까지가 해당된
다. 이 시기 청국은 내정의 정비보다는 불평등한 대외관계의 조정과 권
리회복에 전력하면서 인접국과의 갈등을 심화시켰다. 러일전쟁 이후 동
아시아에서 약세를 노정한 러시아에 대한 청국의 공세 강화가 그 예이
다. 그러나 러청통상조약 갱신을 둘러싼 러청 접경지역에서의 양국 간의
무력대치 상황은 청국의 양보로 일단락되었지만, 청국은 남만주에 근거
한 일본의 간섭이 부담스러웠고 러시아 역시 일본의 대러지원의 한계를
절감한 시기였다. 제2기는 차관협정 체결에서 신해혁명 발발(1911.9.3.)
까지로 한정할 수 있는데 미국의 달러외교에 맞서 일본의 대러접근이 본
격화되는 시기였다. 청 정부가 화폐개혁을 추진하고 만주에서 산업을 진
흥시키기 위해 도입하고자 한 차관은 만주를 남북으로 분할하여 각각의
세력권으로 획정하고 있던 기득권 세력인 러시아와 일본에게 커다란 위
협이 되었다. 동시에 미일 간의 대립 격화는 일본의 동맹국인 영국으로
하여금 미국과 중재조약을 체결하도록 함으로써 영일동맹의 위력이 약
화되는 시기이기도 했다. 따라서 일본은 제3차 러일협약 체결을 위해 대
러접근에 매진하는 되었다. 제3기는 신해혁명 발발이후 제3차 러일협약
체결시기까지가 해당된다. 내몽골을 동서로 분할하여 일본과 러시아의
세력권으로 설정하기로 한 제3차 러일협약은 청국이 동의하거나 묵인한
사항은 아니었다. 이는 러시아와 일본의 만몽 침략정책과 이를 묵인한
앙탕트(영국과 프랑스)진영의 유럽중심주의와 맥이 닿아있다. 유럽에서
영독(英獨) 간의 긴장이 고조됨에 따라 영국과 프랑스가 중국의 위기보
다 발칸의 위기를 보다 위중하게 받아들였기 때문이었다.

이를 통하여 제국주의 열강의 합종연횡과 외교적 타협을 통해 이루어
진 영토 및 세력의 확장과정은 신해혁명의 격동기를 보내고 있던 중국의
정치상황을 더욱 혼미하게 만들었을 뿐만 아니라 만몽문제의 전례가 되
었던 한국의 경우에도, 그것이 한국인들의 삶과 일상을 피폐하게 만들어

놓았음을 알 수 있다. 일본이 한국병합 이후 만몽으로 세력을 확장해가
는 동안 식민지 한국인의 삶은 일본의 팽창정책에 대한 순응여부에 따라
강제이주 혹은 무력저항의 방식으로 갈라졌다. 펑티엔(奉天)주재 러시아
영사 콜로콜로프(Колоколов)는 일본정부의 재정지원을 통해 한인 농
민 2,833명이 만철연선 지역으로 이주해왔으며, 3년 상환을 조건으로 정
착과 경작비용을 정부로부터 일시불로 지원받고 있음을 보고(1912.
4.24.)하고 있다. 그리고 일본이 한인들을 만철연선으로 이주시키는 사
업은 정치경제적 목적을 갖고 있기 때문에, 이번 이주가 성공한다면 향
후 철도연선은 식민을 목적으로 한 일본과 한인관할 이주지역이 될 것으
로 전망했다.[47]

　　반면 주일 러시아대사 말렙스키-말레비치의 기밀보고서(1912.7.8.)에
는 일본의 팽창정책에 대한 한국인들의 저항과 투쟁을 보고하고 있다.
가츠라가 러시아 및 유럽을 순방하기 위해 오사카에서 한국을 거치지 않
고 바로 다롄으로 출발하여 그곳에서 창춘(長春)을 거쳐 동청철도로 갈
아타기로 결정한 배경과 조선총독이 파견한 헌병장교와 한국어 통역관
이 가츠라를 수행하게 된 것도 한국혁명파의 습격에 대비하기 위함이라
고 보고했다. 왜냐하면 일부 한인혁명대원들이 모스크바와 페테르부르
크로 출발하여 이곳에서 가츠라를 저격하려는 준비를 하고 있다는 정보
를 일본 정부가 입수했기 때문이었다. 이에 주일 러시아대사는 블라디보
스토크 군관구 사령관 및 곤다치(Гондатти Н.Л.) 총독 및 하르바트(Х
орват Д.Л.) 장군에게 블라디보스토크와 하얼빈 거주 한인 용의자명단
을 발송했음을 사조노프 외무상에게 보고하였다.[48]

　　결국 동아시아에서의 러일공조는 대외적 팽창뿐만 아니라 피억압 민

---

47) РГИА. Ф.560 Оп. 28 Д.463 Л.69-69об.:Выписка из секретного
　　донесения Колоколова. 11 апреля 1912 г.
48) Там же. Л.104-105: Депеша Гофмей стера Малевского-Малевича,
　　25 июня 1912 г.

중의 저항을 억누르는데 효과적으로 기능함으로써 러일관계에 대한 신뢰는 때로는 강력한 동맹의 형태로 혹은 느슨한 연대의 형태로 태평양전쟁시기까지 이어지게 되었다.

제5장 중소 국경문제와 전바오도(珍寶島)사건(1969)

1. 중국과 소련의 국경사

동아시아 국가들 사이에서 영토를 둘러싼 갈등이 고조되고 있는 상황에서 중국과 러시아 간의 국경문제를 둘러싼 분쟁과 조정의 역사는 영토문제에 대한 합리적인 해법을 찾는데 시사하는 바가 크다. 이는 독도와 교과서 왜곡문제로 한국과 일본 간의 갈등이 고조되고 있는 상황에서 중국과 러시아는 오히려 그동안 양국의 현안이었던 영토문제에 대한 종지부를 찍었다는 사실과 깊은 관련이 있다. 요컨대 중러 간의 국경문제는 한일 간의 그것보다 한 단계 진화한 셈이라 할 수 있다.

중러 국경문제는 제국주의시기와 냉전시기 그리고 냉전의 해체시기와 같이 3시기로 구분하여 고찰할 수 있다. 왜냐하면 제국주의시대가 국경분쟁의 맹아를 잉태한 시기라면 냉전시기는 중소 간의 국경문제를 둘러싼 갈등의 표출시기였으며 냉전의 해체 이후 시기는 국경갈등의 조정시기로 규정할 수 있기 때문이다.

오늘날 약 4,300km에 달하는 중러국경은 1689년 중국 외교사상 외국과 체결한 최초의 국경조약이자 중러 양국이 체결한 첫 번째 국경조약인 네르친스크 조약을 기점으로 1991년 중러 동부국경획정협정까지 11차례의 국경조약을 통해 형성되었다. 네르친스크 조약은 헤이룽강(黑龍江)과 우쑤리강(烏蘇里江) 유역의 광대한 토지가 중국의 영토임을 법률적으로 인정하는 의미를 지니고 있었다. 그러나 170년 후 제정러시아는 부

패한 청조(清朝)가 내우외환의 곤경에 처해있음을 틈타 청국정부로 하여
금 아이훈조약(1858)과 베이징조약(1860)을 체결하도록 강요함으로써,
국경문제를 둘러싼 양국관계 변화의 일대 전기를 마련하게 되었다. 그
결과 헤이룽강과 우쑤리강은 중국의 내륙하천에서 중러 양국의 경계가
되는 하천으로 변모하고 말았으며 이를 통해 중러 간의 동부국경의 기본
방향이 확정되었다. 아이훈조약과 베이징조약이 체결된 이후, 제정러시
아는 중국의 영토를 지속적으로 잠식했으며 양국은 훈춘동계약(琿春冬
季約, 1886), 만저우리계약(滿洲里界約, 1911년)을 체결함으로써 러시
아가 잠식해 들어간 동부변경 지역의 양 끝단이 이들 조약을 통해 확정
되었다.[1] 따라서 중러 간의 국경문제는 역사성을 지닌다는 특징이 있다.
    중러 국경을 둘러싼 양국의 대립은 국경획정 조약에 대한 인식상의
현격한 차이에서 비롯되었다. 러시아는 현존하는 국경선이 역사적으로
양국 간에 체결된 일련의 조약을 통해 설정된 것이므로 합법적이라고 주
장하는 반면, 중국은 현재 국경선이 불평등조약에 기반한 것이므로 비합
법적인 것으로 인식하였다. 마오쩌둥(毛澤東)은 약탈적인 차르정부가 불
평등조약을 통해 중국의 영토를 약 150만km²를 침탈하였다고 주장하는
반면, 흐루쇼프(Хрущев Н.С.)는 러시아 황제나 중국의 황제나 똑 같이
이웃나라에 대한 영토침탈을 해왔으며 토지의 약탈은 봉건황제들의 일
반적 속성이라고 이를 묵살하였다. 따라서 러시아가 불법적으로 약탈해
간 영토에 대한 반환이 반드시 이루어져야 한다는 중국의 입장과 영토
반환은 불가하다는 러시아의 입장이 국경문제를 둘러싼 양국 간의 갈등
구도의 골간을 이루고 있었다.
    그러나 제국주의와 냉전시대의 불평등한 양국관계가 투영된 중소국

---

  1) 베이징조약을 비롯한 일련의 국제조약 체결을 통해 청조가 러시아에 할양한 총면
    적은 1백 51만km²이며 한반도의 7배 반에 달하고 있다. 요컨대 근대 150년 사이
    중국은 열강의 침략으로 국토 면적의 15%가 축소되었다. 吳純光, 『太平洋上的較
    量-當代中國的海洋戰略問題』, 今日中國出版社, 1998, p.18.

경문제는 냉전의 해체 이후 대등한
양국관계를 담아내는 중러 간의 선
린우호조약이 체결되면서 해결의 실
마리를 찾게 되었다. 2001년 7월 푸
틴과 후진타오 간에 체결된 중러선
린우호조약의 제6조에 상호간의 영
토 반환 청구권은 부재한다고 천명
한 것도 바로 이 같은 양국관계의
변화를 반영하고 있다. 그 결과 2005
년 6월 2일 중국 외교부장 리자오싱
(李肇星)과 러시아 외무장관 세르게

전바오도 위치

이 라브로프(Лавров C.)는 블라디보스톡에서 양국 정부를 대표하여
'중러동부국경보충협정(中俄國界東段的補充協定)' 비준서를 교환함
으로써 양국 간의 국경획정의 긴 여정을 마무리 지었다.[2] 리자오싱(李
肇星)은 보충협정이 체결됨으로써 4,300km에 달하는 국경선이 법률적
으로 확정되었다고 선언하고, 양국 간의 국경문제는 완전하게 해결되었
고 인접국 간의 상호번영을 위한 토대가 마련되었다고 의미부여를 하
였다. 따라서 중러 간의 국경분쟁 조정의 역사는 우호적인 양국관계의
수립만이 복잡한 국경문제를 풀어내는 선결과제임을 오롯이 보여주고
있다.

---

2) 程剛·王海峰,「中俄邊界問題徹底解決」,『決策探索』, 2005年 6期, p.88. 이 협정을
통해 중국과 러시아는 이제까지 해결하지 못하고 있던 최후의 분쟁지역인 우쑤리
강과 헤이룽강이 합치는 지역에 위치한 헤이샤쯔도(黑瞎子島)와 내몽골 근방의
만저우리 지역의 아바가이투저우주(阿巴該圖洲渚)를 포함한 375km²를 쌍방이 각
각 절반씩 점유하기로 합의하였다. 아울러 2005년 6월 1일 블라디보스톡을 방문
한 리자오싱은 러시아외상 라브로프뿐만 아니라 인도 외상과 회담을 갖고 중·인·
러 외무장관 간의 제4차 비공식회담에 참가했다.

이 글에서는 중화인민공화국의 성립 이후 중소 양국 간에 전개된 국경교섭을 3시기로 구분하여 고찰하고, 시기별 논의의 쟁점과 문제의 해결과정을 추적하고자 한다. 제1차 교섭은 1964년 2월에서 8월까지, 제2차 교섭은 1969년부터 1979년까지, 그리고 제3차는 1987년 2월부터 1991년 중소 간의 동부국경협정이 체결될 때까지로 구분하여[3] 국경문제를 중심으로 양국의 협상논리와 대응논리를 살펴보고자 한다. 아울러 국내에서 아직 관심을 끌지 못하고 있는 이 연구가 냉전시기 분쟁상태에 있던 중소관계가 오늘날 우호협력의 관계로 이행할 수 있었던 배경을 국경문제를 중심으로 이해하는데 일조하기를 기대한다.

2. 중소 국경문제의 제기와 제1차 국경교섭

1949년 건국된 중화인민공화국의 초기 국경정책은 '무법회피(無法回避)'원칙으로 집약된다. 저우언라이(周恩來)가 견지한 이 원칙은 국경문제로 인접국과의 관계가 긴장된다면, 문제의 제기와 해결을 도모하기 보다는 시기가 좋을 때까지 기다려야 한다는 것이 그 골자였다. 이는 신생 중국이 역대 왕조와는 달리 국위를 널리 떨칠 형편이 아니었음에도 불구하고 주변국가와의 국경문제를 둘러싼 분쟁 가능성이 상존했던 상황에서 마련된 고육책이라 할 수 있다. 신생 중국의 국경은 국경조약에 근거한 국경선, 오랫동안 형성된 전통적 관습선, 그리고 당시 중국이 실제로 통제하고 있는 국경선으로 형성된 3개의 국경선으로 상호 중첩된 국가교섭에 둘러싸여 있었기 때문에[4] 어떠한 국경도 확정된 것은 없는 상황

---

3) 姜長斌 編譯, 「季列耶夫談中俄20世紀90年代勘界工作」, 『俄羅斯中亞東歐研究』, 2005
    年 第5期, p.84.
4) 于淑云, 「60年代中蘇邊界談判的歷史探索」, 『內蒙古民族大學學報』, 第31卷 第3

이었다. 그리고 중소 양국의 국경문제 역시 이 같은 상황에서 예외일 수
는 없었으며 중화인민공화국의 건국 초기, 양국은 사회주의 진영에 함께
위치해 있었고 국가이익이 대체로 일치하였기 때문에 이로 인한 모순은
잠시 뒤로 밀려나 있었을 뿐이었다.[5] 그러나 1950년대 하반기부터 두드
러진 중소 간의 관계악화는 양국 간의 국익충돌로 비화되면서 역사 속에
묻혀있던 국경문제가 돌출되기 시작하였다.[6] 요컨대 중소국경 문제의
대두는 양국관계가 악화 일로에 접어든 시점과 일치한다는 특징이 있다.

1950년대 말부터 악화되기 시작한 중소관계는[7] 1969년 전바오도에
서 양국 군대 간의 유혈무력 충돌로 비화되었는데 그 대립의 중심에는
국경문제가 자리 잡고 있었다.[8] 이는 중소국경 문제의 전개양상이 본질
적으로 양국의 관계변화 과정과 긴밀하게 맞물려 있음을 의미했다. 비록
변경과 중앙은 지리적으로는 서로 떨어져 있었으나 양국 수뇌부와 당 중

期, 2005年, p.77. 소련 성립 후 1929년 중동철도사건 당시 소련적군은 헤이룽강
과 우쑤리강이 합치는 곳에 위치한 면적 360평방킬로에 달하는 푸위안(撫遠)삼각
주, 즉 헤이샤쯔도를 점령했으며, 1944년 면적이 7만 평방킬로에 달하는 탕누우
량하이(唐努烏梁海) 지역에 진입함으로써 중소국경 상에 중러조약선(中露條約線),
소련지도선(蘇聯地圖線) 그리고 실제통제선이 교차되는 복잡한 상황이 발생했다.

5) 郭力,「中國邊界談判50年」,『探索爭鳴』, 2005年 2期, p.33.

6) 孔寒冰,「歷史的一面鏡子-中俄邊界問題的生產及其解決過程」,『國際政治研究』, 1997
年 第1期, pp.17-20.

7) 중소 양국의 동맹자적인 초기관계가 파국에 이른 요인으로 소련의 대국쇼비니즘,
마르크스-레닌주의의 해석을 둘러싼 이념분쟁, 타협이 불가능한 양국 지도자 자
오저둥과 흐루쇼프의 인성론 그리고 마오쩌둥의 좌편향적인 정책 등을 들 수 있
다. 그러나 초기 양국관계의 근본적인 문제는 중국의 대소일변도(對蘇一邊倒)외교
와 '사회주의 형제관계'로 표현된 불평등한 양국관계로 평등한 양국관계의 복원
과 독자성을 도모하려는 중국의 시도가 양국관계 파열의 변수였다.

8) 소련공산당 20차 당대회 이후 스탈린에 대한 평가, 사회주의국가와 자본주의국가
간의 관계설정 그리고 사회주의건설의 1차적 과제를 둘러싼 이념논쟁을 둘러싼
중소 양국 지도자들 간의 의견대립이 발생하였고 결국 양국관계 악화로 확대되었
다. 孔寒冰,「歷史的一面鏡子-中俄邊界問題的生產及其解決過程」,『國際政治研究』,
1997年 第1期, p.18.

앙 간의 갈등이 곧바로 국경문제에 투영되었고, 변경에서의 대립과 충돌
은 중앙정부로 하여금 양국 간의 관계개선과 국경문제의 해법을 모색토
록 하였다. 따라서 양국의 국경선이 오랜 세월에 걸쳐 형성된 복잡한 역
사의 산물인 점을 감안한다면, 국경의 현상을 변경하는 작업은 장기간의
지난한 과정을 겪을 수밖에 없을 뿐만 아니라 협상 양측은 문제해결의
전제조건으로 상대국을 신뢰할 만한 협상파트너로 인정해야 만 했다. 결
과적으로 45년에 걸친 중소 간의 국경문제 해결과정은 중러 양국의 관
계를 21세기의 동반자 관계로 변모시키는 과정이기도 했다.

중소 양국 간의 국경문제는 스탈린에 대한 재평가를 둘러싸고 중소관
계가 파국으로 접어들던 상황에서 중국에 파견된 소련 기술자들이 본국
으로 송환되는 시기에 발생했다는 점은 주목할 만하다. 1960년 여름 중
국의 목동들이 월경하여 소련 영토 깊숙이 부즈아이그르(Буз-Ай гыр:
카자흐스탄) 언덕으로 들어온 사건이 중소 국경분쟁의 시발점으로 간주
되고 있다.[9] 최초의 중소국경 분규는 1960년 7월에 발생했다는 것이 일
반론이나, 이를 둘러싼 중소 양국에서의 서술내용은 상이하다. 소련에서
는 신장(新疆)지역 목동들의 월경사건으로 해석하는 반면, 중국은 신장
경내에서 소련군이 월경하여 중국 유목민들을 구타한 사건을 제1차 중
소국경 사건이라 주장한다. 양국은 이와 관련하여 공문을 주고받으면서
문제지역의 국경선 획정에 대한 상이한 시각차를 노정시켰다. 1960년 8
월 17일 중국의 부외상은 소련대사 수다리코프(Судариков Н.Г.)에게
다음의 각서를 소련 정부에 전달할 것을 요청했다. "당신은 중국인민과
가축들이 위치한 곳을 소련영토로 간주하지만 우리는 이곳을 중국영토
로 간주하고 있다"[10]는 것이 요지였다. 수많은 중국 목동들이 이 지역에

---

9) Прохоров А. К Вопросу о советско-китай ской границе. М., 1975.
   С.217. 孔寒冰, 「歷史的一面鏡子-中俄邊界問題的生産及其解決過程」, 『國際政治
   研究』, 1997年 第1期, p.19.
10) Кулик Б.Т. Советско-китай ский раскол: причины и последствия.

서 태어났고 그 조상들이 그곳에 묻혀있다는 것이 부즈아이그라 이북지역을 중국영토로 주장하는 근거로 제시되었다.[11] 국제법에 입각한 소련의 영유권에 대해 중국은 역사적 귀속권을 제기하며 양국 간의 국경분쟁을 구체화시켜 나갔다. 아울러 중국정부는 외교부 산하에 중소변경문제 전담부서(中蘇邊界問題辦公室)를 설치하여 소련과의 교섭에 적극적인 준비를 하고 나섰다.[12]

양국 간의 국경문제의 핵심은 국경상의 분쟁지역이 존재하는가의 여부를 둘러싼 상이한 인식차에 있었다. 중국은 소련이 분쟁지역의 존재를 인정해줄 것을 요구한 반면, 소련은 그 자체의 인정을 부인하고자 하였다.

1962년 봄 중소 국경에는 신장지역 거주민의 상당수가 소련영토로 월경한 사건이 발생했다. 이 같은 대규모 이동은 경제적인 곤란과 중국의 빗나간 민족정책에서 비롯되었으나 중국은 이 모든 것을 소련이 도모하고 선동했다고 비난하고 나섰다. 그 뒤를 이어 중소분쟁의 도가니 속으로 새롭게 기름을 붓는 문서상의 중상모략이 전개되었다. 그 결과 소련은 우루무치(烏魯木齊) 총영사관과 굴제의 영사관을 폐쇄했고 중국측의 요구에 따라 우루무치 주재 소련 무역대표부를 폐쇄하고 훠얼꿔쓰(霍爾果斯)와 투르가르트 소재 소련대외무역국 직원들의 소환이 단행되었다. 중국주재 소련대표를 최소화시키려는 소련정부의 결정에 따라 1962년 9월 하얼빈(哈爾濱)과 상하이(上海) 주재 영사관, 그리고 다롄(大連)과 상하이 및 광저우(廣州) 소재 대외무역국 지부가 문을 닫았고

М. 2000. С.361.

11) Прохоров А. К Вопросу о советско-китай ской границе. М., 1975. С.218.

12) 郭力,「中國邊界談判50年」,『湖北檔案』, 2005年 5期, p.45. 1960년 주중 소련대사관 역시 중국 외무성에 부즈아이그르 고개 이북지역의 귀속문제에 대해 중국이 강력히 이의제기를 한다면, 비록 이 지역을 분쟁지역으로 간주하지 않지만 외교채널을 통한 우호적인 협상을 진행할 용의가 있음을 밝혔다.

중국과 소련을 잇는 철도 역사인 만저우리 주재 소련철도국 분소 역시 폐쇄되었다.13)

또한 국경문제를 통해 불거져 나온 양국 간의 대치국면은 상호 비방 성격의 대응논리를 동원함으로써 갈등의 골이 깊어져 갔다. 1962년 12월 흐루시초프는 소연방회의에서 중국이 마카오와 홍콩의 회수에 관심을 보이지 않은 것과 인도와의 분규사태를 겪은 것에 대해 비난하고 나섰다. 이에 대해 중국은 1963년 3월 8일 『인민일보』를 통해 발표한 성명에서 아이훈조약, 베이징조약과 이리(伊犁)조약은 차르정부가 중국을 강박하여 체결한 불평등조약임을 공개적으로 제기했다.

중국의 이 같은 문제제기는 흐루시초프의 비난이 가지고 있는 문제점을 꼬집기 위한 것이었다. 러시아가 일련의 불평등조약을 통해 중국영토를 탈취했음에도 불구하고, 자신의 허물을 인정하기보다는 불평등조약으로 빼앗긴 홍콩과 마카오의 반환에 중국이 무관심하다는 문제를 제기하는 것 자체가 어불성설이기 때문이었다. 따라서 중국은 사설을 통해 소련이 홍콩과 마카오와 같은 문제들을 제기하는 것은 불평등조약문제 전부를 뒤엎어야만 하는데, 한 번에 모든 것을 정산할 수 있을 것인지를 공개질의하고 나섰다.

그 결과 1963년 9월 27일 중국 외교부는 소련 정부에 불평등조약문제를 정식 제기할 것임을 확인하고 나아가 11월 19일 "중소국경 전반에 토론을 필요로 하는 문제들이 너무 많음"을 주장하며 협상을 제의하고 나섰다.14) 이에 맞서 1963년 11월 21일 소련 외무성은 10월 혁명 첫 해에 소비에트 정부가 제정러시아가 독자적 또는 여타 제국주의 열강과 함께 중국에 강박한 모든 불평등조약을 무효화하였고 평등과 상호주권 존

---

13) Кулик Б.Т. 위의 책. С.362.
14) Борсов О.Б., Колосков Б.Т. Советско-Китайские отношения. М., 1972. С.301.

중의 기반 위에 중국과의 관계를 수립했다고 반박했다. 아울러 왜 이제
서 중국 측이 공식문서를 통해 존재하지도 않은 '불평등조약론'을 제기
하는지 모르겠다는 의혹을 제기하고 나섰다.

이 같은 정면대응과 더불어 1963년 11월 29일 소련공산당중앙위원회
는 국경문제에 대한 소련의 기본입장을 명백히 정리한 문건을 중국 중앙
에 전달했다. 이는 과거보다는 미래지향적인 전망을 제시함으로써 국경
의 분쟁지역화를 도모한 중국의 의도를 회피하려는 데에 그 목적이 있었
다. 소련이 모색한 분쟁지역 회피전략의 논거는 첫째, 양국 간의 국경조
약은 체결 당시 러시아와 중국의 반동계층에게 모든 책임이 있으며 둘
째, 소련과 중국은 현재 모두 사회주의국가이고 노동자계급이 정권을 장
악하고 있으며, 공동의 목표는 공산주의 건설이기 때문에 양국 간의 국
경문제는 점차 그 의미를 상실하게 될 것이라는 것이 요지였다.[15] 사회
주의 '국가소멸론'을 변용한 '국경소멸론'이 국경문제 회피의 이론적 근
거가 되었던 것이다.

그럼에도 중국 측의 국경협상 제안이 지속되자 결국 1964년 2월 25
일 베이징에서 중소국경문제에 대한 양국 간의 협의가 시작되었다. 소련
측 협상대표는 차관급의 전권대표 지랴노프(Зырянов П.И.)였고 중국
측은 부외무상 쩡용취안(曾涌泉)이 협상대표로 나왔다. 중국은 국경협상
의 3대원칙에 입각하여 논의를 진행하였다. 3대 협상원칙은 다음과 같
다. 첫째, 러시아와 중국 간에 최초로 체결된 네르친스크 조약(1689)은
불평등조약이 아니며, 19세기 중반 이후 제정러시아가 청 정부를 강박하
여 체결한 조약들은 불평등조약이다. 둘째, 이들 조약으로 획정된 국경
과 관련, 중국은 이의 수정을 요구하지 않으며 영토의 반환을 요구하지
않는다. 다만 국경회담을 진행하는 기본원칙은 기존의 조약들을 토대로

---

15) 于淑云, 「60年代中蘇邊界談判的歷史探索」, 『內蒙古民族大學學報』, 第31卷 第3期,
2005年, p.78.

하여 조약상에서 획정된 국경선을 본국 또는 타국이 그 경계를 넘어왔는
지를 살피고 일부 지역을 추가적으로 점유하고 있는지를 점검한다. 이
경우 추가적으로 점유한 영토는 반환해야 한다. 셋째, 만일 국경선을 이
같은 원칙에 입각하여 획정할 경우, 양측은 넘겨줄 것과 획득할 것 그리
고 정정해야 할 것들이 있게 될 것이다. 과거의 불평등조약에 입각하여
획정된 국경선 전역에 대한 새롭고 완전한 획정이 필요할 것이다. 그리
고 부분적인 조정과정을 거친 후, 과거의 조약을 대체할 새로운 조약을
체결할 필요가 있다. 그 결과 불평등조약은 더 이상 존재하지 않을 것이
라는 것이다.[16] 이 원칙은 중국이 소련으로부터 탈취당한 영토를 반환
받기 보다는 이를 명분으로 합리적인 새로운 국경조약을 체결하는데 그
목적이 있었다 할 수 있다.

이에 소련 측도 동의했다. 우선 중소국경선을 명확하게 획정하기 위
한 양국 간의 협의에 따라, 국경조약의 초안을 마련하고 국경문제 해결
절차에 관한 조약 초안을 확정하고자 하였다. 양측은 회담을 진행하며
수 차례에 걸쳐 각자 측량한 지도를 교환하였다. 이를 대조한 결과 중소
양국 간에는 20여 곳의 분쟁지역이 있음이 드러났다. 교섭을 통해 중소
동부변경(中蘇東部邊界)에 대한 협정초안이 마련되었으나 하바롭스크
인근의 헤이샤쯔도와 인룽도(銀龍島)의 귀속은 여전히 의견의 일치를
보지 못했다.[17] 결국 하바롭스크 근방의 2개의 섬에 대한 귀속문제를 제
외하고 대부분의 국경선에 대해서는 합의가 이루어졌고 양국 대표단은
분쟁의 도서들에 괄호를 친후 추후에 논의하기로 하고 협의된 사안에 대

---

16) С.Гончаров, Ли Даньхуей , О "территориальных претензиях" и
   "неравноправных договорах" в россий ско-китай ских отношения
   х: мифы и реальность. Проблемы Дальнего Востока № 4, 2004. С.
   116-130.
17) 孔寒冰, 「歷史的一面鏡子-中俄邊界問題的生產及其解決過程」, 『國際政治研究』, 1997
   年 第1期, p.20.

해 가조인하기로 합의하였다.[18]

그러나 이 같은 합의사항에 대한 불만은 소련지도부에서 먼저 제기되었다. 흐루시초프는 이 같은 형식의 협의안에 대해 불만을 터뜨렸는데 그는 "모든 걸 합의하든가, 아니면 아무것도 합의하지 말든가"라는 식의 입장을 고수하였다. 요약하면 하바롭스크 인근의 두 개 섬이 소련에 귀속되지 않는다면 협의결과 자체를 백지화하라는 것이었다.[19] 중국 측은 이러한 조건을 수용할 수 없었기 때문에, 제1차 국경교섭이 시작된 지 6개월 뒤인 1964년 8월 25일 협상을 중단하고 말았다. 소련은 1964년 10월 15일 양국 간의 협상을 모스크바에서 지속할 것을 제의하였으나 중국은 이를 수락하지 않았다.

이와 관련하여 1964년 7월과 10월 마오쩌둥은 일본사회당 대표와 북한 최고인민회의 상임위원회 위원장 최용건을 만난 자리에서 중국 동부 변경에 대한 자신의 인식과 중소국경 교섭과정에서 불평등조약론을 협상카드로 제시한 이유를 설명했다. 7월 10일 마오쩌둥은 일본 사회당 대표단과 회담 시, "100년 전 러시아가 불평등조약을 통하여 중국영토 150만km²를 탈취하였으나 이에 대한 정산은 아직 이루어지지 않았음"을 언급했다. 이어 그는 "역사적 상황과 과거의 일인 점을 감안하여 영토의 반환을 요구하지 않을 것이지만, 소련 측이 불평등조약이었음을 인정해야 한다"고 주장했다.[20] 이는 소련이 과거의 조약이 불평등조약임을 인정하는 것을 조건으로 제정러시아가 탈취해간 토지의 반환을 요구하지 않겠다는 뜻으로 형식상의 절차를 중시하는 논리였다. 마오쩌둥의 이 같은 발언은 중소국경문제의 본질을 명백히 드러내는 것으로 영토의 반환보다는 '형제당(兄弟黨)' 또는 '부자당(父子黨)'으로 규정된 기존의

---

18) Кулик Б.Т. 위의 책. С.362.

19) 위의 책.

20) 趙學聰,「中蘇邊界問題」,『中國歷史教學參考』, 1997年 5期, p.4.

비대칭적 양국관계의 틀을 벗어나 평등한 조건에서 양국관계를 재정립하는데 그 목적이 있었음을 보여주고 있다. 따라서 양국 간의 국경문제는 국경선의 조정보다는 소련이 중국을 대등한 동반자로 인정할 때에만 비로소 해결 가능한 것임을 예고하고 있었다.

이는 마오쩌둥을 비롯한 중국의 지도자들이 최용건(1964.10.7.)과 가진 다음의 담화기록에도 잘 나타나있다. 마오쩌둥은 최용건에게 "마르크스, 엥겔스, 레닌이 말하기를 중국은 침략을 당했다는 것이다. 이것이 바로 우리의 주장이다. 그 목적은 그것을 갈등국면으로 몰아가 그 덕분에 비교적 합리적인 국경조약을 얻어내려는 것이다. 이것은 비밀이며 귀하는 여기에 관심을 기울이지 말아 달라.(일동 웃음)"[21]

그러나 중국의 이 같은 국경문제 처리원칙은 즉각적인 실천을 이루어 내지 못했다. 이는 마오쩌둥의 발언에 대해 소련지도부가 매우 긴장했으며, 이를 소련에 대한 공식적인 영토반환 요구로 인식했기 때문이었다. 8월 15일 중소국경교섭 회의석상에서 중국대표 단장 쩡용취안은 "만일 소련이 재차 양보를 하지 않는다면, 중국도 나름의 문제해결방식을 고려할 수 밖에 없다"라고 주장하였는데, 모스크바에서는 이를 소련에 대한 명백한 군사위협의 표시로 받아들였다. 이에 중국지도부의 저의를 간파하지 못한 소련은 1964년 9월 2일 중국 지도부의 발언에 대해 강렬한 반응을 표출했다. 『프라브다(Правда)』신문은 마오쩌둥이 일본사회당 대표에게 언급한 내용을 소개하고 "중국의 영토요구에 대한 어떠한 기도도 준엄한 결과를 초래할 것"이라는 내용의 사설을 게재했다. 나아가 9월 15일 흐루시초프는 일본의원들과 만난자리에서 "소련영토는 역사를 통해 형성된 것으로 소련의 변경은 신성하며 이를 감히 파괴할 자는 누구이며 누가 소련 민족과 인민들의 결의에 찬 반격을 감당해 낼 수 있겠는가"라고 강조했다.[22] 결국 소련에게 국경선이 신성하듯이 사회주의

---

21) С.Гончаров, Ли Даньхуей, 위의 논문 C. 116-130.

진영의 맹주로서의 지위 역시 신성불가침한 것이었다.

　사실 불평등조약의 인정에 대한 중국의 요구는 소련 입장에서는 결코 수용할 수 있는 사안이 아니었다. 오히려 소련 정부는 이 조약들이 불평등한 것이라 여기지 않으며 오히려 그 반대임을 증명하고자 하였다. 왜냐하면 불평등조약임을 인정하는 것은 현존하는 국경선의 법적인 효력을 소멸시키는 의미를 지니고 있었기 때문에, 소련이 불평등조약임을 인정할 경우, 중국은 이를 통해 지금의 보증을 철회하고 탈취해간 영토의 반환을 요구하지 않으리라는 어떠한 보장도 없다는 전략적 고려도 내포되어 있었다.[23)]

　따라서 중소 간의 1차 국경교섭 과정에서 중국의 지도자들이 역사를 중시한 입장을 취한 점은 주목할 만하다. 중소국경문제가 역사성을 띠고 있기 때문에 그 해결은 역사인식과 맞물리고, 역사적 사실의 해명과 시비를 판명하는 문제가 선행되어야 한다는 입장이 국경문제 해결에 임한 중국의 핵심원칙이었다. 그 과정에서 고안된 이른바 '불평등조약론'은 강대국 소련에 맞서 기존의 국경을 변경할 수 있는 협상의 강력한 지렛대가 되었다. 중국 지도자들은 중소 양국의 과거사에 대한 인식의 공유만이 국경선의 조정뿐만 아니라 새로운 양국관계 형성의 주춧돌이 될 것이라고 믿고 있었다. 요컨대 국경문제의 해결은 역사의 존중으로부터 시작된다는 확신을 갖고 있었던 것이다.

　이는 중화인민공화국의 판도에 정당성을 확보하려는 의도 역시 포함하고 있었다. 중화인민공화국이 구중국(舊中國)의 영토에서 성립되었기 때문에, 합법적이지만 불평등한 조약에 의해 성립된 중국의 동부국경을 새롭고 평등한 조약에 근거한 국경으로 대체하고자 했던 것이다. 1960

---

22) 于淑云, 「60年代中蘇邊界談判的歷史探索」, 『內蒙古民族大學學報』, 第31卷 第3期, 2005年, p.78.
23) Кулик Б.Т. 위의 책. С.363.

년대 초반 중국과 인접 국가 간에 체결한 최초의 국경조약인 중-미얀마 국경조약을 필두로 하여 중-네팔, 파키스탄, 몽골, 아프카니스탄 그리고 북한과 국경협정을 순차적으로 체결한 것도 이 같은 인식의 산물이었다.[24]

반면 국경교섭을 진행하면서 견지한 소련의 입장은 중국과 상이했다. 제1차 교섭 당시 노정된 소련의 협상 원칙은 첫째, 양국 간에 영토문제가 존재한다는 사실 자체를 인정하지 않으려 하였으며 둘째, 새로운 조약의 체결은 기존의 조약이 아니라, 조약의 문구가 기초가 되어야 한다는 것이었다. 환언하면 혼란스럽고 명료하지 못한 문구를 담고 있는 옛날 조약의 조문에 기초하여 이를 활용하고, 이제까지 실효적으로 유지되어 온 국경선을 공식적으로 합법화하자는 데 그 목표가 있었다고 할 수 있다.

이에 소련과의 새롭고 평등한 국경조약 체결에 실패한 중국은 중국공산당 제9차 당대회에서 소련을 '사회주의판 제국주의 국가'로 규정하기에 이르렀다. 나아가 흐루시초프의 수정주의를 모태로 하여 브레즈네프와 수정주의 변절자들이 권력을 잡은 후, 소련은 더욱 '사회제국주의(Социал-империалистическое государтво)', '사회파쇼국가'로 변모했다고 비난하고 나섰다.[25] 따라서 중소 간의 제1차 국경교섭은 국경문제의 해결을 통한 관계개선의 기제로서 작용했다기 보다는 대화를 통한 해결이 불가능하다는 인식을 심화시킴으로써 중소국경문제를 새로운 국면으로 몰아간 중요한 계기가 되었다. 결국 소통의 부재는 무력에 대한 호소로 발전하게 되었다.

---

24) 郭力, 「中國邊界談判50年」, 『探索爭鳴』, 2005年, 2期, p.33. 아프가니스탄과의 국경선 92킬로미터에 대한 국경협정은 체결에 10시간도 걸리지 않았다.

25) Кулик Б.Т. 위의 책. С.448-449.

3. 전바오도사건과 제2차 국경교섭

1969년 3월 중소 양국의 국경수비대 간에 3백 명 이상의 사상자가 발생한 전바오도(러시아명: 다만스키섬Дама́нский о́стров)사건이 발생한 것은 제1차 중소국경교섭 실패의 결과였다. 그리고 동년 8월 키르키제 지역 국경지구에서 재차 무력충돌이 발생함으로써 사태는 걷잡을 수 없이 악화되었고 결국 중소 양국 정부의 수뇌부는 1969년 9월 11일 국경교섭 재개에 합의하기에 이르렀다. 이에 제2차 국경교섭은 1969년부터 1978년까지 지속되었다.

그러나 2차 교섭에서도 국경선의 구체적인 방향에 대한 논의는 시작조차 하지 못했다. 이는 중소국경의 법적 토대였던 기존의 국경조약에 대한 상이한 역사인식 때문이었다. 이 문제는 기존의 국경조약에 대한 합법성을 인정하느냐의 여부와 관련되어 있었다. 제1차 교섭에서 중국이 불평등조약론을 제기한 것에 대응하여 제2차 국경교섭에서는 소련이 먼저 중국에게 19세기 이래의 영토 관련 협정들이 평등하게 체결되었음을 인정할 것을 시종일관 요구하고 나섰다. 이에 제2차 국경교섭은 첫째, 상대방에게 자국의 입장과 의도를 분명하게 전달하였고 둘째, 양국 국경선상에 분쟁지역이 있음을 재차 확인하였다는 점만이 그 성과라 할 수 있었다.

중소 양국 간의 제2차 국경교섭이 시작된 계기는 다름 아닌 전바오도 사건이었다. 1969년 3월 당시 전바오도는 행정구역상 헤이룽강과 마주보고 있는 소련연해주의 포자르스키 지구에 속해 있었다. 우쑤리강 가운데 위치한 이 섬의 크기는 0.74km²였으며 소련 측 연안에서 500m, 중국 측에서 300m 거리에 있기 때문에[26] 소련보다는 중국 측 연안에 더 가까

---

26) Рябушкин Д.С., Остров Даманский . 2 марта 1969 года.// Вопросы истории. 2004. С.148-149.

이 위치해 있었다. 이 같이 행정적으로는 소련 관할이었지만 지리적으로 중국에 인접해 있는 전바오도문제는 본질적으로 불평등조약에서 비롯된 모순의 산물이었다. 헤이룽강과 우쑤리강 상의 양국 국경을 확정지었던 아이훈조약(1858)과 베이징조약(1860)은 국제적 관례를 무시하고 하천의 중심을 경계로 삼기보다는 중국 측 연안을 국경으로 획정함으로써 이들 하천에 위치한 모든 섬들이 러시아의 관할지역으로 설정되었던 것이다. 따라서 이 섬의 귀속을 둘러싼 논의는 양국 간의 국경교섭에서 주요 현안이 되었다.

제1차 국경교섭에서 중소 양국은 전바오도가 우쑤리강의 주항로(主航路)에서 중국 편으로 위치해 있기 때문에, 새로운 국경조약을 체결할 경우, 중국 측에 이관하기로 합의한 바 있었다. 그러나 새로운 국경조약이 체결되지 않았기 때문에 이 섬의 법적지위는 아직 공식화되지 못한 상태에 있었다. 이에 중국은 새로운 조약체결까지 기다리지 못하고 이 섬을 자국의 영토로 간주하고 자신의 방침에 따라 이 문제를 처리하고자 한 반면, 소련은 중국의 이 같은 입장을 결코 방관하지 않았다. 이 같은 소련의 태도는 단지 중국에게 이관하기로 결정한 섬을 새로운 조약이 체결될 때까지 양보하지 않겠다는 극단적인 형식주의에서 비롯된 것만은 아니었다. 문제는 전바오도 자체에 있는 것이 아니라, 이 섬을 이관할 경우, 이전의 모든 국경조약이 효력을 상실할 수 있다는데 문제의 소지가 있었다. 따라서 새로운 조약이 체결되지 않은 상황이었기 때문에, 기존의 국경은 조약에 의한 어떠한 법적 근거도 없는 상황이 발생할 수 있었던 것이었다. 이러한 상황은 소련의 입장에서 결코 방관할 수 없는 문제였음은 자명한 일이었다.

이 같은 배경 하에서 발생한 전바오도사건의 발단과 경위를 살펴보면 중국과 러시아 측의 연구성과에서 몇 가지 차이점을 발견 할 수 있다. 첫째, 사건의 발단의 경우 중국 측은 소련의 지속적인 '국경침범론'을 강조하고 있으며 러시아의 경우, 중국 측의 '의도된 도발론'을 제기한다. 요컨대 충돌의 원인 제공은 각기 상대방 측에 있다는 논지이다. 2003년에 발표된 류화(劉華)의 「珍寶島 1969」에서는 전바오도사건 3개월 전부터 양국 국경에서 충돌이 빈번해졌는데, 1968년 12월 27일 소련군 75명이 강을 건너 상륙하였고 중국 측 순찰대를 구타하고 무기를 빼앗아갔으며 1969년 1-2월에 유사한 사건이 8회 발생하였음을 지적하고 있다.[27] 이에 1969년 1월 24일 중국 중앙군사위원회는 재발을 방지하기 위해 선양(瀋陽)군관구에 군사투쟁 준비를 명령하였고 관련 행동지침을 하달하기에 이르렀다는 것이다. 그 지침의 요지는 소련이 사격을 하면 중국은 소련 측에 가장 강력한 항의를 하고 아울러 경고사격을 하며, 중국 측에 사상자가 발생할 경우, 중국군은 자위의 목적에서 사격할 수 있다는 것이다. 이 같은 지시에 근거하여 헤이룽장성(黑龍江省) 군관구는 "전바오도 지역의 간섭에 반대하는 투쟁방안"을 제출하고 적 지휘소 전방에 변방기지를 조성한 후, 대대급 규모에서 적을 제압할 수 있는 계획을 수립했다는 것이다.[28] 류화의 주장을 요약하면 전바오도에서 발생한 무력충돌의 단초는 소련이 제공했다는 것이다.

반면 전바오도사건에 대한 러시아의 최근 연구에서는[29] 중국의 침략성과 그에 대한 러시아 국경수비대의 불굴의 전투력을 강조하고 있다. 논문 「다만스키섬의 1969년 3월 2일」의 저자 랴부슈킨(Рябушкин)은 1950년대 말 소련공산당과 중국공산당간의 논쟁이 발생하면서 국경의 상황뿐만 아니라 다만스키섬을 둘러싼 긴장이 고조되었음을 지적하고 중국군이 사전에 이 섬에 침투하여 '매복'하고 있었음을 강조하였다.

---

27) 劉華, 「珍寶島 1969(34年前的中蘇武裝衝突秘聞再現)」, 『國際展望』, 第472期, 2003年 8月, p.8.

28) 위의 논문, pp.8-9.

29) Рябушкин Д.С., 위의 논문, С.149.

1969년 3월 2일 새벽 약 300명의 중공군이 다만스키섬으로 침투하여 섬의 서부 연안 고지대에 관목과 나무가 우거진 곳에 사전에 매복하고 있었다고 서술함으로써 이 충돌이 중국군의 의도된 계획이었음을 밝혔다.

또한 전바오도사건에 대한 평가 역시 중러 양국의 시각차가 두드러진다. 중국학자는 중소 간의 전바오도 무력충돌사건은 한국전쟁 이래 대규모 전면전으로 전화되거나 심지어 세계대전의 도화선이 될 위험성이 있었으나, 양국의 지도부는 전쟁 일보직전까지 이르렀다가 결국 정세를 완화시키는데 앞장섬으로써 전면전이나 핵전쟁으로까지 비화되지는 않았음을 강조한다. 결국 이 사건이 전면전으로까지 확대되지 않은 원인은 중국군이 전바오도 전투에서 보여준 강력한 전투 역량 때문이었다고 주장한다. 중국은 소련에 비해 여러 측면에서 낙후되어 있었지만, 중국 군대만큼은 결코 약하지 않았고 침략자인 소련에게 강력한 타격을 줄 수 있는 능력을 보유하고 있었기 때문이라는 것이다.

반면 러시아의 연구에서는 1969년 3월 2일 전투에서 소련군은 31명이 사망했으나 중국 측의 피해규모는 사상자가 100-150명 규모가 될 것이라 추정함으로써 소련군의 전투역량을 높이 평가했다. 그럼에도 불구하고 랴부슈킨은 한편으로 중국이 자위(自衛)를 명분으로 조직적으로 다만스키섬 무력충돌을 도발했음을 밝히는 동시에, 다른 한편으로 이를 사전에 인지하지 못하고 허술하게 대응한 결과 막대한 피해를 입게 된 소련 측의 과오 역시 지적하는 양비론을 견지하였다.

그러나 우쑤리강의 작은 섬에서 발생한 양국 국경수비대 간의 충돌은 중소관계뿐만 아니라 중국의 대외정책 변화에 지대한 영향을 끼침으로써 냉전체제 해체의 맹아로서의 의미 역시 내포하고 있었다. 소련의 군사적 위협이 강해지고 중소국경지역에서의 충돌이 지속됨으로써, 마오쩌둥은 국가의 안전과 이익을 수호하기 위해 1960년대 초부터 중국의 대외전략을 조정하기 시작했다. 아울러 중소국경문제를 총체적 대외전략 수립에 감안함으로써 이 문제는 대미 적대관계를 완화시키는데 기여하였다. 즉, 중소분쟁을 계기로 미국과 소련이라는 양대 강국의 위협에 직면한 마오쩌둥은 기존의 '반제반수(反帝反修)' 통일전선이라는 패러다임에서 벗어나 미국과의 관계 개선을 통해 소련 패권주의에 대항하기로 하였던 것이다. 따라서 1969년 중소국경분쟁은 마오쩌둥으로 하여금 중국의 안전에 위협을 주는 국가가 미국이 아니라 소련임을 새롭게 인식하게 하는 계기가 되었으며, 미국과의 관계개선을 통하여 대소외교의 주도권을 장악하려는 정책변화의 중요한 전기가 되었다.[30] 이는 중국이 전바오도사건을 이용하여 대미관계의 조정을 모색했다기보다는 오히려 이 사건이 중국의 대외정책 변화에 지대한 영향을 끼쳤음을 의미했다.[31] 요컨대 마오쩌둥은 대미접근을 위해 전바오도사건을 의도적으로 기획한 것은 아니었다는 것이다.

이 문제는 전바오도사건이 중국의 핵시설에 대한 선제공격을 포함한 소련의 강력 대응을 촉발시킬 것이라고 중국 정부가 전혀 예상하지 못했던 데에서 비롯되었다.[32] 전바오도사건 직후 소련은 섬 인근의 중국영

---

30) 李丹慧, 「1969年中蘇邊界衝突:緣起和結果」, 『當代中國史硏究』, 1996年 第3期, pp.39-50.

31) Letter from Allen S. Whiting to Henry Kissinger, 16 August 1969, enclosing report, "Sino-Soviet Hostilities and Implications for U.S. Policy", Source: National Archives, Nixon Presidential Materials Project, box 839, China,// A National Security Archive Electronic Briefing Book, June 12, 2001. 1969년 8월 13일 홍콩 주재 영사를 거쳐 미시간대학 교수로 있던 중국전문가 알렌 화이트는 키신저를 만난 자리에서 핵공격을 포함한 소련의 대규모 공격 가능성이 중국으로 하여금 소련에 대응하기 위한 대미접근의 길을 열어줄 것이고 이것이 중미관계 개선의 계기가 될 것이라는 견해를 피력했다. 그의 견해는 이후 키신저의 대중(對中)접근에 커다란 영향을 끼치게 되었다.

32) State Department cable 141208 to U.S. Consulate Hong Kong etc., 21 August 1969, Secret. Source: National Archives, SN 67-69, Pol Chicom-USSR// A National Security Archive Electronic Briefing Book, June 12, 2001. 주미 소련대사관의 정보 담당관인 보리스 다비도프(Boris Davydov)는 미 중앙정보부의 베트남 전문가 윌리

토에 대한 대규모 포격을 단행함으로써 자신들이 단호한 결단을 내릴 가능성이 있음과 우월한 군사력을 과시했고 점차 중국에 대한 대응 수위를 높여갔다. 양국의 군사력은 결코 중국에게 유리한 것은 아니었기 때문에 마오쩌둥은 '브레즈네프 독트린(Доктрина Брежнева)'의 실현 가능성을 두려워하기 시작했다. 이에 중국에서는 1969년 가을부터 소련의 침공 가능성을 상정한 국민동원령이 내려졌고 전쟁에 대비한 선전선동이 강화되었을 뿐만 아니라 산업시설이 내륙 깊숙이 이전되었고 식량 및 의료품들을 비축하였다. 그 결과 중국에서는 공습대피 교육을 실시하고 방공시설을 축조하면서 이른바 '북방위협론'이 굳건히 자리를 잡게 되었다.[33]

중국의 이 같은 위기인식은 제2차 국경교섭과정에도 그대로 반영되었는데, 1969년 5월 24일자 중국정부의 성명은 이를 대변하고 있다. "중소관계가 이 지경에 이른 것은 중국 책임이 아니지만, 중국 정부는 중소 국경문제를 전면적으로 해결할 평화적인 교섭을 진행할 준비가 되어 있으며 무력에 호소하는 것을 반대한다"는 성명이 바로 그것이다. 나아가 "기존의 국경조약들은 러시아 제국주의가 중국과 러시아 양국 인민들이 아무런 권리가 없을 때, 체결된 것임을 고려하여 소련 인민은 여기에 책임이 없다"는 견해를 피력함으로써 전바오도사건의 여파를 진정시키려는 유화적인 입장을 취했다. 아울러 국경의 조정문제는 장기간에 걸쳐 해결할 문제이기 때문에, 현 상황에서 국경의 현상유지를 최우선의 목표로 삼고 이를 담보할 조건을 제시하고 나섰다. 그 조건은 다음과 같은 내용을 골자로 하고 있다. 첫째, 쌍방은 현상유지를 보증하고 어떠한 방

엄 스티어맨(W.Stearman)에게 소련의 중국 핵시설 공격 가능성에 대한 미국의 반응을 문의한 바 있었다. 이와 관련하여 스티어맨은 정보부 분석관들의 의견을 다음과 같이 보고하였다. "소련은 중국의 핵무기가 자국에 위협이 되는 것을 방지하기 위해 행동을 취할 가능성은 있지만, 소련 역시 중국처럼 전면전을 회피하기를 원하기 때문에 그러한 시나리오가 실행될 가능성은 높지 않다."

33) Кулик Б.Т. 위의 책. C.452.

식으로도 현재의 통제선을 전진시키지 않는다. 둘째, 하천을 경계로 할 경우, 쌍방의 변방군인들은 하천의 주항도(主航道)와 주하도(主河道)의 중심선(中心線)을 넘지 말아야 한다. 셋째, 쌍방은 충돌을 회피하고 어떠한 상황이라도 상대방에게 사격해서는 안 된다.[34]

그러나 이에 대한 소련 정부의 입장은 다분히 공세적이었다. 1969년 6월 13일 소련 정부는 다음과 같은 요지의 성명을 발표했다. 첫째, 제정러시아는 불평등조약을 체결하지 않았기 때문에 차르정부가 비록 붕괴되었지만 그 국경은 결코 소멸될 수 없다. 둘째, 중소 양국 간에는 사실상 어떠한 영토문제도 존재하지 않는다. 소련은 과거와 현재 어디에서도 국경의 현상을 변경하거나 중국의 영토를 침략 점거했다고 말할 수 없다. 셋째, 유조변(柳條邊)[35]과 장성(長城)은 중국 북부변경표지(北部疆界標志)이고 중국 서부변경은 깐수성(甘肅省)과 쓰촨성(四川省)을 넘지 못한다는 것이었다.[36] 환언하면 소련은 19세기 이래 중러 간에 체결된 기존의 국경협정은 평등조약이며 극동지역의 영토 편입은 러시아가 잃어버린 땅을 수복했거나 주인 없는 땅을 점령한 것에 불과했다는 주장을 하고 나섰던 것이다.[37]

국경문제에 관한 소련의 이 같은 공세적인 태도 변화는 전바오도사건 직후, 소련 내부에서 평화협상보다는 무력을 통한 해결을 선호하는 세력이 득세하고 있음을 반증해주고 있다. 더욱이 중국 측이 제기한 '불평등조약론'과 '영토반환론'과 소련 측의 대응논리인 '합법적인 국제조약론'

---

34) 于淑云, 「60年代中蘇邊界談判的歷史探索」, 『內蒙古民族大學學報』, 第31卷, 2005年 第3期, p.79.
35) 17세기 후반기부터 청나라가 동북 변방에 성을 축조하고 그 위에 버드나무를 심었기 때문에 등장한 말이다. 유조변은 '버드나무가지변경'이라는 뜻이다.
36) 위의 논문.
37) 姜長斌 編譯, 「季列耶夫談中俄20世紀90年代勘界工作」, 『俄羅斯中亞東歐研究』, 2005年 第5期, p.84.

과 '무주지선점론'은 타협의 여지가 없는 양립 불가능한 논리였기 때문에, 양국 간의 대화 가능성 자체를 차단시키고 있었다. 이에 소련 지도부에서는 선제공격의 방식으로 중국의 핵능력과 잠재력에 타격을 가함으로써 소련에 위협적인 중국의 핵무기 문제를 영구히 해결하는 방안을 모색하고 나섰다.[38]

소련 정치국 회의석상에서 소련 국방장관이 원자탄진공(原子彈進攻) 정책을 개진한 것도 중국의 위협에 대한 선제공격론을 투영하고 있었다.[39] 이에 부국방장관 겸 총참모장은 중국에 대한 핵타격은 너무 큰 모험이기 때문에 두 발의 원폭으로는 중국을 소멸시키기 어렵다는 의견을 제시했다. 요컨대 중국의 주요핵시설을 파괴하는 한정적인 핵외과수술론(核外科手術論)을 제안하였던 것이다.[40] 따라서 핵공격을 상정한 소련 정부의 정책은 강경한 무력대응이라는 기본방침에는 합의가 이루어졌으나 공격방식을 둘러싼 각론에는 의견대립이 드러나면서 성사가능성이 불투명해지고 있었다.

이 같은 상황에서 주미 소련대사의 보고는 핵공격 철회 결정에 지대

38) U.S. State Department Memorandum of Conversation, "US Reaction to Soviet Destruction of Chinese Peoples Republic Nuclear Capability; Significance of Latest Sino-Soviet Border Clash," 18 August 1969. Source: National Archives, SN 67-69, Def 12 Chicom,// A National Security Archive Electronic Briefing Book, June 12, 2001.

39) 于淑云, 「60年代中蘇邊界談判的歷史探索」, 『內蒙古民族大學學報』, 第31卷 第3期, 2005年, p.79.

40) U.S. State Department, Bureau of East Asian and Pacific Affairs, Office of Asian Communist Affairs, "Implications of Sino-Soviet Developments: Meeting of June 1969, Secret. Source: National Archives, SN 67-69, Pol 32-1 Chicom-USSR,// A National Security Archive Electronic Briefing Book, June 12, 2001. 1969년 6월 21일 중소분쟁과 관련하여 개최된 미 국무성의 중국 및 소련전문가 회의결과보고서에 따르면, 소련전문가들은 소련이 중국의 핵시설에 대한 외과수술을 감행할 가능성은 있지만, 군사행동으로 중국의 군사위협을 영구히 제거할 수 없기 때문에 이 계획은 옵션에 불과할 뿐이라고 예측하고 있다.

한 영향을 끼쳤다. 왜냐하면 보고서의 요지는 "소련의 중국 공격계획에 대해 미국이 수수방관하지 않을 것이고, 이는 미소 간의 대치를 심화시킬 것"이라는 결론을 내리고 있기 때문이다. 이에 내부적 의견대립 뿐만 아니라 대외적으로도 미국의 개입가능성이 농후해짐에 따라 소련의 강경대응 방침은 협상을 통한 현안해결 방향으로 가닥이 잡혔다.[41] 결국 격정에 사로잡혀 있던 소련 정치국은 냉정을 찾기 시작했으며 중국을 공격하지 않기로 결정했던 것이다.

소련 정부가 변경지역에 대규모 군대와 장비를 파견하여 소련의 실력을 과시하는 동시에 외교교섭을 통해 영토문제와 기타 쟁점들을 해결하는 대안을 마련한 것도 이 같은 정책변화의 산물이었다. 미국의 닉슨(Richard Nixon) 대통령은 뉴욕을 방문한 프랑스 외상 모리스 슈만(Maurice Schumann)을 통해 중소분쟁에 관한 슈만의 견해를 개진하였는데, 외상은 소련의 선제공격 가능성을 일축했다. 대신 소련은 중국을 겁주려할 것이고 이를 통해 중국을 협상테이블로 끌어낼 것이라는 외상의 견해는[42] 국경문제를 둘러싼 중소 양국 정상급회담 가능성을 고조시키고 있었다.

이 같은 가능성을 촉진시킨 결정적인 계기는 후즈밍(胡志明)의 장례식이었다. 1969년 9월 코시긴(А.Н.Косыгин) 총리를 단장으로 하는 소련대표단이 후즈밍 주석의 장례식에 참석하기 위해 베트남에 있었고 중국 역시 저우언라이 총리를 단장으로 하는 대표단이 하노이에 파견되었다. 코시긴은 중국 총리와의 회담을 위해 귀국길에 베이징에 들르겠다고 제안했고 마오쩌둥은 숙고 끝에 이에 동의하기에 이르렀다.

---

41) State Department Memorandum of Conversation, "The President's Meeting with Foreign Minister in New York," 19 September 1969. Source: National Archives, SN 67-69, Pol Rr-US,// A National Security Archive Electronic Briefing Book, June 12, 2001.

42) 위의 문서.

중국이 제2차 국경교섭 개최에 동의한 배경으로는 외부환경의 안정을 통해 문화혁명으로 혼란에 빠져있던 국내문제를 해결해야 할 시급성, 월남전과 중소분쟁을 겪으면서 남북 양방향으로부터 압력을 받고 있던 국가안전에 대한 고려를 꼽을 수 있다.[43] 소련 역시 1968년 여름 체코슬로바키아를 침공한 사건과 1969년 전바오도사건을 겪음으로써 국제여론이 불리하게 조성되고 있는 것에 부담을 느끼고 있었다.[44] 특히 1969년 미국의 닉슨 대통령이 취임한 후, 대중관계 조정의향을 비춤으로써 중미관계 정상화 가능성이 고조되자 소련 역시 입장을 완화하기 시작했다.

1969년 9월 11일 베이징공항에서 열린 코시긴과 저우언라이의 회담은 국경문제에 대한 회담재개의 합의를 이끌어냈다는 점에서 주목할 만하다. 3시간 30분 동안 진행된 회담에서 코시긴은 양국 관료들이 1년간 씨름할 문제를 양국 지도자들이 5분 만에 해결할 수 있다고 주장하며 양국 간의 갈등이 오해에서 비롯된 것이라 진단했다. 그의 견해에 따르면, 양국 간의 갈등을 초래한 모든 문제점들은 얼핏 보기에 해결 불가능해 보이지만 크게 봐서 아무런 가치도 없고 쓸모없는 것으로, 모든 불화를 한데 묶어서 우쑤리강이든 아무르강이든 그곳에 던져버리자고 제의했다. 이러한 발언은 노회한 정치가인 코시긴이 문제를 의도적으로 단순화시킴으로써 중국 지도자들의 의중을 떠보는데 목적이 있으며, 동시에 중소 양국관계의 파열의 진정한 원인과 그 심각성에 대해 소련 지도자들이 올바로 인식하지 못하고 있음을 반증하기도 하였다.[45]

소련 지도부에게 코시긴과 저우언라이의 회동의 주요 목적은 국경협

---

43) 李艷紅, 「中蘇關係與中蘇援越格局的演變(1956-1975)」, 『西華師範大學學報(哲社版)』, 2004年 第3期, pp.135-139.

44) 于淑云, 「60年代中蘇邊界談判的歷史探索」, 『內蒙古民族大學學報』, 第31卷 第3期, 2005年, p.80.

45) Кулик Б.Т. Советско-китайский раскол: причины и последствия. М. 2000. С.472.

상 재개에 관한 합의를 도출함으로써 이 문제에 대한 궁극적인 해결을 모색하는 것이 결코 아니었다. 오히려 회동자체를 성사시키는데 최우선의 목적을 두었다. 베이징공항 회담은 명분에 불과한 것으로 소련 대표단이 모스크바를 출발할 때 국경문제에 대한 어떠한 논의도 한 바 없음이 이를 입증한다. 코시긴을 수행한 중국 담당 부외상 카피짜(Капица М.С.)가 저우언라이와의 회동계획에 대해 구체적으로 알게 된 것은 하노이에서 귀국하는 길에 기착한 두샨베(Душанбе)에서였다. 두샨베에서 이륙하여 모스크바가 아니라 베이징으로 갈 것임을 통보한 후, 코시긴은 저우언라이와 만나 어떤 문제를 논의해야 할지 수행보좌관들에게 물었다. 국경문제가 초미의 관심사라는 답변을 들은 코시긴은 여기에 관심을 보이기는커녕 논의도 하지 않았다. 사절단은 어떠한 자료도 없었을 뿐만 아니라 코시긴 역시 저우언라이와의 회담에 대한 의제도 준비하지 않았다. 그에게 중요한 것은 만남 그 자체였고 모스크바에서는 회동의 결과가 양국 간의 관계정상화를 이끌어낼 것이라 기대하고 있었다.[46] 요컨대 소련은 국경문제의 해법이 변경에 있는 것이 아니라 중앙에 있다고 인식하고 있었으며, 국경문제 자체에 대한 접근보다는 전반적인 양국관계의 개선을 통해 정치적으로 영토문제를 해결하고자 하였다.

반면 저우언라이는 다분히 냉정하게 대처했다. 그는 중소관계를 포괄적으로 접근하려던 코시긴과는 달리 국경문제라는 좁은 틀 속에서 논의를 진행하고자 하였다. 저우언라이와 코시긴은 가장 중요한 2가지 의제에 대해 논의했다. 첫째, 양국 국경문제는 반드시 새롭게 다시 교섭을 시작해야하며 국경선은 더욱 명확해져야 하고 오류가 없어야 한다. 둘째, 양국은 즉시 무장충돌을 중지하고 합의에 도달해야 한다.

저우언라이는 쌍방이 국경조약을 체결하기 위해서는 얼마간의 시간이 필요하므로 양측이 공동으로 임시조치를 마련할 것을 제의하고 나섰

---

46) Кулик Б.Т. 위의 책. C.473.

다. 국경의 현상유지와 분쟁지역에서 양측 무장병력 간의 충돌 금지가 임시조치의 요체였다. 저우언라이의 이 같은 처리방안에 대해 코시긴은 동의를 표했고, 향후 대사급 수준으로 격상된 국경회담의 재개에 합의하기에 이르렀다.[47]

그러나 이 같은 합의의 이면에는 제2차 국경회담이 진정한 국경문제의 해결보다는 전바오도사건 이후 전면전의 위기로 치달았던 양국관계를 완화시키려는 미봉책의 성격이 강했다는 한계가 있었다. 이는 특히 소련 측의 협상태도에서 더욱 두드러졌다. 위에서 언급한 코시긴의 협상태도뿐만 아니라 그 후속조치로 이어진 일련의 회담에서도 소련은 무력충돌 방지대책 마련에만 급급했을 뿐, 대등한 관계 하에 새로운 국경조약을 체결하는데 소극적인 입장을 취하고 있었다.

1969년 10월 19일 소련 대표단이 국경문제 해결을 위해 베이징에서 재개된 협상에서 상호불가침의 의무를 제의하고 나선 것도 이 같은 맥락의 연장선상에 있었다. 소련 대표단은 나아가 이 의무조항은 국경의 현상유지에 관한 임시협약에 포함시키기 보다는 별도의 양측 고위급 수준의 특별협약에 포함시키고자 하였다. 요컨대 소련 정부가 제안한 무력충돌 방지대책은 국경협상을 추진하기 위한 전제조건이 아니라 국경의 현상유지를 위한 국면전환용에 불과한 것이었다. 1970년 7월 소련이 핵무기를 포함한 무력사용 금지, 비방전의 중지 그리고 상호불가침에 관한 국제협약 초안 마련을 위해 협상을 제의하고 1971년 1월 15일 소련 측

---

47) Central Intelligence Agency, Directorate of Intelligence, Office of Current Intelligence, "Sino-Soviet Border Talks: Problems and Prospects," 10 November 1969, Secret. Source: CIA FOIA releas to National Security Archive,// A National Security Archive Electronic Briefing Book, June 12, 2001. 「중소국경회담의 문제와 전망」이라는 CIA보고서에 따르면, 코시긴과 저우언라이의 회동 이후 양국은 대사급 수준에서 국경논의를 하는데 합의했고 중국은 소련으로 하여금 기존의 국경조약을 불평등조약으로 인정하도록 요구하지 않기로 한 바 있었다. 이를 중국이 소련의 군사적 위협에 굴복한 결과로 해석하고 있다.

의 협상초안이 중국에 전달된 것도 이 같은 계획의 산물이었다.[48]

그럼에도 불구하고 중소관계의 복원과 무력사용 중단을 통해 국경의 현상을 유지하려는 소련의 계획은 결코 성공할 수 없었다. 왜냐하면 소련이 변경의 현상유지를 위한 방책으로 무력충돌 방지장치를 모색했다면, 중국은 현상의 변경을 도모할 목적으로 국경문제를 쟁점화하고자 하였기 때문이었다. 베이징정부는 국경에서의 무력사용 금지규정을 소련과 체결할 개별조약에 포함시켜 문제를 고착화시키기 보다는, 이 규정을 국경회담을 위한 '임시조치'로 간주하여 향후 협정서에 포함시키고자 하였다. 나아가 협약서 조문에 '분쟁지역'이 존재하고 있음을 명시할 것을 제안하였다.

그러나 중소국경을 분쟁지역화하려는 중국 측의 이 같은 제안은 소련으로서는 결코 수용할 수 없는 것이었다. 더욱이 소련은 중국 지도자들이 확산시키고 있는 '소련위협론'의 진의에 대해 의심하고 있었다. 그 결과 분쟁지역의 존재를 애써 무시하고 무력사용 금지를 명문화함으로써 국경의 현상을 유지하고자 한 소련의 협상방침과 분쟁지역의 존재를 쟁점화시킴으로써 새로운 국경조약을 체결하려는 중국의 협상원칙은 접점을 찾지 못한 채 평행선을 달리게 되었다. 따라서 제2차 국경교섭 역시 국경문제 해결에 실질적인 기여를 하지 못한 채, 기존의 중소국경은 당분간 현상을 유지하게 되었다.

결국 전바오도사건의 여파를 무마하기 위한 저우언라이와 코시긴의 베이징공항 회담은 국제 외교관례를 깬 비상 조치였음에도 불구하고 국경문제의 해법을 산출하지는 못했다. 그러나 적어도 양국관계 진전에는 긍정적인 역할을 하게 되었다는 측면에서 양국 수뇌회담은 전쟁 직전의 상황에서 국면을 반전시키는데 성공하였고 긴장을 완화시킴으로써 양국 대표들이 새롭게 국경교섭을 시작할 수 있는 전기가 되었다. 1970년 10

---

48) Кулик Б.Т. 위의 책. С.473.

월에서 11월까지 양국의 신임대사들이 각각의 임지에 도착함으로써
1967년 이래 대변인급으로 격하된 양국관계는 종식되었다. 그러나 국경
문제는 양국관계 증진에 여전히 아킬레스건으로 남아있었고 중국이 여
전히 국경의 현상변경에 집착하는 한, 문제의 실마리를 풀 당사자는 소
련일 수밖에 없었다.

4. 제3차 국경교섭과 중러 국경문제의 해결

국경문제를 미궁에서 끌어낼 '아리아드네의 실마리(thread of Ariadne)'
를 찾아낸 사람은 소련의 새로운 지도자 고르바초프(Горбачев М.С.)
였다. 그가 국경문제 해결의 실마리를 풀게 된 계기는 1989년 5월 16일
베이징 인민대회당에서 열린 덩샤오핑(鄧小平)과의 정상회담으로, 이는
지난 30년간 단절되었던 중소 양국 최고 지도자 간의 대화 재개의 물꼬
를 튼 역사적인 의미를 지니고 있다.[49] 양국관계 정상화를 실현시킨 이
역사적 만남은 한편으로 지난 40년 간의 양국관계를 규정해 온 이념의
시대가 국익을 중시하는 실리의 시대로 전환되는 분수령과 같은 의미를
지니고 있었고, 다른 한편으로는 양국의 국경문제 역시 실용의 차원에서
재검토될 수 있는 단초가 되었다. 이는 양국관계의 정상화야 말로 국경
문제 해결의 선결 조건임을 입증하고 있었다. 요컨대 국경문제는 조약문
의 해석이나 역사적 근거의 추적보다는 오히려 정치적 접근에 해법의 열
쇠가 있었던 것이다.

이 같은 국면전환의 배경[50]에는 양국 지도자의 세계관을 반영하고 있

---

49) 陳小沁, 「鄧小平外交思想與中蘇關係正常化」, 『東歐中亞研究』, 1999年 第5期, pp.18-19.
50) 1979년 4월 3일 중국은 1950년에 체결된 30년 기한의 상호원조조약의 갱신을 거
   부하기로 결정하였음을 선언하고 양국 간의 미결사안을 해결하고 관계개선을 위

던 신사고정책과 실용주의 정책이 있었다. 중국 측의 대소(對蘇) 입장변화의 원인은 기존의 대소투쟁을 위한 자본주의 국가와의 연대 전략이 결코 유효한 것이 아니었음이 판명되었기 때문이었다. 미·일·유럽국가와의 연대를 통한 대소봉쇄노선은 오히려 세계적 규모의 전쟁가능성을 고조시켰다. 중국의 근대화는 평화로운 대외환경 조성과 직결되는 문제로 소련과의 적대관계는 결코 이에 부합되지 않았으며, 소련과의 세계적 규모의 전쟁가능성은 군비증강을 요구함으로써 중국의 개혁정책을 지연시켰다. 대소 적대가 자본주의 국가들과의 연대를 위한 공통분모였음에도 자본주의국가들은 중국이 대소봉쇄를 실현하기 위한 수단이 결코 아니었으며, 오히려 그들은 중국을 반소전선의 첨병으로 이용하고자 하였다. 미국과의 관계개선 역시 대만문제 해결에 미국의 지원을 기대하기 어렵다는 것이 판명되었다. 중미외교관계 정상화가 이루어진지 4달이 안 되어 대만과 미국 간의 상호방위조약이 체결된 것이 이를 증명했다. 결국 12차 전당대회에서 중국은 독자적이고 자주적인 대외노선을 추진할 것을 천명하고 1982년 12월 4일 중국 신헌법에 이를 명문화하기에 이르렀다.[51)]

대소관계의 틀을 새롭게 짜려는 중국의 계획은 모스크바에서도 감지되었고 소련 지도자들의 긍정적인 반향을 불러일으켰다. 12차 전당대회가 종료된 지 보름이 지난 후, 1982년 9월 26일 브레즈네프는 바쿠(Baku)에서 "중소관계의 정상화는 아시아와 세계의 평화와 안정에 크게 기여할

한 협상을 제안했다. 1979년 7월 4일 소련 외무성이 이를 수락함으로써 새로운 협상의 단초가 열렸다. 1979년 9월 27일 모스크바에서 열린 부외상급 회담에서 소련 측은 중소관계의 기본원칙에 관한 선언문 초안을 중국 측에 전달했다. 선언문은 모든 영역에 걸친 양국관계 발전을 위해 협력할 준비가 되어있음을 밝히는 것이었다.(Кулик Б.Т. Советско-китайский раскол: причины и последствия. М. 2000. С.589-590).

51) Кулик Б.Т. 위의 책. С.592-593.

것"이라 평가했다. 이에 중소 양국은 부외상급 정치협상의 재개에 합의하고 1982년 10월 협상에 착수했다.

그럼에도 1982년 10월 협상의 장애물은 중국이 소련에게 요구한 협상의 3대 전제조건이었다. 이를 정리하면, 소련의 베트남 지원 중단과 캄보디아로부터 베트남군의 철병을 후자에게 강제할 것, 소련군대의 아프가니스탄 철수, 중소국경에서 소련군의 감축과 몽골 주둔 소련의 군사지원단 철수가 그 핵심이었다. 따라서 협상은 별다른 성과를 거두지 못했고, 다만 양국관계 개선에 힘을 실어주는데 그치고 말았다.[52]

그러나 1985년 3월 10일 54세의 고르바초프가 소련의 지도자로 부상하면서 중소관계는 극적인 변화가 예견되었다. 체르넨코(Черненко К. У.) 사후 2일 뒤 총서기가 된 그는 중소관계 개선에 적극적인 관심을 보였고 3월 13일 체르넨코 장례식에 참석한 중국의 리펑(李鵬) 총리에게 양국관계 개선의향을 피력했다. 덩샤오핑 역시 1982년부터 경제적, 인적 교류는 활발해졌으나 3대 장애가 해소되지 않아 양국관계가 정상화되지 못한 점을 감안하여 새로운 해법을 찾는데 고심하고 있었다. 그는 기존의 미소관계가 "공세적인 소련과 방어적인 미국(蘇攻美守)"의 형세에서 "미국의 공세와 소련의 방어(美攻蘇守)" 관계로 변화했기 때문에 세계대전을 피할 수 있게 되었을 뿐만 아니라 전 지구적 화두는 평화와 발전임을 명확히 인식하게 되었다.[53] 따라서 고르바초프의 신사고노선과 덩샤오핑의 실용노선은 실리의 측면에서 접점을 찾을 수 있는 환경이 조성되었고 이는 양국관계 개선 시도로 이어졌다.

이 같은 상황에서 1986년 7월 28일 고르바초프의 '블라디보스톡 선언'은 중소국경문제 해결의 신호탄이 되었다. 그는 소련의 아태지역 정

---

52) Там же. C.593.

53) 陳小沁,「鄧小平外交思想與中蘇關係正常化」,『東歐中亞研究』, 1999年 第5期, pp.16-18; 陳繼安·劉金田, 「一分零三十秒的握手-中蘇關係實現正常化始末」, 『黨史博覽』, 1998(10), pp.4-5.

책에 대해 연설하면서 일본 및 중국과의 관계개선 희망을 피력했고 중국에 대해 다음과 같이 말했다. "소련은 언제라도 준비가 되어 있고 중국과 어떠한 수준에서라도 화목한 분위기 속에서 보충조치에 관한 토론을할 용의가 있다. 소련은 헤이룽강 주항도(主航道)가 중소분계의 정식 국경선이 되기를 희망하며 몽골 지도자와 더불어 소련군의 몽골철병에 대한 연구를 할 것과 1989년까지 아프가니스탄에서 6개 사단 철군 등을 천명하기에 이르렀다.[54] 나아가 고르바초프는 중국 측의 교섭조건 보다한발 앞선 고려를 하고 있었다. 1988년 9월 16일 그는 크라스노야르스크(Красноярск)에서 행한 연설에서 "소련은 중국과의 완전한 관계정상화를 지지하며 양국 고위회담을 준비하는데 착수할 준비가 되어 있음"을 선언함으로써 양국관계 정상화를 위한 결연한 의지를 피력하기에 이르렀다.

고르바초프의 이 같은 관계개선 시도에 대해 덩샤오핑은 캄보디아에 대한 소련의 입장변화를 확인하고 양국 간의 외상급 회담이 개최될 시기가 도래했다고 결론지었다. 이에 그는 20년 전 저우언라이가 확정한 교섭방침을 재차 선언하였으며, 역사와 현실상황을 고려하여 현재 있는 조약을 기초로 하여 국경문제의 합리적 해결의 의사가 있음을 밝힘으로써고르바초프의 메시지에 화답했다. 따라서 1988년 12월 모스크바에서 개최된 첸지전(錢其針)과 세바르드나제(Э.А.Шеварднадзе) 외상 간의 회담은 이 같은 양국 지도자들 간의 정책변화의 산물로, 1957년 이래 30년 만에 개최된 외상급 회담이었다. 그 결과 1989년 2월 세바르드나제 소련 외상의 베이징 방문을 계기로 양국수뇌 회담에 대한 구체적인 계획이 수립되었고 1989년 9월까지 캄보디아에서 베트남군대의 전면철수를선언한 베트남의 결정을 중소 양국이 수락하기로 공동선언하였다.[55] 이

---

54) 1987년 소련은 몽골에서 자동화기 부대를 철수하고 주둔군의 3/4을 철수하였으며 1988년 12월까지 아시아 주둔군 20만 명을 감축했다.

는 덩샤오핑이 제기한 중소관계의 정상화를 향한 길목에 놓인 장애물을 완전히 제거하는 의미를 지녔다.

1989년 5월 15-18일 고르바초프의 중국 방문은 이 같은 지난한 과정의 결실이었으며 유혈사태로 치달았던 국경문제 해결의 전기가 되었다. 5월 16일에 열린 고르바초프와 덩샤오핑 간의 회담은 국경문제가 대립과 충돌로 점철되었던 양국관계를 투영한 축소판에 다름이 아니었음을 확인하였으며, 국경문제의 해법은 양국관계 정상화에 있었음을 재확인하는 자리가 되었다. 덩샤오핑은 러시아가 불평등조약에 의거하여 150만㎢를 중국으로부터 탈취했다는 마오쩌둥의 주장을 반복한 뒤, 중소관계의 파열 역시 이념대립이 아니라 불평등에 문제의 본질이 있었고, 중국인들은 이를 매우 모욕적으로 느끼고 있었다고 힘주어 말했다. 고르바초프 역시 중국에 대한 제정러시아와 소련의 관계를 동일하게 규정하는 것은 문제가 있음을 지적했다. 결국 덩샤오핑과 고르바초프의 이같은 언급은 관계정상화를 목전에 둔 시점에서 과거 양국관계를 갈등과 대립으로 몰아갔던 '불평등조약론'과 '국경문제부재론'에 대한 면죄부를 주는 레토릭에 불과했던 것이다. 따라서 양립 불가능해보이던 '불평등조약론'과 '국경문제부재론'의 논리가 실용주의에 수렴되어 과거에 얽매이지 말자는 덩샤오핑의 제의와 국경문제에 종지부를 찍자는 고르바초프의 제안으로 변용될 수 있었던 이유도 바로 여기에 있었던 것이다. 양국 정상회담의 의의에 대해 "역사의 계산서는 제시되었으며, 과거의 모든 문제는 없었던 일로 하는데 있었다"고 평가한 덩샤오핑의 결론은 중소국경문제의 본질과 그 전망을 투영하고 있다.[56]

따라서 양국 정상회담 이후 본격적으로 재개된 제3차 국경교섭은 양국이 특정한 선결조건을 내세우지 않았고 양국관계가 부단히 개선된 상

---

55) Кулик Б.Т. 위의 책. С.600-601.
56) Кулик Б.Т. 위의 책. С.601-605.

황에서 이뤄졌기에 1991년 5월 16일 마침내 중소동부국경협정의 체결로 귀결될 수 있었다. 1991년 5월 16일 양국 외무장관이 모스크바에서 체결한 이 협정은 1989년 5월 고르바초프의 베이징 방문 시 합의사항에 따라 준비되었으며, 국제법 원칙을 고려하여 19세기 러시아와 중국 간에 체결된 국경조약의 부분적인 개정을 그 목적으로 하고 있었다.[57) 그러나 중소관계에 대한 고르바초프의 '신사고정책'이 반영되어 있는 이 협정은 소련이 세계에서 가장 긴 국경선을 맞댄 인접국인 중국에 영토 및 전략적인 양보를 함으로써 성사되었음을 부정할 수 없었다.

중소국경은 몽골 동쪽에서 북한과의 국경인 두만강에 이르는 총연장 4,195.22km의 동부국경과 몽골과 카자흐스탄 사이의 서부국경 54.57km로 구성되었고 동부국경 가운데 3,547.01km는 하천을 가로지른다는 지리적 특성이 있다.[58) 하천경계는 중러 간의 국경선상에서 가장 기본적인 부분을 구성하기에 국경획정을 담당한 양국 공동감계위원회는 특별히 이 문제를 중시하였다. 역사적인 원인 때문에 헤이룽강과 우쑤리강 상의 도서귀속은 이제까지 조약상의 명문규정이 없었다. 이에 국경획정 작업은 헤이룽강과 우쑤리강과 같은 하천의 경우, 수로 측량작업과 병행해야만 했다.

1991년 협정과 국제법에 따르면, 하천의 중심수로와 중심수로의 중앙

---

57) 姜長斌 編譯, 「季列耶夫談 中俄20世紀90年代勘界工作」, 『俄羅斯中亞東歐研究』, 2005年 第5期, p.87-88. 감계사업에는 양국에서 각각 1,500여 명의 인원이 동원되었고 육지와 하천상에 1,183개의 정계비가 세워졌고 하산호(러시아명:Ханка湖) 상에는 24개의 부표를 띄웠다. 그리고 동부국경협정을 이행하기 위해 러시아정부는 1992년 8월 10일과 1993년 5월 5일 2가지의 규정을 만들고, '중러공동국경획정위원회'에 참여하는 러시아대표단이 1991년 협정을 준수하며 1997년까지 국경획정을 종료하고, 그 결과를 정부에 서면 제출하여 재가를 받도록 하였다.

58) Б.И.Ткаченко, Россия-Китай : Восточная граница в документах и фактах. Владивосток. 1999. С.60. 동부국경의 육상국경은 578.57km이며 한카(Ханка) 호수상의 국경은 70,03km이다.

이 국경선의 역할을 하게 될 것이었다. 강과 하천의 도서들의 귀속문제도 이를 기준으로 결정되었다. 중러공동국경획정위원회에 참여한 러시아 측 대표단장을 역임한 키레예프(Г.В.Киреев)의 보고서에 따르면, 1991년 협정에 근거한 하상 도서의 분할 결과 총면적 700평방킬로에 달하는 700개의 섬을 중국에 양보해야만 했다. 그 결과 1991년 협정은 19세기에 체결된 양국 간의 국경조약에 바탕을 두고 있으나, 이 협정을 근거로 국경조정이 진행됨으로써 사실상의 국경재획정 조약의 의미를 지니고 있었다. 아울러 이 조약은 중국에 대한 러시아 영토의 양보가 그 본질을 이루고 있었다.[59] 이와 관련하여 "약 10-20년간 우리는 국력이 약세이기 때문에 국경의 안전이 보장되어야 한다"는 러시아 의회 대외문제위원회 의장 루킨(В.Лукин)의 견해는[60] 중러국경협정의 특징을 분명하게 보여주고 있다.

그 결과 1987년부터 재개된 3차 국경회담은 동부국경의 경우 1991년 협정의 체결로 해결의 단초를 마련했고, 서부국경의 경우 소련의 와해 이후 러시아, 카자흐스탄, 키르기스스탄, 타지키스탄과 접경하면서 새로운 국면에 직면했으나 4개 국과의 지속적인 우호협력협정을 체결하면서 1999년 8월 타지키스탄과 부분적인 쟁의지구인 파미르지역를 제외한 서북국경을 획정지었다. 그리고 2004년 10월 14일 중러 동부국경보충조약(東部邊界補充條約)을 체결함으로써 현안이었던 1964년 제1차 국경교섭에서 미결사안이었던 하바롭스크 인근의 헤이샤쯔도 문제를 해결하였으며 이를 통해 중러국경 전반에 대한 획정이 이루어졌다.[61]

---

59) Б.И.Ткаченко, 위의 책. С.285. 약 1500헥타르에 해당되는 토지는 1991년 협정을 체결해주는 대가로 중국 측에 이양되었다.

60) Б.И.Ткаченко, 위의 책. С.292.

61) 姜長斌 編譯, 「季列耶夫談 中俄20世紀90年代勘界工作」, 『俄羅斯中亞東歐研究』, 2005年 第5期, p.84.

5. 중소 국경문제의 해결과 남겨진 문제

상술한 바와 같이 국경문제는 역사문제에서 비롯되지만 최종적으로 정치문제로 표현되는 특징이 있다. 중러국경 문제 해결과정은 국경분쟁이 영토의 침탈과 반환이라는 영토문제 자체의 쟁점보다는 오히려 중소 양국의 정치역학관계뿐만 아니라 국제관계와 보다 긴밀하게 맞물려 있음을 보여준다. 이는 중국지도부가 제기한 '불평등조약론'과 '영토청구론'이 소련으로부터 탈취당한 영토를 반환받기 보다는 이를 명분으로 소련과 합리적인 새로운 국경조약 체결을 기대한다는 저우언라이의 대소협상 3대 지침을 통해서도 재확인 된다. 따라서 양국관계와 국경문제의 상관성에 대한 고찰은 중소국경문제가 1969년 전바오도에서 양국 국경수비대 간의 유혈무력충돌로 발전했음에도 불구하고, 2001년 푸틴과 후진타오(胡錦濤)가 "양국 사이에는 더 이상 영토문제는 존재하지 않는다"는 중러우호협력조약을 체결한 논리적 모순을 이해하는데 유효한 분석틀이 될 수 있다.

1960년대부터 시작된 양국의 국경교섭의 역사는 국경문제의 제기, 심화, 그리고 해결의 3시기를 거치고 있다. 제1기는 '불평등조약론'과 '영토반환론'으로 무장한 중국의 국경교섭논리는 '합법적인 국제조약론'을 내세운 소련의 대응논리와 충돌한 외견상 역사와 이론의 각축이었지만 본질적으로 비대칭적인 양국관계의 시정을 요구한 중국 측이 문제제기를 한 시기라 할 수 있다. 제2기는 전바오도 무장충돌사건을 겪으면서 핵무기 사용을 포함한 전면전 발발의 위기를 겪은 후, 국경문제에 대한 근본적인 해결의 필요성이 제기되면서 1969년부터 10년간 지속되었다. 제2차 국경교섭 역시 '불평등조약론과 합법적조약론', '영토반환론과 무주지점령론'이라는 기존의 양국의 국경교섭 논리가 양립 불가능한 것임을 재확인한 자리에 불과했으며 국경문제의 해결보다는 제2의 전바오도사건 재발 방지가 실질적인 교섭 목적이 되었다. 제3기는 고르바초프의 신사고 외교정책에 따른 소련 측의 새로운 양국관계의 정립시도가 평행선을 그어오던 국경문제 해결의 단초를 제공했다. 그리고 소련의 와해와 냉전의 해체와 맞물려 양국의 국경문제가 타결국면으로 들어섰다. 1991년 중러동부국경협정과 1994년 서부국경협정의 체결로 양국은 기존의 국경선을 조정하는 성과를 거두었으나, 이는 본질적으로 소련의 양보가 그 배경이 되었다. 소련의 양보를 바탕으로 2001년에 체결된 '중러우호조약'에서 양국은 더 이상 영토문제가 존재하지 않는다는 데 합의함으로써 정치적인 신뢰관계를 수립할 수 있는 초석을 마련하게 되었다.

그러나 러시아에서는 양국 간의 새로운 국경협정이 자국에 불리하게 체결되었다는 인식이 확산됨에 따라, 중러 동부국경과 인접한 러시아 원동지방에서는 이 협정에 대한 반발과 문제제기가 이루어지고 있음은 주목해야 할 점이다. 중러 간의 동부국경협정에 대해 러시아 학계에서 제기한 문제점을 정치, 경제, 심리적 측면으로 구분하여 살펴볼 보면 다음과 같다.

첫째, 정치적인 측면에서 1991년 협정은 1860년 베이징조약과 1861년 6월 16일의 영원히 변하지 않는 국경에 관한 보충협정의 조문을 위배하는 것이었다. 그 이유는 베이징조약 제1조에 "국경의 경계표석 설치후, 양국의 국경은 영원히 변경되지 않는다"고 명시되어 있기 때문이었다.[62] 따라서 러시아 영토를 중국에 이양하는 것은 러시아와의 영유권 분쟁을 벌이고 있는 국가에게도 선례가 될 수 있다는 인식이 확산되게 되었다.

둘째, 경제적 측면에서 중국은 조만간 두만강 하구에 항구를 건설할

---

62) Б.И.Ткаченко, 위의 책. С.18-28. 트카첸코는 국토를 인접국에 넘겨주는 것은 해당국가의 영토보존을 손상시키고 특정 상황에서는 영토를 넘겨준 외무성 관리 및 관계자들을 "국익을 배신한 자들"이라 규정하고 있다.

것임으로, 이는 중러 양국 간의 물류경쟁을 촉발시킬 수 있다는 것이다. 아시아-태평양지역에서 러시아의 극동과 시베리아를 거쳐 유럽으로 가는 수출입 화물의 물류이동 경로가 변화하게 되는 것으로, 이는 시베리아와 아무르철도에 심각한 손실을 끼쳐 연해주 남부에 위치한 러시아 항구들의 존재목적에 대한 심각한 의문을 제기하게 될 것이라고 생각하였다.

셋째, 심정적으로 중국에 이양될 하산호 인근지역과 우쑤리강의 전바오도는 러시아의 역사와 관련되어 이곳을 지키기 위해 피를 흘린 곳으로, 역사적 성지에 대한 양보는 현지인들에게 적지 않은 충격을 안겨주었다.[63]

따라서 이 같은 문제점들을 감안할 경우, 국경문제의 속성상 양국관계의 변화에 따라 국경조정 문제가 새롭게 제기될 가능성이 높기 때문에 중러 국경문제에 대한 양국의 입장을 지속적으로 관찰할 필요가 있는 것이다.

---

63) Б.И.Ткаченко, 위의 책. С.316-318.

제6장 중러 국경문제의 해결과 헤이샤쯔도(黑瞎子島)

1. 동아시아 영토문제의 새로운 해법: 면적균등분할론

국경은 진화하는 유기체이다. 주변상황과 조건에 따라 움츠러들거나 활개짓하기 때문이다. 중국과 러시아의 국경은 이러한 진화하는 유기체의 대표적인 사례이다. 이는 중러 양국이 영유권 분쟁의 현안이던 헤이샤쯔도(黑瞎子島: 러시아명: 볼쇼이 우수리스키 островов Большой Уссурий ский)를 면적으로 분할하기로 합의함으로써 2008년 이 섬의 절반이 중국에 반환된 사실과 관련이 깊다. 홍콩과 마카오 반환에 뒤이어 중국이 헤이샤쯔도의 절반을 회복함으로써 동북아시아의 변경은 다시금 꿈틀거리고 있는 것이다.

헤이샤쯔도는 하바롭스크 근방의 헤이룽강(黑龍江)과 우쑤리강(烏蘇里江)이 만나는 지점에 위치하고 있으며 면적은 홍콩의 1/3에 해당하는 350km²이다. 홍콩과 마카오는 조약기한이 종료됨에 따라 반환되었다면, 헤이샤쯔도는 새로운 국경조약체결을 통하여 중국에 반환되었다.[1] 이는

---

1) 程剛·王海峰,「中俄邊界問題徹底解決」,『決策探索』, 2005年 6期, p.88. 이 협정을 통해 중국과 러시아는 이제까지 해결하지 못하고 있던 최후의 분쟁지역인 우쑤리강과 헤이룽강이 합치는 지역에 위치한 헤이샤쯔도와 내몽골 근방의 만저우리지역의 아바가이투저우주(阿巴該圖洲渚)를 포함한 375km²를 쌍방이 각각 절반씩 점유하기로 합의하였다. 2005년 6월 2일 중국 외교부장 리자오싱(李肇星)과 러시아 외무장관 세르게이 라브로프(Лавров С.)는 블라디보스톡에서 양국 정부를 대

헤이샤쯔도 유역 지도

동북아 영토분쟁의 평화적인 해결 사례가 되었을 뿐만 아니라 향후 중국 판도의 지속적 변화가능성을 제시해 주고 있다. 따라서 헤이샤쯔도는 2005년 중러 양국이 헤이샤쯔도의 반분(半分)에 합의하면서 동반부(東半部)는 러시아가, 서반부(西半部)는 중국이 관할하는 '일도양국(一島兩國)'의 독특한 형태를 취하게 되었으며, 동북아시아에서 유일하게 평화롭게 영토분할에 성공한 모델이라 할 수 있다.

중국은 2005년 10월 '중러동부국경보충협정(中俄國界東段的補充協定)'을 체결하고, 이 섬의 절반을 자국의 판도에 끌어들임으로써, 국토의 최동단(最東端)을 헤이샤쯔도의 동반부까지 확장하였다. 2007년 4월 양국은 연말까지 헤이샤쯔도(黑瞎子島)의 현지 감계작업을 완료하기로 공

────────────

표하여 '중러동부국경보충협정(中俄國界東段的補充協定)' 비준서를 교환함으로써 양국 간의 국경획정의 긴 여정을 마무리 지었다. 리자오싱은 보충협정이 체결됨으로써 4,300km에 달하는 국경선이 법률적으로 확정되었다고 선언하고, 양국 간의 국경문제는 완전하게 해결되었고 인접국 간의 상호번영을 위한 토대가 마련되었다고 의미부여를 하였다.

동성명을 발표하고 동년 11월 마침내 국경획정 경계비를 설치함으로써, 이 섬은 평화적인 면적분할이 이루어진 대표적인 사례가 되었다. 이에 중국이 헤이샤쯔도가 갖는 평화적인 이미지와 협상을 통한 북방영토의 회복이라는 상징성을 강조하기 위해 '일도양국'의 독특한 상황을 관광자원화하려는 까닭도 바로 여기에 있는 것이다.[2]

한편 헤이샤쯔도의 사례가 주목을 끄는 또 다른 이유는 이 모델이 동아시아의 여타 영토분쟁 해결에 적용될 수 있는 지의 여부를 둘러싼 다양한 논쟁을 촉발하고 있다는 점이다. 2006년 12월 13일 일본의 아소 다로(麻生太郎) 외상이 중의원 외무위원회에 출석, 중러 간의 헤이샤쯔도 해결사례를 러시아와 영유권분쟁을 벌이고 있는 북방 4개 섬(러시아 명: 남쿠릴열도 Южно-Курильские острови)을 면적으로 균등분할하는 해결안을 제시했던 사실이 이를 반증한다. 일본 외상의 견해에 따르면 북방 4개 섬 가운데 에토로후섬의 25%와 나머지 3개 섬(구나시리, 하보마이, 시코탄)을 합치면, 북방 4개 섬을 2등분하는 경계선으로 일본과 러시아의 국경을 설정할 수 있다는 것이다.[3] 그러나 러일 간의 면적분할론은 현 상황에서는 실현가능성이 희박해 보인다. 그러나 양국 간의 합의가 이루어질 경우, 그것이 한일 간의 독도문제에 끼칠 영향 역시 간과할 수 없기 때문에 중러 간의 헤이샤쯔도 문제에 대한 연구는 학술적

---

2) 胡弭,「走進黑瞎子島」,『黨員干部之友』, 2007年 第6期, p.55. 헤이샤쯔도는 푸위안삼각주(撫遠三角洲)로 불리며 헤이룽강과 우쑤리강이 합류하는 지점의 주항도(主航道) 서남측에 위치하고 있고 중국의 동부 최북단 지역에 해당하여 가장 먼저 일출을 볼 수 있는 지역이다. 면적은 350km²로 홍콩의 1/3, 마카오의 12배, 전바오도(珍寶島)의 500배에 해당한다. 헤이샤쯔도는 인룽도(銀龍島: островов Тарабаров), 밍위에도(明月島) 등을 포함한 93개의 도서와 사주로 구성되어 있다. 섬들은 평균적으로 해발 40미터이고 지세는 평탄하며 아직까지 개발이 거의 이루어지지 않은 상태이다. 헤이룽강과 우쑤리강의 합류지점에 위치하고 있을 뿐만 아니라 강을 사이에 두고 하바롭스크를 마주보고 있기 때문에 전략적으로도 매우 중요한 지점에 위치하고 있다.

3)『중앙일보』, 2006년 12월 15일, 16면.

측면뿐만 아니라 현실적으로도 매우 중요한 의미를 지니고 있다.

이 같은 중요성에도 불구하고 중러 간의 헤이샤쯔도의 반환문제를 다룬 국내의 연구는 거의 이루어지지 않고 있다. 이에 본 연구는 헤이샤쯔도가 78년간(1929-2007) 소련의 지배하에 있다가 그 면적의 절반이 중국에 반환된 과정을 고찰하고자 한다. 이를 위해 첫째, 헤이샤쯔도의 영유권이 중국-소련-중국으로 이전된 배경을 러시아의 만주침략과 중동철로(中東鐵路)의 부설문제와 관련시켜 살펴보고자 한다. 시베리아 횡단철도의 난공사구간을 만주를 횡단하여 부설함으로써 건설비 절감과 구간단축을 모색한 러시아정부는 만저우리(滿洲里), 하얼빈(哈爾濱), 쑤이펀허(綏芬河)를 잇는 중동철로를 만주에 부설함으로써 만주문제에 깊숙이 개입하게 되었다. 만주에 러시아의 기간철도를 부설함으로써 중국과 러시아는 철도를 둘러싼 갈등과 마찰이 지속되었기 때문에 러시아혁명 이후 차르정부 소유의 중동철로를 둘러싼 중국과 소련의 관할권 다툼은 헤이샤쯔도 사건의 배경을 이루고 있었다. 둘째, 헤이샤쯔도가 소련에 의해 점령되는 원인을 1929년 중동철로 사건을 중심으로 검토해보고자 한다. 중국 난징정부와 장쉐량(張學良)의 동북군벌은 반공반소의 기치하에 무력으로 중동철로 회수를 시도하였다. 이는 1929년 소련군의 만주침략을 촉발시켰고, 헤이샤쯔도를 점령한 소련군이 철수하지 않음으로써 이 문제가 양국 간의 국경협상의 현안이 되어왔기 때문이다. 셋째, 중소 간의 국경협상과정을 분석함으로써 헤이샤쯔도 문제가 '면적균등분할(面積均等分割)' 방식으로 평화롭게 해결되는 과정을 살펴볼 것이다. 이를 통해 중러 간의 면적분할방식이 국경선의 조정을 위해 고안된 지리학적 해법이었다기 보다는 오히려 정치적인 고려의 산물임을 밝히고자 한다. 왜냐하면 영토문제는 독립적인 사안이기 보다는 해당국 간의 관계변화와 국제관계와 연동되는 특징이 있기 때문이다.

이에 본 연구는 러시아의 만주진출이 본격화된 19세기말부터 헤이샤쯔도 문제가 평화적으로 해결된 21세기 초까지 약 100여 년의 중러관계를 연구범위로 설정하였다. 그리고 이를 3시기로 구분하였다. 제1기가 중동철로 부설을 둘러싼 제정러시아와 청국 간의 관계를 담아내는 제국주의시기라면, 제2기는 중소 간의 무력충돌을 불사하는 대립의 시기로서, 중동철로와 헤이샤쯔도를 둘러싼 양국 간의 갈등은 냉전시기 중소관계의 표상이었다. 제3기는 러시아연방과 중화인민공화국이 종래의 갈등문제를 해결하고 새로운 관계로 발전시키기로 합의한 냉전 이후의 시기로 규정할 수 있다. 따라서 이 장에서는 상술한 시기구분에 따라 양국관계의 틀 속에서 헤이샤쯔도 문제가 다양한 모습으로 변해가는 과정을 추적하는 것이 주 논점이 될 것이다.

2. 헤이샤쯔도 문제의 역사적 배경: 러시아의 만주 침략과 중동철로(中東鐵路) 부설

헤이샤쯔도 문제의 역사적 배경은 중동철로(The Chinese Eastern Railway) 부설로 대표되는 제정러시아의 만주침략과 깊은 관련이 있다. 왜냐하면 이는 만주문제가 시베리아 횡단철도 부설과 맞물려 있음을 의미하는 것으로 만주 횡단노선인 중동철로 부설은 러시아에게 공사비 절감과 노선 단축의 이득을 안겨주었기 때문이었다. 1891년 말 착공된 유럽러시아와 블라디보스톡을 잇는 시베리아 횡단철도 부설사업은 단순히 국내 철도망의 확충이나 시베리아 오지를 연결하는 상업상의 이득을 고려하기보다는 세계적인 의미를 지닌 공사였다. 이 철도의 부설은 태평양을 둘러싼 국제경쟁에 러시아를 끌어들임으로써 역내 세력구도에 일대 변혁을 초래했을 뿐만 아니라 함대 증강을 통한 태평양의 제해권 확보도 가능하게 해주었다. 러시아가 동아시아의 국제무역에 대한 주도권을 확보하게

해야 한다는 계획은 시베리아철도의 일부 구간을 만주를 관통하여 부설
하도록 구상하게 만들었고 이를 주도한 인물은 다름 아닌 러시아의 산업
화를 주도한 재무상 비떼(С.Ю.Витте)였다.[4]

　1892년 8월 재무상에 취임한 비떼는 동년 12월 차르에게 올린 상주
서에서 시베리아철도 부설사업의 의의를 다음과 같이 설명하였다. "시
베리아 철도건설은 세계사적인 사건이며, 러시아 역사에서 새로운 세기
의 시작을 의미하며 국제경제 관계에 있어서도 본질적인 변화를 초래할
것이다. 그리고 태평양 연안에서 러시아의 군사력을 강화시켜줄 것이며
태평양 연안 국가들 간의 국제무역에서 러시아의 우위를 가져다 줄 것이
다." 또한 그는 시베리아철도가 특히 러청 간의 경제관계에 있어 청의
차(茶)무역이 발전하는데 기여할 것으로 판단했다. 왜냐하면 청국에서
해상운송을 통해 런던을 거쳐 유럽으로 수송되던 차가 이제 시베리아철
도를 통해 유럽으로 운송될 경우, 영국이 독점하고 있던 청의 차무역에
서 러시아의 경쟁력은 한층 강화될 수 있고, 이 점은 러청 상호간에 이
득이 될 수 있었기 때문이었다.[5]

　이에 시베리아철도의 부설공사가 본격화됨에 따라 1893년 비떼는 재
무성 산하에 아시아 국가들과의 교역증진을 논의하기 위한 특별위원회
(Особое совещание для обсужденя вопросов по развитию
русской торговли в Азии)를 구성하여 이들 국가와의 교역확대를
위한 방안모색에 착수하였다. 이 당시 그는 다음의 이유로 아시아 국가
들, 특히 청국·조선·일본과의 교역증진에 큰 관심을 보였다. 첫째, 청국
과 조선의 내륙지방은 유럽인들의 접근이 곤란한 반면 러시아는 이 지역
에 대한 통상증진을 위한 훌륭한 지리적 조건을 갖추고 있다는 점이다.

---

4) 러시아 정부는 1891년 2월 23일 모스크바와 블라디보스톡을 연결하는 철도의 부
　설을 결정하였고 1891년 3월 17일 짜르의 칙령으로 이를 공포하였다.
5) Романов Б.А. Россия в Маньчжурии(1892-1906). Л., 1928. С.57-60.

둘째, 청·한·일 3국의 총인구는 4억 6천만 명에 이르고 이들 3국의 교역 규모가 연간 7억 5천만 루블에 달하고 있었기 때문에 가까운 장래에 이 국가들은 러시아상품의 거대한 소비시장으로 부상할 수 있다는 점이다. 셋째, 비록 현시점에서 모스크바는 러시아의 물류 중심에 불과하나 시베리아철도가 완공될 경우 모스크바는 유럽과 아시아를 잇는 세계 물류시장의 중심이 될 것임에 틀림이 없다는 점이다.6) 이에 1893년 10월 25일 비떼는 상기 특별위원회 의장 코베코(Д.Ф.Кобеко)에게 청, 한, 일 3국과의 교역증진을 위한 조속한 대책 마련을 촉구하였다.7) 결국 비떼의 이 같은 계획은 러시아의 만주침략을 촉발시켰다. 특히 동아시아국제질서에 큰 변동을 야기한 청일전쟁 이후 러시아는 청국의 약체를 틈타 만주침략을 추진했고, 이는 중동철로부설계획으로 구체화되었다.

러시아의 시베리아 횡단철도를 중국의 만주를 통과하여 블라디보스톡과 연결한다는 중동철로 부설계획은 그 모험성으로 인해 러시아 내부에서도 강력한 반대에 부딪힌 바 있었다. 1895년 11월 27일 외무성 아시아국장 카프니스트(гр. Капнист Д.Е.)는 2000베르스트(1верст= 1,067km) 이상의 군사병참 용도의 철도를 외국의 영토에 부설하는 것은 유례가 없는 일이며, 순전히 철도운영의 측면에서 보더라도 철도부설지역에 대한 관할권을 러시아가 장악하기 위해서는 이 지역의 군사적 점령 이외에는 대안이 없고, 철도부설사업 특성상 만주의 군사적 점령이라는 강제적인 방식에 의존할 수밖에 없다는 의견을 피력함으로써 중동철로가 갖는 위험성을 지적하고 나섰다.8) 요컨대 중동철로는 러시아의 만주

---

6) 비떼는 세계적인 물류집산지로 부상할 모스크바에 유럽으로의 수출품인 비단, 차, 모피류와 동아시아로의 교역품인 유럽의 공산품 등이 집결될 것으로 예측했다.

7) Российский государственный исторический архив-(이하 РГИА로 약함) Ф. 560. Оп. 28. Д. 537. Л. 2-4об.: Письмо С.Ю.Витте Д.Ф.Кобеко, 25 октября 1893 г.

8) Там же.

점령을 통해서만 가능할 뿐만 아니라 궁극적으로 중국의 분할로 이어질 것으로, 이는 러시아에게 결코 바람직하지 않다는 주장이었다.

이에 비떼는 다음과 같은 논거를 제시하여 카프니스트의 견해를 반박했다. 첫째, 영국·일본·프랑스·독일 역시 이미 청국에 대한 경제적 영향력을 강화하기 위해 철도부설권을 확보하고자 경쟁하고 있다. 둘째, 러시아가 이들 국가와의 경쟁에 참여하지 않을 경우, 만주를 포함한 북만주의 주요 노선들이 이들의 수중에 넘어갈 것이다. 셋째, 블라디보스톡이 만주로 연결되는 주요 항구 역할을 하기 때문에 블라디보스톡을 연결하는 중동철로의 확보는 필수적이다. 넷째, 조만간 중동철로의 지선이 청국의 내륙 깊숙이 부설될 것은 명약관화하므로, 이는 러시아 경제와 밀접한 관련을 갖게 될 것이다. 다섯째, 중동철로 부설권을 러시아가 장악할 경우, 북중국에서 러시아의 동의 없이 어떠한 철도도 건설이 불가능할 것이며, 뉴쫭(牛莊)을 연결하는 지선부설을 금지시킴으로써 외국상품이 만주내륙으로 침투할 가능성을 차단하여 궁극적으로 만주가 지니는 경제적 가치를 보존 할 수 있다.

또한 비떼는 중동철로가 군사전략적인 측면에서도 중요한 의미를 지니고 있음을 지적했다. 이 노선은 러시아령의 블라디보스톡뿐만 아니라 만주의 어떤 곳으로도 러시아병력의 투입을 가능하게 할 것이며 나아가 황해 연안 및 베이징 인근지역으로까지 병력수송을 가능하게 할 것이다. 일단 중동철로가 부설된다면 조만간 자연발생적으로 청국 내륙으로의 지선 부설이 이루어질 것으로 예상하였던 것이다.[9] 따라서 러시아 영토인 노령 치타(Чита)에서 만주를 관통하여 블라디보스톡을 연결하는 중동철로는 러청국경을 따라 건설예정이었던 총연장 1300베르스트의 활모양의 아무르(Амур)노선을 만주를 통과하는 800베르스트의 직선노선

---

9) Романов Б.А. Лихунчангский фонд// Борьба Классов, 1924, № 1-2. С.98-100.

으로 대치시킴으로써 경제적으로 철도부설비용의 절감뿐만 아니라 공사 기간과 거리의 단축효과까지도 기대할 수 있었다.[10)

비떼의 이같은 계획은 니콜라이 2세(Николай II)의 대관식에 청국 전권대표로 리훙장(李鴻章)이 참석함으로써 실현될 수 있었다. 1896년 5월 니콜라이 2세의 대관식에 리훙장이 참석하면서 동청철도에 대한 러청 간의 재협상의 가능성이 열리게 되었다. 답보상태에 머물고 있던 동청철도 부설문제는 비떼와 리훙장 간의 회담을 통해 해결의 단초가 마련되었으며, 양자 간의 이해를 조정하는 해법의 골간은 양국의 만주철도 부설계획을 결합시키는데 있었다.

협상 초반에 양측은 기존의 입장을 고수하였다. 리훙장은 러시아정부에 철도부설권을 양도하지 않을 것이라는 입장을 고수했고, 비떼 역시 러시아정부는 청국이 자국의 철도를 시베리아철도와 접속하려는 제안을 수용할 수 없다는 태도를 견지하였다. 그러나 지리한 협상 끝에 이들은 철도를 민간주식회사의 관할 하에 두고 철도부설 및 운영에 양국 정부가 일정정도 참여하기로 합의하기에 이르렀다. 그리고 주식회사의 설립은 러청은행이 담당하며 동청철도의 부설 및 운영에 관한 협정은 은행과 체결하기로 하였다. 그 결과 러시아재무성의 관할 하에 있던 러청은행이 동청철도부설 사업의 주간은행이 되었으며 철도부설을 담당할 민간주식회사는 이 은행의 자회사가 됨으로써, 사실상 동청철도회사는 러시아 재무성의 통제 하에 놓이게 되었던 것이다.[11) 이는 비떼와 리훙장 양자 간의 비밀거래의 산물이기도 하였다. 전자는 후자에게 300만루블의 뇌물 공여를 약속했다.

이는 19세기말에서 20세기 초 동아시아에서 전개된 국제정세의 급격

---

10) Записка министра финансов Витте 31 марта(4/12) 1896 г.// Красный архив. 1932.

11) Глинский Б.Б. Пролог Русско-Японской войны, материалы из архива графа С.Ю.Витте. Петроград. 1916. С.35-38.

한 변화가 양자 간의 거래를 가능하게 하는 환경을 조성해주었음을 의미한다. 차르체제하에서 국가주도의 산업화정책을 동아시아정책과 접목시킨 비떼의 대만주 정책은 국내적으로 광범위하고 폭넓은 사회적인 공감대가 결여되어 있다는 치명적인 취약성을 안고 있었으며, 대청관계에 있어서도 개인에 의존할 수밖에 없는 정책상의 한계를 지니고 있었다. 결국 비떼의 만주정책은 청조의 봉건적인 전제질서의 유지가 정책추진에 있어 필수조건이었고 리홍장은 이 체제의 가장 영향력 있는 인물 가운데 하나였다.

이에 러시아는 1896년 중국으로부터 중동철로 부설권을 획득하여 1897-1903년까지 부설하였고 이를 시베리아철도와 연결하여 동쪽으로는 만저우리-하얼빈-쑤이펀허를 거쳐 블라디보스톡과 연결하였고 남쪽으로는 러시아 조차지 뤼순(旅順)과 다롄(大連)에 연결하였다. 따라서 중동철로는 러시아의 만주침략 및 태평양으로의 진출수단이 되었다. 이에 재무상 비떼가 의욕적으로 추진한 러시아의 만주침투정책은 시베리아철도부설을 기점으로 해서 중동철로의 부설로 그 정점에 이르렀다. 그러나 리홍장의 반대에도 불구하고 하얼빈과 뤼순을 연결하는 남만주철도 부설사업을 강행하면서 결국 러시아를 러일전쟁으로 몰아가는 결과를 초래하고 말았다. 후에 1904년-1905년 러일전쟁에서 패배한 러시아는 창춘(張春)에서 뤼순구간(남만철도)을 일본에 넘겨주었으나 1917년 러시아혁명 후에도 중동철로는 여전히 중국에 반환되지 않았다.

1917년 데멘찌예프(Дементьев Г.Д.)의 통계에 의하면, 러시아의 만주정책 비용은 러일전쟁 비용을 포함하여 전쟁차관의 도입 및 변제에 포함된 금액까지 포함할 경우, 총 70억 루블에 달한다.[12] 이미 1901년

---

12) Дементьев Г.Д. Во что обошлось нашему Государственному Казначей ству вой на с Японией. Статистическое исследование, составленное по отчетам Государственного Контроля и по сведениям Министерства Финансов. Петр., 1917. C.34.

육군상 쿠로파트킨(Куропаткин А.Н.)은 팔로프조프에게 그때까지
극동정책의 추진비용이 8억 루블에 이르고 있으며 앞으로도 상당기간
이 같은 비용지출이 불가피하다고 고백한 바 있었다.13) 비떼 역시 청국
에서 사태가 복잡해짐에 따라 이미 10억 루블이 지출되었다고 말했으며
이 같은 기조가 지속될 경우, 러시아의 재정은 파탄에 이를 수 있다고
인정했다. 비떼는 만주가 러시아의 다른 지역의 양분을 빨아먹고 있다는
점에 대해 부정하지 않았다. 이 점은 베조브라조프 일파의 공격의 대상
이 되었다. 베조브라조프의 요구에 의해 작성된 극동총독부 관할지역에
대한 수입 및 지출 보고서(1897-1902)에 따르면, 러시아는 동아시아에서
약 8억 6천만 루블의 적자를 보고 있었다. 쿠로파트킨은 이 가운데 4억
루블은 중동철로 부설 및 그 산하기관 설립에 지출되었고 철도운영은 매
년 4천만 루블의 적자를 보고 있었음을 알고 있었다.(2천만 루블은 건설
자금에 대한 연이자, 1천만 루블은 철도수비대 유지비용, 1천만 루블은
운영적자) 따라서 지출의 40%는 비떼가 주도한 만주침략정책과 관련된
것임을 알 수 있다.14)

1차 세계대전 이전까지 제정러시아는 하얼빈과 중동철로 연선에 약
9만 명의 병력을 주둔시켰다. 그러나 1차 대전이 발발하자 원동주둔 러
시아군은 서유럽으로 이동했으며 철도 인근의 주둔 병력은 감소되었다.
10월 혁명 이후 하얼빈 주재 러시아 총영사 겸 중동철로 독판(督辦) 호
르바트(Хорбат Д.Л.)는 소비에트에 반대하여 반혁명세력을 규합하였
고 북양군벌 역시 제국주의 국가들의 사주 하에 소련을 승인하지 않음으
로써 철도는 중소공동관리 및 국제공동관리 하에 놓이게 되었다.15) 더

---

13) Дневник Половцова, 30 марта 1901 г.// Красный Архив. № 3. С.87.
14) Романов Б.А. Лихунчангский фонд//Борьба Классов. 1924. № 1-2.
    С.78-79.
15) 吳振學·陳家光, 「中東路事變: 一場被遺忘的戰爭」, 『環球軍事』, 2004(19), p.22.

욱이 하얼빈과 중동철로 연선(沿線)에 주둔하던 러시아군대와 러시아국
적 직원들은 소비에트혁명을 옹호하는 세력과 반대세력으로 양분됨으로
써 철도의 관할권에 대한 러시아의 영향력은 흔들리기 시작했다. 따라서
러시아혁명과 이를 둘러싼 내분은 중국으로 하여금 중동철로에 대한 주
권회복을 시도할 수 있는 절호의 기회를 제공하기에 이르렀다. 이에
1918년 7월 1일 지린성(吉林省) 장관은 중동철로의 안전을 도모할 목적
에서 하얼빈과 중동철로 수비대를 무장해제 시키고 철도 연선 수비를 중
국 관원과 군경이 맡게 하였다.[16]

한편 1920년 소비에트 적군은 시베리아와 연해주에서 반혁명파에 대
한 결정적 승리를 쟁취함으로써 내전으로 야기된 중동철로를 둘러싼 관
할권 문제에 대한 소련의 지위를 재설정하려는 방안을 모색하기 시작했
다. 블라디보스톡 소비에트 임시정부 대표는 하얼빈 주재 러시아총영사
의 임명권을 확보하게 되었고 결국 중동철로 반혁명세력의 수장이었던
호르바트 역시 1920년 3월에 사직했다. 따라서 철도주권 회복을 시도한
중국과 소비에트 권력강화를 통한 기존의 철도이권을 지속하려는 소련
의 입장은 철도의 공동관리 형태로 일단 타협을 이루게 되었다. 1920년
11월 하얼빈의 러시아 지방재판소가 하얼빈 지방정부에 이관되고 중국
은 하얼빈에 고등재판소와 지방재판소를 설립함으로써 러시아인의 치외
법권과 영사재판권을 폐지한 것도 중소 양국관계가 상호대등한 관계로
변모하였음을 반영하고 있다. 따라서 중국은 중동철로의 사법, 경찰권을
회수하기 시작했고 러시아국적의 기술자들은 여전히 중동철로에서 작업
을 계속해서 할 수 있었다.[17]

---

16) 王春良, 「關于蘇聯占取中國領土黑瞎子島的歷史」, 『延邊大學學報(社會科學版)』, 2002
    年 第35卷 第4期, p.95. 이에 지린성 독군 바오귀이칭(鮑貴卿)게 중동철로의 독판
    을 위임했다.

17) 王春良, 「關于蘇聯占取中國領土黑瞎子島的歷史」, 『延邊大學學報(社會科學版)』, 2002
    年 第35卷 第4期, p.95.

중동철로에 대한 중소공동관리 체제 수립은 소련이 중동철로에 대한 이권을 포기할 의사가 없음을 반증하고 있다. 소련 정부는 차르정부가 중국에서 획득한 모든 이권을 포기한다는 1919년 7월 25일자 대중국 제1차 선언에도 불구하고 1920년 9월 27일 소련 외교대표 대리 카라한(К арахан Л.М.)은 모스크바에서 대중국 제2차 선언을 발표하였는데, 그 제8조에는 중동철로의 운영에 원동공화국을 포함시킬 것임을 명시하고 있다. 이는 소비에트 정부가 중동철로의 주간사 은행이던 기존의 프랑스계의 러시아-아시아은행(Russo-Asian Bank)을 배제시키고, 이를 대신할 극동은행(Дальневосточный Ванк)의 설립을 추진함으로써 구체화되었다. 1923년 중동철로에 대한 소련 정부의 상업적 이익을 관철시키기 위해 하얼빈에 설립된 자본금 500만 달러 규모의 극동은행은 초기에는 국경도시인 만저우리에 지점을 개설하였으나 이후 상하이(上海), 톈진(天津), 한커우(漢口)에도 지점을 설치했다.[18] 아울러 중동철로에 대한 소련의 권리는 1924년 5월 31일 소련 정부 대표 카라한과 중국 정부 외교총장 구웨쥔(顧維鈞)이 베이징에서 체결한 '중러현안대강협정(中俄懸案大綱協定)' 15조, '중동철로임시관리협정(暫行管理中東鐵路協定)' 11조 및 이에 따른 성명서 7건의 체결을 통해 강화되었다. 이 협정들은 중동철로를 순수한 상업적 성격으로 이용하고, 철도이사회가 영업사무를 관할하며 이를 제외한 여타 사법, 민정, 군무 등은 중국이 관리한다는 것이 주요 내용이었다.[19] 요컨대 이러한 규정들은 중국이 소련으로부터

---

18) Manchuria Year Book 1931. Tokyo, 1931. pp.251-252.. 세르게이 레베제프, 「동청철도와 러시아-아시아은행의 종말」, 『만주연구』 제5집,(2006.10) p.62에서 재인용.

19) Liang Chia-pin, History of Chinese Eastern Railway: A Chinese Version, Pacific Affairs, Vol. 3, No. 2.(Feb., 1930), p.197. 소련 정부는 중국이 대금을 치른 후 철도와 부속재산 일체를 회수하도록 허락했고 철도의 매표업무도 중국에 귀속되는 데 합의했다. 그리고 철도의 의결기구로서 10명의 이사회 설치를 결정하고 중국은 1명의 이사를 이사장으로, 소련은 1명의 이사를 부이사장으로 파견키로 합의했다.

중동철로의 특권 전부가 아닌 일부만을 회수했음을 의미했다.

소련이 소비에트 체제 수립 초기의 혼란기에도 불구하고 중동철로에 대한 기존의 권리를 유지할 수 있었던 또 다른 이유로 장쭤린(張作霖)의 펑톈정부(中國奉天政府)가 중동철로의 회수에 반대했다는 점을 들 수 있다. 1924년 9월 24일 소련대표(Кузнецов)와 장쭤린의 펑톈정부 대표는 약 3개월의 비밀회담을 통해 봉아협정(奉俄協定)을 체결하였는데,[20] 그 요지는 중동철로는 60년 후 중국에 무조건 반환하고, 중동철로의 사무는 봉아협정에 따른다는 것이다. 이는 중동철로에 대한 중소 양국의 공동관리체제가 외형상 외교적 타협의 산물이었지만 내부적으로 갈등과 마찰의 단초를 품고 있었음을 의미하는 것으로, 1925년 이래 중국과 소련은 중동철로의 관리와 주권을 둘러싼 분쟁이 격화되어갔다.[21]

---

20) Wei Ying-pang. Les relations diplomatiques entre la chine et la Russie de 881 a 1924. these. Paris,[1946]. pp.237-241. 1925년 3월 12일 베이징정부는 '봉아협정'을 추인하였다. 세르게이 레베제프, 「동청철도와 러시아-아시아은행의 종말」, 『만주연구』 제5집, (2006.10), p.65에서 재인용.

21) 王春良, 「關于蘇聯占取中國領土黑瞎子島的歷史」, 『延邊大學學報(社會科學版)』, 2002年 第35卷 第4期, p.96. 1925년 5월 '구사명령풍조(九四命令風潮)'가 발생했는데 중동철로 부이사장 이바노프가 중국인 이사장의 동의를 얻지 않은 채 94호 명령을 결재하였는데, 중동철로 직원 가운데 무국적의 러시아 백군출신자를 축출하려는 것이었다. 5월 19일 중동철로 이사장인 중국 국적의 바오구이칭(鮑貴卿)은 이바노프의 '구사명령'은 무효라고 선언하고 결국 우여곡절 끝에 소련 영사의 조정을 통해 소련 국적의 중동철로 직원을 제명하였다. 1926년 1월 17일 중동철로 부이사장 이바노프는 60명의 철도수비대의 임무수행을 거부하자 중국 철도수비대장 장환샹(張煥相)이 이에 항의하고 이바노프를 구금하기에 이르렀다. 중소 간의 분쟁이 격화되자 소련은 군대를 동원하기 시작했고 장쭤린 역시 지린, 헤이룽강 양성의 군대로 하여금 진지구축을 지시했다. 사태가 일촉즉발에 다다르자 중소 양국 정부대표는 교섭교섭 직후 각각 장환샹과 이바노프의 직권을 정지시킴으로써 위기는 점차 수그러들었다. 이 사건은 1929년 중동철로 사건의 서곡이기도 하였다.

3. 중동철로사변과 소련의 헤이샤쯔도 점령

중소관계사에서 최대 규모의 무장충돌 사례는 이른바 '중동철로사변'(1929.7.10.~12.3.)이라 할 수 있는데, 중소 양국은 약 20만의 병력을 동원하여 5개월 간의 격전을 치렀다. 중국군은 7600여 명의 사상자가 발생했으며 소련군 역시 약 800여 명의 인명손실을 입은 이 사건은 동북군벌이 소멸되는 계기가 되었을 뿐 아니라 중동철로 역시 만주국을 수립한 일본에게 매각되는 단초가 되었다.[22]

주지하다시피 중국 정부가 중동철로 주권회복을 도모한 것은 러시아 혁명 이후부터였다. 중동철로에 대한 '공동관리안'을 제출하면서 중국대표 옌후이칭(顔惠慶)은 다음과 같이 지적했다. "세계 각국을 통틀어 봐도 타국에게 자국 영토 내에 철도부설을 허락한 나라는 없다. 중동철로는 반드시 중국에 반환되어야 하며 중국이 관리해야 한다. 중국 정부는 현찰이나 채권을 통해 향후 그것을 회수할 수 있으며 교통장정을 체결하고 충분한 보상을 해주는 것이 최선의 해법이다." 이는 중국이 철도주권을 회복하는 대신 소련의 거절을 예상하여 소련의 물질적 이익을 고려한 합리적인 해결책이었다.[23] 특히 1919년 5.4 운동 이래 중국의 민족주의가 흥기함에 따라 잃어버린 권리회복의 요구는 점차 고조되고 있었다.

이 같은 상황에서 소련으로부터 중동철로 회수에 소극적이던 동북군벌 장쭤린이 1928년 6월 2일 황구툰(皇姑屯)에서 암살당함으로써 중국은 철도의 회수에 본격 착수하게 되었다. 장쭤린에 이어 펑톈독판(奉天督辦)에 취임한 장쉐량은 난징정부와 정책적으로 공동보조를 취할 것임을 선포하고 한편으로는 철도주권의 회수를, 다른 한편으로는 반공반소(反共反蘇) 정책을 추진하였다. 하얼빈 전화국 및 기상대를 접수하고 중

---

22) 吳振學·陳家光, 「中東路事變: 一場被遺忘的戰爭」, 『環球軍事』, 2004(19), p.22.

23) 楊琪, 「略析中東路事件的起因與影響」, 『求是學刊』, 1997年 第6期, p.120.

국 동성특별구(東省特別區)의 교육경비를 중동철로회사가 부담하도록 강요한 것은 중동철로 회수를 위해 장쉐량이 취한 첫 조치였다. 아울러 동청철로의 운영자금을 소련의 원동은행에 일방적으로 의존하던 기존의 방식에서 소련의 원동은행과 중국은행이 반반씩 담당하도록 바꾸었다. 그는 이 같은 조치들을 과거 러시아 정부가 만주에서 행한 침략에 대해 중국이 복수하는 기회로 간주하고 있었던, 말하자면 반공주의자라기 보다는 민족주의자에 가까웠다. 요컨대 장쉐량은 정의의 깃발 아래 '만주판 국권회복(滿洲版國權回復)'을 도모하였고 최초로 무력을 동원하여 만주에서 러시아의 중동철로를 회수하고자 하였다.[24]

1929년 5월 27일 장쉐량이 하얼빈 특수경찰처로 하여금 소련총영사관 수사를 지시함으로써 중소관계는 급속히 냉각되었다.[25] 더욱이 7월 11일 중동철로 이사장 뤼룽환(呂榮寰)은 소련국적의 중동철로 국장과 부국장의 직무를 정지시키고 별도로 중국 국적의 부국장을 국장대리로 임명하여 국장 직무 일체를 대행토록 지시함으로써 중소 양국은 일촉즉발의 위기에 봉착했다. 동시에 그는 소련 국적의 중동철로 고위직원 59명을 면직하고 이들을 소련으로 돌려보낼 것을 통보함으로써 소련 측으로부터 강력한 반발을 야기했다. 뤼룽환의 행동이 중동철로를 공동 경영한다는 원칙을 위반한 것이고, 심지어 소련의 국익에 배치되기 때문에 뤼룽환의 명령을 받아들일 수 없다는 것이 항변의 요지였다.

중국의 이 같은 조치가 피압박민족의 주권회복운동의 일환이었다 하더라도 소련은 국익을 보호하기 위한 조치를 취하기 시작했다.[26] 7월

---

24) 楊琪, 「略析中東路事件的起因與影響」, 『求是學刊』, 1997年 第6期, p.121.

25) 楊琪, 위의 논문, p.121.

26) 王春良, 「關于蘇聯占取中國領土黑瞎子島的歷史」, 『延邊大學學報(社會科學版)』, 2002年 第35卷 第4期, p.97. 왕춘량은 중국이 중동철로와 관련한 2가지 목표를 수립하였으며, 중동철로의 관리권을 완전 회수하는 것과 중동철로 회수를 통하여 혁명외교를 촉진시킴으로써 영사재판권과 관세협정을 폐지하려 하였다고 서술하고 있다.

13일 소련 정부는 중국 정부에 3일 기한을 최후통첩하고, 만일 만족할 만한 회신을 듣지 못할 경우, 소련정부는 부득이 권리의 수호를 위한 다른 방법을 찾아볼 것임을 통보했다. 마침내 7월 17일 소련은 주중 외교사절, 상무대표 및 중동철로의 소련 국적 직원의 소환을 결정하고 중소 간의 철도교통을 단절하였으며, 나아가 소련 주재 중국외교사절의 추방을 명령함으로써 사실상 중국과 국교를 단절하는 극단의 조치를 취했다.[27]

중소 간의 국교단절은 대규모 무력충돌의 서곡이기도 하였다. 1929년 7월 30일 국민정부 외교부의 하얼빈 주재 파견 직원 차이윈성(蔡運升)과 중동철로 이사 리사오징(李紹賡)은 치타에서 하얼빈 주재 소련총영사 멜니코프(М.Мельников)와 대화를 지속하기 위해 협상을 시작했고 8월 6일 모스크바 주재 중국대리대사 주사오양(朱紹陽)은 만저우리에서 소련 측 대표와 교섭을 진행했으나 긍정적인 결과는 얻지 못했다.[28] 이에 1929년 하바롭스크에 주둔하고 있던 소련극동군은 사령관 브류헤르(Брюхер В.К.)의 명령에 따라 중소변경 방면에 약 8만여 육해공군이 집결하였고 헤이룽강성과 지린성을 침공할 충분한 준비를 하였다. 1929년 8월 11일 소련군은 3개 방면으로 만주를 침략하였고 9월 19일 밤 오늘날 푸위안현(撫遠縣)에 해당하는 쑤이위안(綏遠)은 소련군함의 습격을 받고 도시가 잿더미가 되었다. 10월 12일 소련군은 국경을 넘어 퉁장현(同江縣)으로 진공하여 퉁장현을 점령하였고 10월 17일 그 점령범위를 만저우리까지 확대하였다.[29] 소련군의 침공에 맞서 동북군벌 장쉐량의 군대는 준비부족과 내분으로 패전을 거듭하였고 사실상 중동철로 사건을 고비로 소멸의 길을 걷게 되었다. 결국 난징국민정부는 소

---

27) 王維遠, 「中東路事件: 1929年的中蘇之戰」, 『炎黃春秋』 2003年 第10期, p.64.

28) 王春良, 「論中東鐵路事件-兼談蘇聯從中國占去黑瞎子島」, 『山東師大學報』, 1995年 第3期, p.33.

29) 王維遠, 「中東路事件: 1929年的中蘇之戰」, 『炎黃春秋』, 2003年 第10期, pp.65-67.

런군의 대규모 침략에 맞서 부전조약(不戰條約)에 서명한 국가들에 통
고하여 조정을 모색하여 12월 3일 영국, 미국, 프랑스에 이를 조회하고
중국과 소련에 전쟁 중지를 요청했다. 그러나 소련은 중국의 이 같은 시
도에 대해 제3국의 간섭과 중재를 거절하고 중소 양국이 협상을 통해
해결할 것이라는 입장을 분명히 하였다.[30]

　중국의 협상시도는 1929년 12월 4일 소련의 우수리스크 즉, 중국명은
쐉청쯔(雙城子)에서 개최된 중소회담으로 이어졌다. 중국 측 협상대표
차이윈성[31]과 소련 측 협상대표 하바롭스크 주재 외사관이 체결한 협상
안인 쐉청쯔초약(雙城子草約)의 핵심내용은 "동북정부 당국은 중동철로
이사장 뤼충환을 퇴임시키고 중소 양국은 중러협정과 봉아협정(奉俄協
定)을 준수한다"는 것이다.[32] 이 협상안에 근거하여 12월 22일 하바롭
스크 의정서가 체결되었는데,[33] 주요 내용은 다음과 같다. "첫째, 양국
은 즉각 전쟁을 중단하고 중아, 봉아협정에 따라 충돌 이전의 상태를 회
복한다. 중동철로는 무력충돌 이전의 중소공동관할(中蘇共同管轄)의 상
태를 회복한다. 둘째, 소련교민과 관련하여 1929년 5월 1일 이후 쌍방간
의 충돌로 체포된 자는 즉각 석방한다. 셋째, 1929년 7월 10일 이후 면
직된 중동철로의 소련국적 직원들은 원래의 직위를 회복한다. 넷째, 중
국 관헌은 만주에 있는 러시아의 반혁명적 백군(白軍)부대를 무장 해제
시키고 장교들을 추방한다. 다섯째, 중소국교를 전면 회복하는 문제는

30) 王春良,「關于蘇聯占取中國領土黑瞎子島的歷史」,『延邊大學學報(社會科學版)』, 2002
　　年 第35卷 第4期, pp.97-98.
31) 王春良,「論中東鐵路事件-兼談蘇聯從中國占去黑瞎子島」,『山東師大學報』, 1995年
　　第3期, p.34. 왕춘량은 차이위성이 난징정부로부터 조약체결 전권을 위임받지 못
　　했음을 강조하고 있다. 따라서 중동철로사건을 마무리 짓기 위해 체결된 하바롭
　　스크 협정 역시 소련 측의 압력을 받아 조약체결의 전권도 위임받지 않은 상태에
　　서 체결되었음을 강변하고 있다.
32) 王維遠,「中東路事件: 1929年的中蘇之戰」,『炎黃春秋』, 2003年 第 10期, p.67.
33) 吳振學·陳家光,「中東路事變: 一場被遺忘的戰爭」,『環球軍事』, 2004(19), p.24.

회의현안인 영사관의 복구와 중동철로 사건 이전에 만주에서 운영되던
소련의 기관들이 기능을 복원하였을 때에야 가능하다. 여섯째, 협정의
이행 및 쌍방의 이익을 보장하는 실질적인 문제에 이르기까지 모든 문
제는 중소 간의 협의를 통해 해결한다." 따라서 중소 양국은 하바롭스
크 의정서 체결을 통해 중동철로사건을 마무리 짓고 중소국경의 평화상
태를 회복하였다.[34]

　　그러나 하바롭스크 협정에 관한 중국 여론은 중국외교의 실패라는 것
이 중론이었다. 중동철로문제는 중국민족운동의 진전에 있어 매우 중요
한 문제이기 때문에 중동철로 교섭이 실패한 것은 중국 민족운동의 앞길
에 커다란 장애임이 분명하다는 것이었다.[35] 이 같은 여론을 무마하기
위해 난징국민정부(南京國民政府)가 고안한 현안타개책은 하바롭스크
협정의 무효화였다. 이는 하바롭스크 협정을 체결한 차이윈성의 자격문
제와 하바롭스크 협정의 법적근거에 대한 문제제기로 이어졌으며, 차이
윈성은 협정체결의 전권이 없으며, 그가 협정을 체결한 것은 월권이기
때문에 하바롭스크 협정은 법률적 근거가 없는 무효라고 결론지었다. 이
에 국민정부 외교부는 1930년 2월 8일 하바롭스크 협정과 관련, 이 협정
을 체결한 중국대표는 조약체결권한이 없는 자였으며 국민정부의 훈령
범위를 넘어선 월권행위를 하였다는 내용의 성명을 발표하고 차이윈성
을 면직시켰다. 이에 국민정부는 모스크바에서 열리는 정식회의에 참
석할 대표를 인선함으로써 중동철로문제를 최종적으로 타결 짓고자 하
였다.[36]

---

34) 王維遠,「中東路事件: 1929年的中蘇之戰」,『炎黃春秋』, 2003年 第10期, p.67.
35) 王春良,「關于蘇聯占取中國領土黑瞎子島的歷史」,『延邊大學學報(社會科學版)』, 2002
　　年 第35卷 第4期, pp.97-98.
36) 위의 논문, p.98. 국민정부 외교부장 왕정옌(王正延)은 소련 외교인민위원에게 전
　　권대표 모더후이는 이번 회의에서 중동철로의 통상문제에 대해 협의하고 조약체
　　결의 권한을 가졌으며 조약안은 반드시 국민정부의 비준 후 효력이 발생한다고

　　중국 난징정부의 이 같은 시도는 중소 간의 모스크바회의 개최(1930. 5.26-5.29.)로 구체화되었다. 이 회의는 중국 측에서 장쉐량이 추천한 모더후이(莫德惠)가 수석대표로 참석했고 소련 측은 부외무상 카라한(Карахан Л.М.)이 협상대표를 맡았으나 사실상 공식회의를 준비하기 위한 예비회동의 성격이 강했다.[37] 1930년 5월에 모스크바에 도착한 모더후이가 10월이 되어서야 소련 측과 정식회담을 갖게 된 사실이 이를 반증해주는데, 중국 측은 중러협정과 봉아협약이 중동철로문제를 논의하는 출발점이 되어야 한다고 주장한 반면, 소련은 하바롭스크 협약(伯力草約)이 준칙이 되어야 한다는 입장을 고수했기 때문이다.[38] 10월 11일에 열린 중소회의 개막식에서 카라한은 1924년 중국과 러시아는 협정체결 후 대등한 관계를 유지하고 있다고 주장했고, 모더후이는 쌍방간의 협상을 통한 문제 해결의 필요성을 강조하였다. 따라서 중소 간의 모스크바 회의는 양국이 달성하고자 한 협상목표가 현격한 괴리가 있음을 재확인하는 자리가 되었다. 소련은 중국으로부터 하바롭스크협정에 대한 공식적인 승인을 받아내고자 한 반면, 중국은 양국 간의 갈등의 요체인 중동철로를 소련으로부터 매입하는데 동의를 얻고자 하였다. 10월 14일 카라한이 모더후이에게 제출한 4개항 요구서는 (하바롭스크 협정의 이행, 반혁명적 러시아 백군 및 정치단체 긴급해산, 하얼빈시의 전화관할권을 중동철로에 이관, 중동철로의 경비와 부채를 양국이 균등분담 한다)는 중동철로에 대한 소련정부의 입장을 명백히 드러내고 있었다. 따라서 1930년 10월부터 1931년 4월까지 거행된 3차례의 회담에서 철도회수 매입 가격안을 제출했던 중국과 하바롭스크협약의 승인과 헤이룽강 및

통보하였다.

37) 李占才, 「中東路事件始末」, 『民國春秋』, 1995年 第1期, p.19.

38) 王春良, 「論中東路事件與黑割子島問題」, 『煙臺大學學報(哲學社會科學版)』, 1995年 第4期. pp.80-82.

쑹화강(松花江)의 항행권을 요구한 소련의 입장은 접점을 찾지 못한 채, 회담은 결렬되고 말았다.[39] 아울러 중국을 침공한 소련군 역시 완전 철병하지 않은 채 접경지역에 머물러 있었다.

따라서 중동철로사건은 만주에서 전개된 중국 최초의 국권회복 시도였으나, 소련의 강력한 군사적 대응에 밀려 당초의 목적을 이루지 못했을 뿐만 아니라 동북군벌 소멸의 계기가 되었다. 또한 그 결과는 동북아의 국제관계 변화뿐만 아니라 침략국 소련 및 패전국 중국에게 심대한 영향을 끼쳤다.

주지하는 바와 같이 1920년대 국제관계의 중심무대 가운데 하나였던 만주는 소련, 일본, 중국의 3국관계가 주축을 이루고 있었으나, 상호 대등한 소·일·중(蘇日中) 3국관계가 와해되는 계기가 바로 중국의 중동철로 회수 시도였다. 이는 일본으로 하여금 남만주에 대한 자국의 특권과 위상에 대한 중국 측의 도전 가능성에 대한 우려를 증폭시킴으로써, 결국 소련과 일본의 접근을 촉진시키는 기제가 되고 말았다. 요컨대 만주는 소련과 일본의 침략대상이었지만 만주를 지배하기 위해서는 오히려 소련과 일본 간의 상호 합작과 협력이 절대적으로 필요하였다는 것이다. 결과적으로 중소관계의 파국은 만주의 평화를 담보하던 소·일·중(蘇日中) 3각관계의 파열로 이어졌으며 궁극적으로 소련과 일본이라는 양대 강국에 중국이 대항하는 국면을 형성하고 말았다. 따라서 중동철로 사건은 동북아지역에서 중국의 위상회복이 중러관계의 복원으로부터 시작해야 함을 역사적으로 입증해주고 있음을 알 수 있다.

또한 소련 역시 전쟁을 통하여 중동철로에 대한 권리를 회복했으나 진정한 수혜자는 아니었다. 중소관계가 냉각됨으로써 소련 역시 일본의 도전을 단독으로 처리하지 않으면 안 되었기 때문이다. 당시 소련은 일

---

39) 王維遠, 「中東路事件: 1929年的中蘇之戰」, 『炎黃春秋』, 2003年 第10期, pp.67-68; 李占才, 「中東路事件始末」, 『民國春秋』, 1995年 第1期, p.19.

본의 도전에 대해 단독으로 대응할 군사력을 충분히 갖추지 못하고 있었다. 이에 반해 일본은 중동철로사건의 실질적인 최대 수혜자가 되었다. 일본은 중동철로사건 이후 교민보호를 명분으로 창춘으로 군사력을 증파하였고 선양(瀋陽)에서 군사훈련을 수행하였다. 결국 중동철로를 둘러싼 중소교전은 향후 일본이 만주사변을 도발하는(1931.9.18) 객관적 조건을 제공해주고 말았다.[40)]

중소 양국이 모스크바회의에서 중동철로를 둘러싼 현안을 해결하지 못한 상황에서, 일본군이 만주를 점령함으로써 중동철로는 중소 양국의 문제에서 중소일 3국의 문제로 변모하였고 결국 국제관계의 틀 속에서 해결되어야 하는 국제문제로 진화하였다. 그 이유는 일본이 사실상 중동철로를 지배함에 따라 철도업무에 종사하고 있던 소련인과 일본인 간의 마찰과 갈등이 야기되었고, 소련은 철도의 대일 매각의 방식으로 중동철로 문제를 해결하고자 하였기 때문이다. 당시 소련은 유럽으로부터의 위협을 우려하였기 때문에 아시아와 유럽에 걸친 양대 전선에서 적국과 대적하기를 원치 않았다.[41)] 그리하여 마침내 소련은 중동철로의 대일 매각을 결정하기에 이르렀다.

1933년 5월 2일 소련 외교인민위원 리트비노프(Нарком иностранных дел СССР, Литвинов М.М.)는 소련 주재 일본대사 오타(太田)에게 중동철로 매각의사를 밝힌 후, 5월 11일 주소련 중국대사 옌후이칭에게 이 사실을 통보했다. 리트비노프가 밝힌 철도매각 명분은 중소 및 봉아협정에 중국이 합법적인 반환기한 이전에 중동철로를 환수할 수 있는 권리가 불명확하고, 철도의 제3국 매각을 제한하는 규정이 없기 때문에 향후 중국은 만주국으로부터 이 철도를 매입하면 된다는 것이었다.[42)] 중국의 반대에도 불구하고 1933년 6월 26일 소련과 일본 간의 최

40) 楊琪, 「略析中東路事件的起因與影響」, 『求是學刊』, 1997年 第6期, p.122.
41) 韓文寧, 「中東路賣買始末」, 『文史春秋』, 2000年 第4期, pp.58-59.

초 회담이 열린 후 7월 3일부터 8월 4일까지 중동철로 매각을 둘러싼 협상이 4차례 개최되었다. 소련은 철도 매각대금으로 2억 1천만 냥과 부속재산의 처분가격 5천만 냥을 요구한 반면, 일본은 철도 매입가격 5천만 엔을 제시하고 철도의 부속자산은 별도로 비용지급을 하지 않는다는 제안을 함으로써 1933년의 매각협상은 상대의 의중을 탐색하는 선에서 만족하고 결렬되고 말았다.

1934년 4월 26일 중동철로 매각에 관한 제2차 협상이 개최되었다. 그 후 3개월간 쌍방간의 가격협상은 완만하게 진전되었으나 8월 초 매각협상이 재차 결렬되면서 양국관계는 악화되기 시작했다. 결국 1933년 6월 26일 소련과 일본 및 만주국 간에 개최된 중동철로 매각협상은 40차례의 회담을 거쳐 1년 반 만에 마침내 1935년 1월 22일 합의에 도달했다.[43] 1935년 3월 23일 오전 9시 소련과 일본 및 만주국 대표들은 도쿄에서 중동철로매각협정 및 부속문건에 서명함으로써, 소련은 중동철로 부설권을 획득한 1896년 이후 약 40년 만에 만주에 부설한 자국 철도망을 일본에게 이관하게 되었다. 청일전쟁 후 삼국간섭을 통해 일본의 만주진출을 저지해준 대가로 러시아가 부설한 중동철로는 스탈린정부가 소련의 사회주의 수호를 위해 일본과 타협을 도모함으로써 마침내 일본에게 매각되고 말았다. 일본은 청일전쟁에서 승리한 이후 40년 만에 러시아를 만주에서 축출하고 러시아가 부설한 철도망을 완전 장악하게 되었다. 비록 중국정부가 중동철로와 관련된 사무는 당연히 1924년 중러 양국이 체결한 협정에 의거해야 하며, 제3자의 간섭은 허락하지 않는다는 성명을 발표했으나 이는 중동철로가 만주국에 양도되었다는 사실을 변경시킬 수는 없었다.[44] 결국 1945년 8월 일본이 투항하기 전까지 중

42) 위의 논문, p.59.
43) 위의 논문, p.60.
44) 李占才, 「中東路事件始末」, 『民國春秋』, 1995年 第1期, p.19.

동철로는 만주국의 관할 하에 놓이게 되었다.

　1945년 8월 일본이 항복한 후, 철도는 다시 소련이 통제하였다. 이때에 중동철로는 남만주철도를 합병하여 '중국창춘철로(中國長春鐵路)'로 개칭하였는데, 이 철도는 1945년 8월 14일 중국의 왕스제(王世杰)와 소련의 몰로토프(Молотов) 간에 체결된 '창춘철로에 관한 중소협정(中蘇關于中國長春鐵路之協定)'에 근거, 중소 양국의 공동소유 및 공동관할 하에 두기로 하였다. 1949년 10월 중화인민공화국 수립 후, 1950년 2월 14일 중소 양국은 우호동맹조약의 체결과 동시에 중국창춘철로 관련 뤼순 및 다롄협정을 체결하였는데, 협정 제1조에 근거하여 소련이 창춘철로의 일체의 권리 및 재산을 중국에 무상으로 반환하였다. 그럼에도 불구하고 여전히 1929년 중동철로사변 당시 소련이 점취한 헤이샤쯔도 지역의 영토는 반환되지 않았다.[45)

4. 러시아의 헤이샤쯔도 반환과 그 함의

　러시아가 헤이샤쯔도를 중국에 반환한 것은 중러 간의 우호관계 수립과 깊은 관련이 있다. 제국주의와 냉전시대의 불평등한 양국관계가 투영된 중소국경문제는 냉전의 해체 이후 대등한 양국관계를 담아내는 중러 간의 선린우호조약이 체결되면서 해결의 실마리를 찾게 되었다. 이에 중

---

45) 王春良,「論中東鐵路事件-兼談蘇聯從中國占去黑瞎子島」,『山東師大學報』, 1995年 第3期, p.52. 헤이샤쯔도는 하바롭스크와 강을 사이에 두고 마주보는 헤이룽장성(黑龍江省) 동북부 푸위안현(撫遠縣)의 헤이룽강과 우쑤리강이 서로 합치는 남쪽에 위치하고 있다. 푸위안현은 역사상 퉁장현(同江縣)으로 불리다가 1910년 린장부(臨江府)로 개칭되었고 이후 1949년 푸진현(富錦縣)에 속했다가 1959년 다시 푸위안현으로 확정되었다. 1930년 소련은 중국과 수차례 교섭 결과 중동철로 사건 당시 점령했던 퉁장현 및 푸위안현의 대부분 지역에서 철수했으나 헤이샤쯔도 지역을 점령한 소련군은 철수하지 않았다.

러 양국이 국경조정에 합의할 경우, 헤이룽강과 우쑤리강과 같은 하천은 수로 측량과 병행되어야 하는 데, 1991년에 체결된 중소동부국경협정과 국제법에 따르면, 하천의 중심수로와 주항로(主航路)의 중앙이 국경선의 역할을 하게 될 것이었다.

헤이샤쯔도와 같은 하상의 여러 도서들의 귀속문제도 이 같은 기준을 따르게 되었다. 소련 측은 중소국경선을 명확하게 획정하기 위해 양국의 협의를 통하여 국경조약의 초안을 마련하고 국경문제 해결절차에 관한 조약 초안을 확정하고자 하였다. 양측은 회담을 진행하며 수차에 걸쳐 각자 측량한 지도를 교환하였다. 이를 대조한 결과 중소 양국에는 20여 곳의 분쟁지역이 있음이 드러났다. 교섭을 통해 중소 동부국경에 대한 협정초안이 정해졌으나 하바롭스크 인근의 대우쑤리도(중국명 헤이샤쯔도)와 타라얼로프섬[중국명 인룽도(銀龍島)]의 귀속은 의견의 일치를 보지 못했다.[46] 따라서 하바롭스크 근방의 2개의 섬에 대한 귀속문제를 제외하고 대부분의 국경선에 대해서는 합의가 이루어졌고 양국 대표단은 분쟁의 도서들은 괄호를 친후 추후에 논의하기로 하고 협의된 사안에 대해 가조인하기로 합의하였다.[47]

이에 2004년 10월 14일 중러 동부국경보충조약(東部邊界補充條約)을 체결되었다. 이 조약은 양국 간의 현안이자 1964년 제1차 국경교섭에서 미결사안이었던 헤이샤쯔다오(黑瞎子島) 문제의 해결을 의미하였으며 이를 통해 중러 간의 국경획정 전반에 대한 법률적 토대를 마련하게 되었다.[48] 그 결과 2007년 3월 26일 중러 양국은 연말까지 헤이샤쯔

---

46) 孔寒冰,「歷史的一面鏡子-中俄邊界問題的生産及其解決過程」,『國際政治研究』, 1997年 第1期, p.20.

47) Кулик Б.Т. Советско-китайский раскол: причины и последствия. М. 2000. С.362.

48) 姜長斌 編譯,「季列耶夫談 中俄20世紀90年代勘界工作」,『俄羅斯中亞東歐研究』, 2005年, 第5期, p.84.

도의 현지 국경획정 작업을 완료하기로 공동성명을 발표했고 동년 11월
에 국경표식 설치를 완료함으로써 중국의 최동단은 마침내 헤이샤쯔도
동반부(東半部)까지 연장되었다.

한편 이와 관련하여 일본 정부가 중러 간의 헤이샤쯔도를 둘러싼 영
토분쟁 해결사례를 러일 간의 남쿠릴열도(북방 4개 섬) 해결 방식으로
채택하려는 시도는 현실성이 없다는 점을 지적해둔다. 그 이유는 다음과
같다. 첫째, 영토분쟁은 나름의 복잡한 역사적 배경을 갖고 있기 때문에
개별 해결사례를 일률적으로 적용하기란 불가능하다. 둘째, 중러 간의
국경문제 해결은 냉전체제 해체 이후 동북아시아에 구축된 신질서의 산
물로, 미일 간의 동맹강화에 맞서 중국과 관계강화를 도모하기 위한 러
시아의 전략적 필요에서 비롯되었고 실질적으로 러시아의 일방적인 양
보에 의해 가능했다. 셋째, 러시아 역시 자국의 양보를 통해 중러 간의
영토문제가 해결된 사례가 다른 영토분쟁의 선례가 되지나 않을까 우려
하고 있다. 넷째, 영토문제의 해결은 양국 간의 신뢰관계 구축이 선행되
어야 하나 러일 양국은 제2차 대전의 종식 이후 현재까지 평화조약을
체결한 바가 없기 때문이다.

제7장 동아시아 냉전체제와 남쿠릴열도

1. 쿠릴열도의 변경화 배경

쿠릴(Kuril)은 원주민 아이누(Ainu)족의 토착어로 사람(man)이라는 뜻이다. 쿠릴열도에는 사할린과 홋카이도와 마찬가지로 사람이 살고 있다는 얘기다. 이는 사람이 살고 있지 않은 독도 및 조어도와 구별되는 특징이다. 사람이 살고 있다는 얘기는 그곳에 역사가 존재하고 있음을 의미하기 때문에, 사실은 그곳이 누구의 땅인지 시시비비를 가릴 필요조차 없다. 왜냐하면 그곳은 누대에 걸쳐 살아온 토착인 아이누족의 땅이기 때문이다. 그럼에도 불구하고 아이누족은 러시아와 일본의 폭력과 배척의 식민정책에 의해 변경인이 되어 버렸고, 쿠릴열도는 태평양전쟁 발발과 더불어 미소전시동맹의 시험대가 됨으로써 과거 아이누족의 삶의 터전이 현재 동북아시아 영토분쟁의 중심으로 부상하게 되었다.

이에 쿠릴열도는 러일 간의 영유권 분쟁지역이라기 보다는 일본을 앞세운 미국과 러시아의 영토분쟁지역으로 보는 것이 보다 타당하지 않나 싶다. 쿠릴열도를 둘러싼 미러 간의 대결은 다음과 같은 두 가지 불편한 진실과 관련이 있다. 첫째, 태평양전쟁 말엽 미국의 루즈벨트(F.Roosevelt) 대통령이 얄타회담(1945)을 통하여 소련의 스탈린(И.Сталин)에게 쿠릴열도를 넘겼음에도 불구하고, 얄타협정의 약속을 번복하며 쿠릴열도에 대한 일본의 주권을 인정한 미국의 말 바꾸기이다. 둘째, 일본이 1951년 샌프란시스코 조약체결을 통해 공식적으로 쿠릴열도를 포기했던 사실을 염두에 둘 경우, 과연 그들이 남쿠릴열도(북방도서)의 반환을 주장할 자격조차 있는지에 대해 의문이 든다. 이에 이 글은 쿠릴열도 문제를 러일 양국관계의 시각에서 다루던 종래의 방법론에서 탈피하여 국제관계사의 넓은 시각에서 이 문제를 재검토하고자 한다. 이를 통해 러일 양국의 영토문제로 치부되던 쿠릴열도 문제를 글로벌히스토리의 영역에서 연구되어야 할 당위성을 제시하고자 한다.

쿠릴열도는 36개의 섬으로 구성되어 있고, 캄차카반도의 남단에서 홋카이도 북단으로 뻗어있다. 전통적으로 일본인들은 열도 최남단의 두 섬 쿠나시리와 에토로푸를 홋카이도의 일부라고 생각하였다. 지리적으로 쿠릴열도는 러시아와 일본 간의 교역을 위한 관문이자 오호츠크해를 외부와 차단하는 역할을 하고 있다.

18세기부터 쿠릴열도에 대한 영유권을 주장해 왔던 러시아와 일본은 19세기 후반에 체결한 일련의 조약들을 통해 쿠릴열도를 일본에 귀속시키기로 합의하였다. 일본은 1855년 시모다조약(러일화친조약), 1875년 페테르부르크조약에서 사할린에 대한 권리를 포기하는 대신, 쿠릴열도에 대한 지배권을 확보했다. 이 조약들은 이후 30년간 러일 간의 영토 갈등을 해소시켰다. 그러나 19세기 말의 안정국면은 러일전쟁의 발발로 와해되고 말았다. 포츠머스강화조약(1905)이 체결되면서 일본은 쿠릴열도를 유지하는 동시에 사할린 남부지역을 다시 차지했기 때문이었다.

일본이 사할린 남부와 쿠릴열도를 동시에 소유한 국면이 태평양전쟁 시기까지 지속되면서 소일 간의 새로운 영토분쟁을 품고 있었다. 이는 러일 양국 가운데 어느 한 국가가 쿠릴과 사할린을 동시에 보유할 경우 양국관계의 불안 요인으로 작용할 수 있다는 역사적 사실을 만들어 놓았다.

2. 미소 전시동맹(戰時同盟)과 쿠릴열도

1944년 12월 11일 미국함대 총사령관 킹(King) 제독이 작성한 비망록 '쿠릴열도 작전'은 태평양전쟁에서 대일승리를 쟁취하기 위한 일련의 작전계획 가운데 하나이다. 소련의 대일참전과 연동되어 쿠릴열도에서의 작전을 설명하고 있는 이 극비문서(Top Secret)는 태평양전쟁에서 기선제압을 위해서는 무엇보다 작전기지 확보뿐만 아니라 일본군 전력의 분산이 필수적임을 지적하고 있다. 이에 쿠릴작전의 본질은 일본군의 주의를 분산시키는 양동작전의 성격을 띠고 있었는데, 그 기대 효과는 다음과 같다. 첫째, 북쪽에서 일본을 위협함으로써 미군의 주력 진공노선으로부터 일본의 공군과 육군의 주의를 분산시키는 효과, 둘째 러시아의 대일 참전을 독려하는 효과, 셋째 연해주로의 해상교통로 확보 효과, 넷째, 일본에 대한 공군폭격기지 확대 효과가 그것이다.

미국 합동참모부가 일본의 항복을 받아내기 위해 수립한 '일본패퇴작전계획'에는 산업 및 군사시설에 대한 대규모 폭격이 일본군의 전투력을 떨어뜨리기 위한 최우선의 과제로 설정되어 있었다. 이에 소련의 연해주

쿠릴열도 지도

는 일본을 북방으로부터 압박할 수 있는 거점일 뿐만 아니라 일본 본토에 대한 폭격기지로 활용하기 위한 전략적 가치가 매우 높은 지역이 되었다. 그럼에도 불구하고 문제는 대한해협이 일본군에 의해 봉쇄됨으로써 연해주로 접근한 길이 차단되었다는 점에 있었다. 따라서 이곳으로 병력과 물자를 수송하는 문제는 미군이 구상한 대일양동작전의 최대 현안으로 떠올랐다. 요컨대 쿠릴열도 점령계획의 핵심은 북태평양과 동시베리아, 특히 연해주를 연결하는 해상교통로 확보에 있었다.

킹 제독이 쿠릴열도 점령 작전의 최적기로 상정한 시기는 1945년 5월이었다. 그리고 유럽에서 전쟁이 조기 종결되어 병력을 동아시아에 재배치할 수 있는 적절한 시간이 보장되어야 한다는 단서조항을 덧붙였다. 왜냐하면 만일 유럽에서 전쟁이 일찍 종결되지 않는다면 쿠릴작전을 수행할 인적, 물적 자원이 부족하게 될 것이라고 판단했기 때문이었다. 따라서 쿠릴열도는 1944년 말부터 소련의 참전과 연동되어 일본을 남북으로 압박하기 위한 전략적 가치를 인정받게 되었다.

비슷한 시기 소련의 스탈린 역시 러시아가 쿠릴열도와 사할린 남부를 장악해야 한다는 입장을 견지하고 있었다. 이는 소련의 대일참전과 관련하여 스탈린과 협상한 내용을 보고한 소련 주재 미국대사 해리만 (W.Harriman)이 루즈벨트 대통령에게 보낸 기밀전문(1944.12.15.)에 잘 나타나 있다. 전문에 따르면, 동년 12월 14일 밤에 이루어진 스탈린과 해리만의 회동에서 전자는 옆방에서 지도를 들고 나와 "쿠릴열도와 사할린 남부는 반드시 러시아에 반환되어야 한다고 말했다"는 것이다. 왜냐하면 현재 일본이 블라디보스톡으로 접근하는 길을 통제하고 있을 뿐만 아니라, 태평양으로 나가는 모든 출구를 점령하거나 봉쇄하고 있기 때문에, 블라디보스톡과 통하는 교통로 확보 과제가 러시아에 부과되었다는 것이다. 이에 스탈린 역시 블라디보스톡과 태평양을 연결시키기 위해서는 쿠릴열도를 장악하는 것이 필수적이라 판단했다.

또한 스탈린은 뤼순(旅順), 다롄(大連) 항구를 포함한 랴우둥(遼東)반도 남단 부근에 선을 그으면서 러시아는 다시 이들 항구와 주변 지역들을 조차하길 원한다고 말했다. 이는 일본이 대한해협을 봉쇄할 경우 블라디보스톡이 대양으로 나아가는 출구 역할을 할 수 없는 상황에서 뤼순, 다롄을 그 대안으로 삼겠다는 계산이었지만, 다른 한편으로 러일전쟁 직전의 제정러시아의 태평양정책을 부활시키려는 의도를 내포하고 있었다.

그러나 뤼순, 다롄에 대한 미국과 소련의 입장은 명백한 차이를 노정하고 있었는데, 이는 제국주의기 만주에 대한 미국과 제정러시아의 정책 차이에 뿌리를 두고 있었다. 루즈벨트 대통령과 스탈린은 테헤란회의에서 이 문제를 논의한 바 있었고 전자가 먼저 러시아는 태평양의 부동항으로 나아가야 할 필요성을 제기했었다. 다만 루즈벨트는 랴오둥반도 지역을 러시아가 조차하기보다는 국제자유항으로 활용하기를 기대하고 있었다는 점이 문제였다. 루즈벨트는 중국의 영토보전 원칙에 입각한 만주의 문호개방정책을 추구한 미국의 전통적인 만주정책을 계승했던 반면, 스탈린은 중국을 세력권으로 분할했던 제정러시아 정책의 연장선상에 있었다.

마지막으로 스탈린은 외몽골공화국을 독립적인 주체로서 인정한다는 외몽골의 현상유지를 요청했다. 이는 약소국인 외몽골공화국을 독립국가로 인정하는 것이 취약한 시베리아 남부 국경을 보호하는데 도움이 된다는 전략적 고려에서 기인한 것이었다. 이미 1907년~1910년에 러시아가 일본의 한국병합을 묵인하는 대가로 외몽골에 대한 자국의 특수한 권리를 인정받은 선례가 있었기 때문에 해리만은 스탈린의 입장에 대해 놀랄 일은 아니었다고 평가했다. 따라서 쿠릴문제는 개별적이고 독립적인 사안이 아니라 미국과 러시아의 19세기 및 20세기 초반의 동아시아 정책과 제2차 세계대전의 전후 구상 및 국제관계 속에서 그 원인과 해법을 찾아야 할 당위성을 제시해주고 있다.

3. 루즈벨트가 스탈린에게 쿠릴열도를 넘긴 까닭

클라크(Clark)대학의 블레이크슬리(G.Blakeslee) 교수가 작성한 미국
영토연구국의 기밀 정책보고서(1944.12.28.)는 이미 태평양전쟁의 종결
이전에 쿠릴열도를 둘러싼 영토문제 처리의 가이드라인을 제공했다는
점에서 주목할 만하다. 그러나 블레이크슬리의 보고서가 수록된 미국의
대외관계 관련 자료집(FRUS)[1]에는 이 보고서가 얄타 브리핑북(Yalta
Briefing Book)에 포함되지 않았고, 루즈벨트의 관심을 끈 증거는 없다는
편집자의 주가 달려 있다. 이는 아마도 루즈벨트가 이 보고서에서 제시
된 해법과는 다른 방향으로 쿠릴열도 문제를 처리하였기 때문인 듯하다.
그 결과 기존 연구에서는 루즈벨트 대통령이 얄타회담에서 스탈린에게
쿠릴열도를 넘긴 이유로 첫째, 국무성의 자문 부족(블레이크슬리의 정책
보고서 방기) 둘째, 루즈벨트 대통령이 얄타회담 후 10주 만에 사망했기
때문에 건강상태가 안 좋은 상태에서 저지른 실수 셋째, 일본이 침략을
통해 이 섬들을 획득했다는 잘못된 믿음 때문에 쿠릴열도를 소련에 넘겨
주었다는 개인과 정부부처의 실수를 거론하는 견해들이 존재하고 있다.

그렇다면 우선 블레이크슬리의 보고서를 천착해 볼 필요가 있다. 이
문건의 구성은 쿠릴열도의 역사, 쿠릴열도에 대한 일본·미국·소련의 입
장 및 가능한 해법 그리고 정책 건의 순으로 정리되어 있다. 블레이크슬
리의 보고서에 따라 쿠릴열도에 대한 개괄적인 내용을 정리하면 다음과
같다.

쿠릴열도의 인구는 1940년 통계에 따르면 17,550명이 거주하고 있으
며, 여름철 어업을 위한 계절노동자들이 유입되면 인구는 2~3만에 이른

---

1) FRUS [Foreign Relations of United States] 미국외교기밀문서. 외국의 외교당사자
   와의 교섭이나 정보교환의 기록으로 외국의 정치정세의 분석, 혹은 정책입안 과
   정에서 작성된 내부자료. 1861년 링컨행정부에서 시작된 미국외교사료 편찬사업
   은 현재 미 국무성 공보국의 역사실에서 담당하고 있다.

다. 일본은 전통적으로 약 1800년 경부터 남쿠릴열도를 영유해왔다.

쿠릴열도는 남부, 중부, 북부로 3등분할 수 있는데, 남쿠릴은 홋카이도에서 북쪽으로 235마일에 이르는 지역을 포괄하며 이투루푸섬(擇捉島)까지 아우른다. 이 지역은 쿠릴열도 거주 전 주민의 90%가 살고 있으며 1800년경부터 일본의 영토로 간주되었다. 홋카이도에서 가장 가까운 섬은 불과 12마일 떨어져있으며 주민들은 일본인으로 본토주민과 생활방식은 동일하다.

쿠릴열도 중부는 가장 큰 우루푸섬(得撫島)에서 북쪽으로 377마일 떨어져 있으며 거의 주민이 없고 경제적 가치도 희소하지만 전략적 가치가 있다. 중부는 오호츠크의 입구를 가로지르고 있으며 중요한 해군기지이자 기항지로서 발전 가능한 길이 35마일, 폭 5마일의 부로우톤만(Broughton Bay)이 있다. 미 해군 작전사령부에서 1943년 11월에 발간한 쿠릴열도 핸드북에 따르면, 부로우톤만은 만일 입구만 보강된다면 매우 중요한 항구가 될 것으로 전망하고 있다. 또한 미 국방성 육군정보국에서 간행한 쿠릴열도조사보고서에 따르면, 이 만은 쿠릴열도에서 작전을 수행하는데 가장 중요한 거점 가운데 하나가 될 것이라고 평하고 있다.

이에 블레이크슬리는 쿠릴열도의 처리과정에 영향을 미칠 양대 요인을 꼽았는데, 열도의 특정 장소에 연합군의 기지를 건설하려는 미 해군의 희망과 북부와 중부 혹은 쿠릴열도 전부를 획득하기 위해 대일참전 여부를 저울질하고 있는 소련 정부의 압력을 거론했다. 블레이크슬리의 예상에 따르면, 소련은 북쿠릴에 대한 근접성과 만일 적대세력이 이곳을 영유하여 야기되는 군사적 위협을 방지한다는 이유로 북쿠릴뿐만 아니라 중쿠릴 및 심지어 남쿠릴까지 요구할 수 있다고 전망했다.

그러나 블레이크슬리가 남쿠릴을 소련에 이관하게 된다면, 장차 일본이 이 결정을 받아들이기 어려운 상황이 조성될 것으로 예상한 점은 주목할 만한데 그 이유는 다음과 같다. 첫째, 남쿠릴에 대한 소련의 요구가 정당화되기에는 근거가 희박하다. 둘째, 역사학적으로나 인류학적으로 일본의 소유를 빼앗는 것이 된다. 셋째, 일본의 어업에 유리한 해역을 빼앗는 것이다. 넷째, 만일 남쿠릴이 요새화된다면 일본에 대한 지속적인 위협이 될 것이다. 따라서 블레이크슬리는 쿠릴열도를 둘러싼 영토문제의 해법으로 다음과 같은 사항을 들고 있다. 첫째, 남쿠릴열도는 일본이 반드시 보유해야 하나 전 일본제국에 적용될 비무장의 원칙에 따라야 한다. 둘째, 중·북쿠릴은 소련이 관할권을 갖게 될 국제조직의 산하에 두어야 한다. 셋째, 북쿠릴 수역에서 일본이 어업권을 갖는 것이 고려되어야 한다.

그럼에도 불구하고 일견 합리적으로 보이는 블레이크슬리의 정책보고서는 루즈벨트의 관심을 끌지 못했다. 그 이유는 쿠릴열도 전체에 대한 소련의 요구가 1945년 2월 11일 스탈린, 루즈벨트, 처칠이 서명한 얄타협정을 통해 수용되었기 때문이었다. 즉, 소련은 쿠릴열도를 넘겨받는 조건으로 대일전쟁에 참전하기로 약속하였던 것이다. 비록 역사가들은 루즈벨트가 쿠릴이라는 용어에 포함되는 섬이 어떤 것인지 몰랐다고 하지만, 루즈벨트는 이 섬에 대한 소련의 의도를 사전에 알고 있었던 것으로 보인다. 그 이유는 다음과 같다. 첫째, 루즈벨트에게는 블레이크슬리의 보고서보다는 소련의 참전을 이끌어냄으로써 미군의 피해를 최소화하고 조속히 전쟁을 마무리 짓는 것이 최선이었다. 둘째, 새로운 전후질서를 구축하는데 있어 중심적인 국제기구가 되도록 설계된 국제연합의 설립에 소련의 협력이 필요했다. 요컨대 루즈벨트는 국무성의 극동전문가들이 준비한 정책 초안보다는 그의 세계적 전망에 따라 쿠릴문제를 처리했던 것이다.

그렇다면 프랭클린 루즈벨트가 일본과 태평양전쟁을 치르면서 구상한 전후 세계질서의 핵심은 무엇이었을까? 이는 태평양전쟁의 재발 방지였을 것이다. 루즈벨트는 일본의 무장해제뿐만 아니라 쿠릴열도를 소련에 이관함으로써 유사 시 남북에서 일본을 견제하고 압박할 수 있는 여건을 마련하고자 했던 것으로 보인다. 이에 쿠릴열도는 미소 협력의 상징이 될 수 있었으며, 미군 항공기와 함대가 쿠릴열도의 소련기지들을 활용한다는 계획은 일본의 위협을 항구적으로 잠재울 수 있는 최선의 방책일 수 있었다.

프랭클린 루즈벨트 대통령으로 하여금 일본이 폭력과 탐욕으로 획득한 영토가 아니었던 쿠릴열도를 소련에 이관하도록 한 '일본위협론'의 실체는 무엇인가? 이는 시어도어 루즈벨트(T.Roosevelt) 대통령이 1909년 2월 8일 차기 태프트 행정부의 신임 국무장관으로 내정된 녹스에게 보낸 편지에서 그 기원을 찾을 수 있다. 시어도어 루즈벨트는 녹스(Knox)가 자신의 대외정책을 계승하게 될 것으로 확신하고 그의 대일관을 담은 편지를 발송했는데, 그 편지의 제목이 바로 '일본의 위협(The Threat of Japan)'이었다. "미국의 안전과 국익에 가장 중대한 위협은 독일이 아니라 일본으로부터 닥쳐올 것"임을 예견하는 것이 그 편지의 요지였다. 일본과의 전쟁에 대비를 철저히 해야 할 것임을 충고한 이 편지는 러일전쟁 이후 미일관계가 신뢰와 타협에 근거한 우호관계 보다는 불신과 대립의 측면이 훨씬 강했음을 입증해 주고 있다.

더욱 주목할 만한 사실은 이러한 일본위협론이 역사적 사실로 입증되었다는 점이다. 시어도어 루즈벨트의 견해에 따르면, "일본은 매우 위협적인 군사강국이며 국민들도 각별한 전투능력을 지니고 있을 뿐만 아니라 호전적이기 때문에, 만일 전쟁이 발발한다면 그 재앙은 어마어마할 것"이라고 예견하고 있다. 따라서 "우리(미국)가 비록 이긴다 하더라도 대재앙이 될 가능성이 있기 때문에, 무엇보다 전쟁을 초래할 수 있는 여건이 조성되지 않도록 해야 하고 우리의 함대를 강력하게 무장시켜 전쟁이 일어나지 않게 하든가, 혹은 만일 개전하더라도 우리가 승리할 수 있도록 해야 할 것"을 힘주어 강조했다. 결국 일본의 호전성에 대한 두려움은 이미 러일전쟁을 거치면서 미국 대통령들에게 깊숙이 각인되어 후대에 계승되었으며 시어도어 루즈벨트의 예언은 불행히도 1941년 태평양전쟁의 발발을 통해 입증되고 말았다. 따라서 필자의 견해로는 프랭클린 루즈벨트 역시 태평양전쟁 재발 방지를 위한 방편으로 일본의 전략적 요충지인 쿠릴열도를 소련에 양도하게 하였던 것으로 판단된다.

4. 미소 전시동맹의 유산과 동아시아 냉전체제

주지하다시피 1945년 2월 4일부터 11일까지 소련 흑해 연안의 휴양도시 얄타에서 개최된 미국, 영국, 소련의 3개국 정상회담에서 미국 대통령 프랭클린 루즈벨트는 소련 서기장 스탈린에게 1904년 러일전쟁 당시 일본에게 빼앗긴 사할린 남부에 대한 권리회복 뿐만 아니라 쿠릴열도까지 넘겨주기로 약속했다. 그 조건으로 러시아는 유럽에서 독일이 항복한 이후 2-3개월 내에 극동에서 대일전쟁에 참전하기로 동의했다. 당시 미 정보국에서는 만일 미국이 일본 본토를 점령하려 한다면 약 100만 명 이상의 사상자가 발생할 것으로 분석하였기 때문에 소련의 참전은 미국이 태평양전쟁을 승전으로 이끄는데 결정적인 역할을 할 것으로 기대했다. 따라서 얄타협정은 오늘날 러시아가 쿠릴열도를 점유하고 있는 법적 근거가 되고 있다.

그러나 1945년 4월 12일 루즈벨트 대통령 사망 후 트루만(H.Truman) 행정부가 들어서고 태평양전쟁이 종결되면서 쿠릴열도 문제는 새로운 국면으로 접어들게 되었다. 공산주의자들과의 타협을 악(惡)으로 치부하는 우경화가 서방진영에서 두드러짐에 따라 일본, 미국, 소련 3국 사이에 새로운 관계변화가 나타났다. 전리품을 합법화하는 과정에서 미소 간의 이해대립이 표출됨으로써 소련은 전시동맹국이었던 미국과 영국으로부터 쿠릴열도에 대한 주권을 인정받는데 실패했다. 일본을 공동의 적으로 삼았던 미소 동맹이 이제 소련을 적성국으로 한 미일동맹체제로 변화되어갔다. 이에 1945년 8월 27일 트루만은 스탈린에게 소련군대는 단지 쿠릴열도를 임시 점령한 것일 뿐, 쿠릴열도는 아직 소련의 영토가 아님을 분명히 하였다. 요컨대 미국의 입장은 일본이 소련에게 쿠릴을 넘긴다는 소일강화조약이 체결되기 전까지는, 이 섬들이 일본의 영토로 남아 있어야 한다는 것이었다. 그리고 이러한 미국의 입장은 오늘날까지 지속되고 있다.

그렇다면 과연 소련(러시아)은 일본으로부터 쿠릴열도를 소련에 양도한다는 조약을 체결할 수 있었을까? 소가 웃을 얘기다. 왜냐하면 일본은 쿠릴열도를 양도할 자격조차 없었기 때문이었다. 1954년 12월 하토야마 이치로(鳩山一郞) 수상이 자신의 행정부의 최대 목적은 소련과의 관계 정상화임을 천명하고 1955년 6월에 소일 간의 외교 교섭을 런던에서 착수하자, 미국은 일본의 협상권의 한계를 명료하게 가르쳐 주었다. 미 국무장관 덜레스(J.Dulles)가 1956년 9월 5일 일본정부에 보낸 자료에 따르면 "일본은 샌프란시스코 강화조약에 의해 이미 포기한 영토에 대해 주권을 넘겨줄 권리를 갖고 있지 않다……역사적 사실들을 검토해본 결과, 에토로푸와 쿠나시리는 (홋카이도의 일부를 이루고 있는 하보마이와 시코단 처럼) 항상 일본 본토의 일부를 이루고 있었고 일본의 주권하에 있음을 인정하는 것이 정당하다는 결론을 내렸다"는 것이다. 결국 미국정부의 입장은 남쿠릴 4도는 일본령이지만, 일본은 샌프란시스코 강화조약 제2조에 의해 쿠릴열도를 포기했기 때문에, 이를 소련과 협상의 대상으로 삼을 수 없다는 것이었다. 요컨대 일본은 쿠릴열도에 대한 어떠한 협상자격도 없기 때문에 향후 일본의 대소 협상력은 미국이 허락하는 범위에서만 효력을 가질 수 없다는 것이었다.

이에 남쿠릴열도문제의 해법은 쿠릴열도가 동아시아의 변경이 된 원인을 천착하는 과정으로부터 시작되어야 할 것으로 판단된다. 현재 러시아와 일본은 공식적인 평화조약을 체결하지 않았기 때문에 법적으로 여전히 전쟁상태에 있으며, 남쿠릴열도는 얄타협정과 연합국 최고사령부 일반명령 제1호에 따라 소련군이 점령한 상태로 있다. 미국은 소련이 샌프란시스코 강화조약에 서명하고 비준하지 않았기 때문에 여기서 비롯되는 권리와 이득으로부터 배제되었다고 본다. 미국의 이 같은 해석에 따른다면, 남쿠릴열도는 일본이 포기한 영토이지만 법적으로 일본영토이고, 소련은 얄타협정과 스카핀(SCAPIN) 1호에 따라 남쿠릴열도를 점령하고 있지만 법적으로 일본영토를 불법 점령한 상태에 머물러 있는 것이다. 러시아 주재 미국대사관은 2011년 2월 18일 남쿠릴열도 문제와 관련한 미국의 공식 입장을 설명해 달라는 러시아 인테르팍스 통신의 요청에 대해 다음과 같이 말하였다. "미국은 남쿠릴열도에 대한 일본의 주권을 인정하며 러일 간 평화조약 체결을 위한 양국의 노력을 지지한다." 이는 남쿠릴열도 문제의 해법이 러일관계에 있는 것이 아니라 미국에 있음을 의미한다.

이에 러시아는 미일공조체제에 맞서 중국과 협력을 강화하고 있다. 2011년 2월 15일 러시아 어업청(漁業廳)은 러시아와 중국 다롄의 수산회사가 남쿠릴열도 부근에서의 해삼양식 합작사업을 실시하기로 합의했다고 전했다. 결국 남쿠릴열도를 둘러싸고 한편으로 미일 동맹체제와 다른 한편으로 러중 협조체제가 상호 대립하고 있는 신냉전 체제가 재현되는 것이다. 시간이 거꾸로 흐르고 있는 형국이다. 따라서 러시아와 일본이 실타래처럼 엉켜 있는 쿠릴문제를 풀 수 있는 해법을 찾기 위해서는 아마도 처음으로 되돌아가 봐야 할 듯싶다. 사할린과 쿠릴을 사이좋게 나눠가졌던 그들만의 그 시절로.

결론 : 동아시아 변경연구의 새로운 방법론
- 글로벌히스토리

　근대의 변경문제는 쉽지 않은 주제이다. 그 이유는 근대 과학기술의 발전이 변경과 중심을 구분하기 어렵게 하고 있기 때문이다. 변경과 중심은 정보유통망과 네트워크가 발달함에 따라 상호 긴밀하게 접속됨으로써, 변경문제의 대부분은 변경 그 자체 보다는 중심부에서 그 해법이 모색되는 특징을 보이고 있다. 이에 변경문제는 중심과 융합된 복합적 성격을 띠고 있다. 따라서 근대 한국과 동아시아 변경문제는 인접 학문과의 학제적 연구가 요구되고 있다.

　근대 한국과 동아시아 변경연구를 어렵게 하고 있는 또 다른 이유는 연구의 범위가 지역을 넘어서고 있다는 점이다. 제국주의시대의 한반도 변경문제는 동아시아뿐만 아니라 발칸반도와 접속되어 연동하고 있었다. 이는 제국주의 열강의 식민지와 시장이 전 세계에 분포하였고 제국 유지를 위해 사활이 걸린 교통로는 특정 지역의 범위를 넘어서고 있었던 사실과 관련이 깊다. 따라서 열강의 이해가 교차하는 지역이거나 교역로 보호를 위해 국운을 걸고 확보해야 할 전략요충지에 위치한 지역들은 제국주의 열강의 국제관계에 의해 내용과 성격이 규정되었다. 따라서 근대 한반도와 동아시아 변경연구는 거시적인 관점에서 문제접근이 이루어져야 할 당위성을 제시하고 있다.

　현재 근대 변경사(邊境史)연구가 요구하는 학제적이고 거시적인 문제접근방식을 포괄할 수 있는 새로운 연구방법론으로는 글로벌히스토리(Global History)가 있다. 글로벌히스토리란 쉽게 말해 글로벌화(Globalization)에 대한 역사화(Historicization)이다. 1990년대 초반 냉전의 종식과 더불어 본격화된 글로벌화는 국가와 민족단위의 내셔널히스토리(National History)의 분절적이고 배타적인 속성들을 뛰어 넘는 새로운 역사상을 요구했다. 이는 제국주의시기에 활성화되었던 글로벌 정치와 경제인식이 냉전체제 수립으로 급랭되었음에도 냉전의 해체 이후 다시 본연의 역동성을 되찾았음을 의미했다. 따라서 냉전체제 수립 이전의 제국주의시대의 세계관이 부활되고 있는 것은 어쩌면 당연한 일이기도 하다.

따라서 글로벌히스토리는 '새로운 세계사'라기보다는 '부활한 세계사'라 할 수 있다. 19세기말부터 제국주의 열강은 세계를 체스판(Chess Board)으로 삼아 세계정책을 펼쳤기 때문에 냉전체제가 와해된 직후부터 변경문제가 부활한 이유도 여기에 있다. 자본의 운동을 제한했던 이데올로기의 장벽이 무너지면서 새로운 지평을 열게 된 글로벌공간은 상호의존성을 강화하기 위해 해상교역로, 정보 및 물류 유통망의 안전을 요구하게 되었기 때문이다. 따라서 전략요충지에 위치한 한반도와 동아시아의 주요 해상거점들은 지정학적 중요성으로 인해 재차 열강의 각축의 대상이 될 가능성이 농후해졌다.

이에 오늘날 한반도와 동아시아의 변경문제에 대한 올바른 이해는 냉전 이전 시기의 동아시아 변경사에 대한 재검토에서부터 시작해야 한다. 이를 위해 냉전체제 수립 이전에 세계를 무대로 이루어졌던 열강 간의 대립과 경쟁의 역사가 녹아 있는 한국과 동아시아의 변경문제를 글로벌히스토리의 관점에서 재구성해야 한다. 따라서 본 연구는 글로벌히스토리의 시선에서 한반도와 동아시아의 변경을 살펴본 결과물이라 할 수 있다.

이 책에서 다음의 7가지 주제들을 글로벌히스토리의 시각에서 재구성한 결론은 다음과 같다. 제1장 "영국과 러시아의 그레이트 게임(Great

Game)과 거문도사건(1885-1887)"에서는 영국해군의 불법적인 거문도점
령이 흑해(黑海)에서 러시아함대의 통제방식을 극동해역에 적용하려는
시도였음을 밝혔다. 이를 위해 1885년의 불가리아 위기와 거문도 위기
를 연동시킴으로써, 영국해군이 터키해협(보스포러스, 다다넬스 해협)의
봉쇄를 통해 러시아 해군이 흑해에서 지중해로 진출하려는 시도를 좌절
시켰던 사례를 대한해협에 적용하려 하였음을 살펴보았다. 러시아 해군
상이 영국해군이 점령하고 있던 거문도를 지중해의 '몰타섬'으로 간주하
고 대한해협을 'Yellow Bosphorus'로 언급했던 이유도 바로 여기에 있다.
따라서 거문도 위기의 해소는 불가리아 위기의 해소과정과 연동되었고
그 요체는 1886년 11월 한반도와 불가리아에 대한 러시아의 개입철회
결정이었다. 그 결과 비스마르크 주도의 유럽외교 무대에서 고립무원의
상황에 빠진 차르정부는 대외정책에 대한 전면 재검토에 착수하여 전통
적인 친독(親獨)정책에서 친불(親佛)정책으로 방향 전환하게 되었다.

　　제2장 "러시아의 제2태평양함대와 일본의 독도점취(1904-1905)"에서
는 일본정부의 독도점취가 러시아 제2태평양함대와의 쓰시마해전(1905.
5.27.-28.)에 대비하기 위한 해군전략의 일환임을 밝힘으로써, 일본의 독
도편입은 카이로 선언(1943.11.27.) 규정에 저촉된다는 사실을 재확인하
였다. '제0차 대전'으로 불리기도 하는 러일전쟁의 승부처는 대한해협의
쓰시마해전이었다. 발트해를 출발하여 7개월에 걸쳐 18,000마일의 대장
정을 떠난 러시아의 제2태평양함대는 기울어가던 전세를 역전시키고 동
아시아 해역의 제해권을 장악하는데 그 목적이 있었으나, 사실상 '태평
양의 제독'을 꿈꾸던 차르 니콜라이 II세의 야심을 투영하고 있었다. 이
에 태평양함대 증강을 위한 방위비 지출의 증대는 국가경제에 부담이 될
뿐만 아니라, 궁극적으로 열강과의 군비경쟁을 촉발시킴으로써 정부의
재정을 파탄으로 몰아갈 위험성이 있다는 재무성의 반대의견은 묵살되
고 말았다. 그 결과, 러시아의 제2태평양함대의 성패는 로마노프왕조의

운명을 가늠할 역사적 의미를 지니게 되었다.

제3장 "제국주의 열강의 만주정책과 간도문제(1909-1910)"에서는 러일전쟁 이후 만주를 둘러싼 미일 간의 대립구도가 "간도 및 만주 관련 청일협약"(1909.9.4.), 제2차 러일협약(1910.7.4.), 한일병합(1910. 8.29.)을 일관(一貫)하는 핵심적인 분석틀임을 밝혔다. 미국의 태프트 행정부는 만주에 대한 문호개방(Open door)정책을 추진하면서 일본에 의한 독점적인 만주지배를 용인하지 않으려 했다. 이에 일본은 러시아와의 공조체제 수립을 통해 이에 대항하고자 했으며 러시아는 그 와중에서 극동지역의 안전을 보장받는 대가로 일본의 한국병합을 묵인하기에 이르렀다. 따라서 일본의 한국병합이 미국의 동아시아정책에 정면 도전하는 과정에서 체결된 러일협약의 결과였다면, 한국의 해방은 러일관계가 악화되고 미일 간의 전쟁에서 미국이 승리할 경우 기대할 수 있는 구조가 형성되었다.

제4장 "제3차 러일협약과 내몽골 분할문제(1912)"에서는 한반도와 만주 그리고 몽골로 이어지는 영토분할 문제를 고찰했다. 1896년 러일 간의 한반도 분할안이 제기된 이후, 1907년 제1차 러일협약을 통해 양국이 만주를 남북으로 분할했고, 1910년 제2차 러일협약을 통해 몽골과 한국을 러일의 특수이해 지역으로 상호 인정함으로써, 마지막으로 남은 미분할지 내몽골을 둘러싼 러일 간의 세력권 획정이 제3차 러일협약 체결을 통해 마무리되는 과정을 분석했다.

내몽골을 동서로 분할하여 일본과 러시아의 세력권으로 설정하기로 한 '제3차 러일협약(第3次露日協約)'은 청국이 동의하거나 묵인한 사항이 아니었다. 이는 러시아와 일본의 만몽 침략정책과 이를 묵인한 앙탕트(英,佛)진영의 유럽중심주의와 맥이 닿아 있었다. 유럽에서 영독(英獨)간의 건함경쟁과 긴장이 고조됨에 따라 영국과 프랑스는 중국의 위기보다 발칸의 위기를 보다 위중하게 받아들였기 때문이었다. 그 결과 내몽

골의 분할문제는 발칸위기와 연동되기 시작함으로써 동아시아의 변경문
제는 글로벌히스토리의 차원에서 고찰해야 할 당위를 제시하였다.

제5장 "중소(中蘇) 국경문제와 전바오도(珍寶島)사건(1969)"에서는
중소국경문제를 단순한 양국 간의 영토문제가 아닌 동아시아 냉전사의
시각에서 분석했다. 1969년 전바오도사건을 계기로 중국의 주요 핵시설
을 파괴하는 한정적인 핵외과수술론(核外科手術論)을 구상했던 소련이
이를 철회한 배경에는 미국의 개입가능성에 대한 주미 소련대사의 보고
가 중요한 역할을 했다. 이는 국경분쟁이 영토의 침탈과 반환이라는 영
토 자체의 쟁점보다는 오히려 중소 양국의 정치역학 관계뿐만 아니라 국
제관계와 보다 긴밀하게 맞물려 있음을 보여주었다. 따라서 양국관계와
국경문제의 상관성에 대한 고찰은 중소국경문제가 1969년 전바오도에
서 양국 국경수비대 간의 유혈무력충돌로 발전했음에도 불구하고, 2001
년 푸틴과 후진타오(胡錦濤)가 "양국 사이에는 더 이상 영토문제는 존재
하지 않는다"는 중러우호협력 조약을 체결한 논리적 모순을 이해하는
유효한 분석틀이 될 수 있다.

제6장 "중러 국경문제 해결과 헤이샤쯔도"에서는 중러관계 복원의 상
징으로 러시아가 중국에 반환한 헤이샤쯔도 문제를 다뤘다. 중러 양국이
영유권 분쟁의 현안이던 헤이샤쯔도를 면적으로 균등분할하기로 합의함
으로써 2008년 이 섬의 절반이 중국에 반환된 사실은 동북아 영토분쟁
의 평화적인 해결사례가 되었기 때문이었다. 특히, 일본정부가 헤이샤쯔
도의 해결사례를 러시아와 영유권분쟁을 벌이고 있는 북방 4개 섬(러시
아명: 남쿠릴열도 Южно-Курильские острова)에 적용하려 한 시
도는 이것이 동아시아 영토문제 해결을 위한 새로운 대안이 될 수 있다
는 점에서 주목할 만 하다.

제7장 "동아시아 냉전체제 형성과 남쿠릴열도"에서는 쿠릴열도 문제
를 러일 양국관계의 시각에서 다루던 종래의 방법론에서 탈피하여 국제

관계사의 거시적 시각에서 이 문제를 재검토하였다. 이는 소련이 제2차 세계대전 당시 전시동맹국이었던 미국과 영국으로부터 얄타회담에서 합의되었던 쿠릴열도에 대한 주권을 인정받지 못한 사실과 깊은 관련이 있었다. 그 원인은 냉전의 시작과 맞물려 있다. 일본을 공동의 적으로 삼았던 미소동맹이 이제 소련을 적성국으로 한 미일동맹체제로 변화되었기 때문이었다. 이에 1945년 8월 27일 트루만은 스탈린에게 소련군대는 단지 쿠릴열도를 임시 점령한 것일 뿐, 쿠릴열도는 아직 소련의 영토가 아님을 분명히 하였다. 요컨대 미국의 입장은 일본이 소련에게 쿠릴을 넘긴다는 소일강화조약이 체결되기 전까지는, 이 섬들이 일본의 영토로 남아있어야 한다는 것으로 정리하였다. 그리고 이러한 미국의 입장은 오늘날까지 지속되고 있다. 따라서 쿠릴열도 문제의 해법은 냉전체제 이전의 러일 관계사에서 찾는 것이 바람직하다. 왜냐하면 그들은 러일 양국 가운데 어느 한 국가가 쿠릴과 사할린을 동시에 보유하는 것은 양국관계의 불안요인이었음을 역사를 통해 잘 알고 있기 때문이다.

상술한 바와 같이 근대 한국과 동아시아 변경을 5곳의 섬(거문도, 독도, 전바오도, 헤이샤쯔도, 남쿠릴열도)과 2곳의 접경지대(간도, 내몽골) 문제를 중심으로 살펴보았다. 여기에는 대한해협의 지배권을 둘러싼 대륙국가와 해양국가 간의 대립, 만주와 몽골에 대한 문호개방 지지국가와 반대국가의 갈등, 중국과 소련의 사회주의 패권경쟁 그리고 공산진영과 자유진영간의 냉전의 모습들이 다채롭게 투영되어 있다. 이는 변경지대가 연동과 상호작용을 통해 중심부의 변화를 이끌어왔음을 의미한다. 따라서 향후 연구는 변경이 중심부의 지형을 어떻게 바꿔 놓았는지 주변부의 시각에서 살펴보는 작업이 계속되어야 할 것이다.

참고문헌

I. 자료

1. 『間島領有權關係拔萃文書』, 國會圖書館 編, (대한민국국회도서관: 1975).
2. 『단재 신채호전집』, 제6권 논설·사론(독립기념관 한국독립운동사연구소: 2008).
3. 『1880년대 조선-청 국경회담 관련 자료선역』, 김형종 편역,(서울대학교 출판문화원:2014).
4. 『勘界使謄錄』, (동북아역사재단: 2008).
5. 『日本外交文書』第45卷.
6. Foreign Relations of United States(FRUS), 1909; 1910; 1912.
7. National Archives.
   1) Letter from Allen S. Whiting to Henry Kissinger, 16 August 1969, enclosing report, "Sino-Soviet Hostilities and Implications for U.S. Policy", Source: National Archives, Nixon Presidential Materials Project, box 839, China, A National Security Archive Electronic Briefing Book, June 12, 2001.
   2) State Department cable 141208 to U.S. Consulate Hong Kong etc., 21 August 1969, Secret. Source: National Archives, SN 67-69, Pol Chicom-USSR. A National Security Archive Electronic Briefing Book, June 12, 2001.
   3) State Department Memorandum of Conversation, "The President's Meeting with Foreign Minister in New York," 19 September 1969. Source: National Archives, SN 67-69, Pol Rr-US, A National Security Archive Electronic Briefing Book, June 12, 2001.
   4) U.S. State Department Memorandum of Conversation, "US Reaction to Soviet Destruction of Chinese Peoples Republic Nuclear Capability; Significance of Latest Sino-Soviet Border Clash," 18 August 1969. Source: National Archives, SN 67-69, Def 12 Chicom, A National Security Archive Electronic Briefing Book, June 12, 2001.

5) Central Intelligence Agency, Directorate of Intelligence, Office of Current Intelligence, "Sino-Soviet Border Talks: Problems and Prospects," 10 November 1969, Secret. Source: CIA FOIA releas to National Security Archive, A National Security Archive Electronic Briefing Book, June 12, 2001.

8. The National Archives. F.O. 405/36/23, Foreign Office, 1886.

9. Official Report of debates in Parliament of UK.(Hansard), 1885-87.

10. British Documents on the origin of war, 1898-1914, ed. by G. P. Gooch and Harold Temperley. Vol II: The Anglo-Japanese Alliance and the Franco-British Entente.

11. АВПРИ.(제정러시아대외정책문서관): Главный архив. У-А3, 1885 год, Д. 45.

12. ГАРФ(러시아연방문서보관소): Ф. 818.

13. РГАВМФ.(러시아해군함대문서관):

   1) Ф.26. Оп. 1. Д.4.

   2) Ф.410. Оп. 2. Д.4122.

   3) Ф.417.Оп.1. Д.136.; Д.382.; Д.312.

   4) Ф. 418.

14. РГИА(러시아역사문서관):

   1) Ф. 560(Концелярия Мин. Фин.)

   2) Ф. 1276(Совет Министров)

II. 논문 및 저서

김용구, 『거문도와 블라디보스토크』, (서강대: 2009).

김종건, 「백두산간도 역사연구의 현황과 쟁점」, 『동북아역사논총』 18호, 2007.

김원수, 「그레이트 게임(Great Game)과 한러관계의 지정학: 리홍장-라디젠스키 협약을 중심으로」, 『서양사학연구』 30집, 2014.

김춘선, 「조선인의 동북이주와 중조(한) 국경문제 연구동향-중국학계의 성과를 중심으로-」, 『한중관계사 연구의 성과와 과제』,(국사편찬위원회·한국사학회:2003).

배경한, 「동아시아 역사속의 신해혁명-공화혁명의 확산과 동아시아 국제질서 의 재편」, 『東洋史學硏究』 제117집, 2011.

배성준, 「한·중의 간도문제 인식과 갈등구조」, 『동양학』 제43집, 2008.

배성준, 「중국의 조청국경문제 연구동향」, 『중국의 동북변강 연구동향 분석』, (고구려연구재단: 2004).

이성환, 「간도문제 연구의 회고와 전망-새로운 연구지평의 확장을 위한 비판적 검토-」, 『백산학보』 76, 2006.

이성환, 「간도협약과 한일합방」, 『대한정치학회보』 8집 1호, 2000.

이용희, 「巨門島占領外交綜攷」, 『李相伯博士回甲記念論叢』; 『한영수교100년사』, 1982.

최덕규, 「러시아해군정책과 한반도 남북변경 위기(1885-1887) : 거문도사건과 조청감계를 중심으로」, 『제국주의 유산과 동아시아』, (동북아역사재단: 2014).

최문형, 「露日戰爭과 日本의 獨島占取」, 『역사학보』 188, 2005.

최문형, 「발틱함대의 來到와 日本의 獨島倂合」, 『獨島硏究』(한국근대사연구자료협의회편), 1985.

최정수, 「미국의 필리핀 지배전략과 자치화정책」, 강만길 외, 『일본과 서구의 식민통치 비교』, (선인: 2004).

한철호, 「근대한중국경조약과 국경문제의 연구현황과 과제」, 『한중관계사 연구의 성과와 과제』(국사편찬위원회·한국사학회:2003).

森山茂德, 김세민 역, 『근대한일관계사연구』, (현음사: 1994)

名和悅子, 「日本의 對間島政策의 방침전환과 간도협약-內藤湖南의 『間島問題調査書』를 중심으로-」, 『동아시아의 영토와 민족문제』(경인문화사: 2008.1)

吉村道男, 「第三回日露協約成立前後-露蒙協約との關連において-」, 『國際政治』31號, 1965.

陳小沁, 「鄧小平外交思想與中蘇關係正常化, 『東歐中亞研究』, 1999年 第5期,

程剛·王海峰, 「中俄邊界問題徹底解決」, 『決策探索』 2005年 6期.

孔寒冰, 「歷史的一面鏡子-中俄邊界問題的生產及其解決過程」, 『國際政治研究』, 1997年 第1期.

郭力, 「中國邊界談判50年」, 『探索爭鳴』 2005年 2期.,

郭曄旻, 「左宗棠收復新疆始末」, 『文史天地』, 2010年 10期.

胡弦, 「走進黑瞎子島」, 『黨員干部之友』 2007年 第6期.

姜長斌 編譯, 「季列耶夫談 中俄20世紀90年代勘界工作」, 『俄羅斯中亞東歐研究』, 2005年 第5期.

莉玲玲, 「論中俄伊犁交涉與中法越南交涉之成敗」, 『伊犁敎育學院學報』, 第19卷 第4期, (2006.12).

李丹慧, 「1969年中蘇邊界衝突:緣起和結果」, 『當代中國史硏究』, 1996年 第3期.

李艷紅, 「中蘇關係與中蘇援越格局的演變(1956-1975)」, 『西華師範大學學報(哲社版)』, 2004年 第3期.

劉華, 「珍寶島 1969(34年前的中蘇武裝衝突秘聞再現)」, 『國際展望』, 第472期, 2003年.

王春良, 「論中東鐵路事件-兼談蘇聯從中國占去黑瞎子島」, 『山東師大學報』, 1995年 第3期.

王春良, 「關于蘇聯占取中國領土黑瞎子島的歷史」, 『延邊大學學報(社會科學版)』 第35卷 第4期, 2002.

王維遠, 「中東路事件: 1929年的中蘇之戰」, 『炎黃春秋』, 2003年 第10期.

吳純光, 「太平洋上的較量-當代中國的海洋戰略問題」, 今日中國出版社. 1998.

吳振學·陳家光, 「中東路事變: 一場被遺忘的戰爭」, 『環球軍事』(19), 2004.

鄢洪峰, 「曾紀澤與中俄伊犁交涉」, 『華北水利水電學院學報(社科版)』, 第26卷 第1期, (2010.2).

楊琪, 「略析中東路事件的起因與影響」, 『求是學刊』, 1997年 第6期.

于淑云, 「60年代中蘇邊界談判的歷史探索」, 『內蒙古民族大學學報』, 第31卷, 第3期.

趙學聰, 「中蘇邊界問題」, 『中國歷史教學參考』, 1997年 5期.

E.W. Edwards, Great Britain and the Manchurian Railways Question, 1909-1910, *The English Historical Review*, Vol. 81. No. 321(1966).

Edwin G. Bilof, "China in Imperial Russian Military Planning, 1881-1887", *Military Affairs*, Vol.46, No 2 (April 1982).

Fredrick R. Dickinson, "Japan debates the Anglo-Japanese Alliance: the second revision of 1911", *The Anglo-Japanese Alliance, 1902-1922*, (Ed. Phillips P. O'Brien), 2004.

Entente Diplomacy and The World: Matrix of the History of Europe. Ed G.A. Schreiner, 1922.

Liang Chia-pin, "History of Chinese Eastern Railway: A Chinese Version", *Pacific*

Affairs, Vol. 3, No. 2.(Feb.:1930).

Hsu I. C. *The Ili Crisis. A Study of Sino-Russian Diplomacy. 1871-1881.* (Oxford: 1965).

Malozemoff A. *Russian Far Eastern Policy, 1881-1904: with special Emphasis on the causes of the Russo-Japanese War,* (Berkeley:1958).

Бестужев И.В. *Борьба в России по вопросам внешней политики 1906-1910.* (М.:1961).

Борсов О.Б., Колосков Б.Т. *Советско-Китай ские отношения.* (М.:1972).

Воскресенский А. Д. *Дипломатическая история русско-китай ского Санкт-Петербургского договора 1881 год а.* (М.: 1995).

Глинский Б.Б. *Пролог Русско-Японской вой ны, материалы из архива графа С.Ю. Витте.* (Петроград: 1916).

Гончаров С., Ли Даньхуей , О "территориальных претензиях" и "неравноправных договорах" в россий ско-китай ских отношениях: мифы и реальность. *Проблемы Дальнего Востока.* No. 4, 2004.

Грибович В.Ю, Познохирев В.П., *Вице-адмирал З.П. Рожественский ,* (СПб.: 1999).

Гримм Э.Д. *Сборник договоров и других документов по истории международных отношений на Дальнем Востоке.* (М.:1927).

Дементьев Г.Д. *Во что обошлось нашему Государственному Казначей ству вой на сЯпонией . Статистическое исследование, составленное по отчетам Государственного Контроля и по сведениям Министерства Финансов.* (Петр.: 1917).

Дубровская Д. В. *Судьба Синьцзяна. Обретение Китаем «Новой границы» в конце XIX в.* (М.:1998).

Игнатьев Н.П. "Сан-Стефано", *Исторический вестник.* Т. 142.

No. 10.(Пг.:1915).

Записка министра финансов Витте 31 марта(4/12) 1896 г., *Красный архив.* (1932).

Золотарев В.А., *Козлов И.А. Русско-японская вой на 1904-1905 гг. Борьба на море.* (М.:1990).

Золотухин М.Ю. "Болгарский кризис 1885-1886 гг. и крах австро-русс ко-герман ского союза", *Вопросы истории.* No. 4.(М.:1984).

Канцлер А.М. *Горчаков: 200 лет со дня рождения.* (М.: 1998).

Корея глазами Россиян(1895-1945), (М.: 2008).

Журнал Особого совещания(1 февраля) 20 января 1895 г. *Красный архив.* (1933).

Макарчук О. "Япония и Россий ская Империя: Направления и Логика взаимодей ствия", *Право и Жизнь*, No.122-5, (2008).

Мартенс Ф.Ф. Россия и Англия в Средней Азии, (С.-Петербург :1880).

Овсяный Н.Р. "Болгария". В сб.: *История Болгарии.* (М.:2002).

Павлов Д.Б. Россий ская контрразведка в годы русско-японской вой ны, *Отечественная история*, No.1,(1996).

Петров М.А. *Подготовка России к мировой вой не на море.* (М.;Л:1926).

Прохоров А. *К Вопросу о советско-китай ской границе.*(М.:1975).

Романов Б.А. *Россия в Маньчжурии(1892-1906).*(Л.:1928).

Романов Б.А. Ананьич Б.В. "Попытки С.Ю.Витте открыть американский денежный рынок для русских зай мов(1898-1902 гг.)", *Исторический архив* No.1.(1959).

Россия и США: дипломатические отношения. 1900-1917. под ред. акад. А.Н.Яковлева, (М.:МФД, 1999)

Рябушкин Д.С., "Остров Даманский . 2 марта 1969 года", *Вопросы истории.* (2004).

Сазонов С.Д., *Воспоминания.* (М.:1991).

Тай ны русско-японской вой ны, сост. И.В.Деревянко, (М.:1993).

Ткаченко Б.И. Россия-Китай : Восточная граница в документах и фактах. (Владивосток: 1999).

찾아보기

를 쓸
최근에는
키는 글로벌히스토리
의 한반도정책, 1891~19
1909)〉, 〈파리강화회의(1919)와
변용-중국·러시아·한국 사례의 비교〉

근대 한국과 동아시아 변경 연구
- 글로벌히스토리 시선으로 본 변경문제 -

초판 인쇄　2016년 10월 17일
초판 발행　2016년 10월 25일

저　자　최덕규
펴낸이　한정희
펴낸곳　경인문화사

등　록　제406-1973-000003호
주　소　경기도 파주시 회동길 445-1 경인빌딩 B동 4층
전　화　(031) 955-9300　　팩스　(031) 955-9310
홈페이지　http://kyunginp.co.kr
이메일　kyunginp@chol.com

ISBN　978-89-499-4233-9 93910
값　18,000원